冷戰年代的世界與中國

叢書主編
沈志華

# 陌生的兄弟

## 兄弟

### (1949–1965)

中國與民主德國關係史初探

葛君

著

開明書店

本書係華東師範大學人文社會科學精品力作培育項目（2023ECNU—JP002）成果

# 叢書總序

/ 沈志華

「冷戰」這個概念，在國際上已經流行多年，而在中國使用這一概念，基本上已經到了冷戰結束的時候。所謂冷戰，一方面是指美國和蘇聯兩個超級大國在相互對抗時期的外交戰略，即冷戰戰略；一方面是指人類世界進入了以美蘇對抗為標誌的兩極結構的歷史時期，即冷戰年代。

對於冷戰歷史的研究早在冷戰進行期間就已經在西方開始了。不過，這一研究真正全面展開和深入則是在冷戰結束之後。這不僅是因為作為一個有始有終的完整過程，冷戰此時已經可以納入歷史研究領域了，更重要的是蘇聯和東歐各國檔案的開放，為研究者提供了審視鐵幕另一邊歷史真相的豐富而不可或缺的史料。這就是人們常說的「冷戰史新研究」或「冷戰國際史研究」，而中國學者正是在這個時候加入國際冷戰史研究隊伍的。在新史料面前大家站在同一個起跑線上，這也是中國學者在冷戰史研究領域可以同國際學者對話的原因之一。

中國學者研究冷戰歷史十分必要。持續了近半個世紀的冷戰，不僅深刻影響着國際關係的演進，也對包括中國在內的許多國家的發展道路產生了深刻影響。中國雖然不像東、西歐國家那樣處於美蘇對抗的核心地帶，但也不像多數第三世界國家那樣處於冷戰的邊緣地帶。中國是一個大國，人口眾多，幅員遼闊，又處在美蘇兩個大國對抗的中間地帶，實在無法擺脫與冷戰的糾葛。一方面，美蘇之間的冷戰不斷影響着中國內政外交的發展演變，另一方面，中國內政外交的變化又反作用於冷戰的進程。從某種意義上講，中華人民共和國就是在冷戰的環境中誕生、成長、壯大的。

從對外部世界的認知、對外政策的制定和發展道路的選擇來看，中國與

冷戰的糾葛大致可以分為四個階段。第一階段，從 1949 年到 1950 年代末。中國加入社會主義陣營，向蘇聯「一邊倒」，全盤接受斯大林的社會主義模式。收穫是在蘇聯的大規模援助下，實現了現代科學技術向中國的第一次大轉移，建立了工業化基礎。責任是充當社會主義陣營的急先鋒，挑戰現存國際秩序，對抗美國和西方。第二階段，整個 1960 年代和 1970 年代初。中國脫離以蘇聯為首的社會主義陣營，高舉世界革命大旗，四面出擊，既反美又反蘇，還要打倒一切反動派。在國內大搞階級鬥爭和政治運動，寧要社會主義的草，不要資本主義的苗。這是共和國最孤立、最困難的時期。第三階段，1970 年代初期到 1980 年代中期。中美和解並建交，從策略協調到戰略合作，聯手制蘇，建立起「準同盟」關係。中國進入現行國際體系，放棄世界革命，結束「文化大革命」，以經濟建設為中心，走上改革開放的道路。第四階段，1980 年代中期到冷戰結束。中國奉行獨立自主外交和不結盟政策，與美國保持戰略合作，與蘇聯實現關係正常化。對內提出政治經濟體制改革的任務，着手建立社會主義市場經濟，對外全面開放，實現了現代科學技術向中國的第二次大轉移。可以看出，在冷戰年代，中國無論在對外交往還是在經濟建設方面，是一步一步走向成熟了。最重要的是處理國際問題和對外關係的理念發生了重大轉變，即對時代的看法從戰爭與革命轉向和平與發展；對外部世界的認知從破壞國際體制轉向進入並維護現存國際體制；外交理念從意識形態主導轉向國家利益優先；外交方針從同盟（陣營）外交轉向不結盟的全方位外交。顯然，這其中確有很多歷史的經驗和教訓值得總結，值得借鑒。

冷戰結束至今已經三十多年了。現在，由於中美關係惡化乃至形成對抗，人們都在熱議「新冷戰」。大國之間圍繞利益和權力展開的對抗，國際政治中出現的對峙和遏制，似乎重演着冷戰年代的是是非非。我個人不太贊成「新冷戰」已經形成的說法。如果說「新冷戰」就是冷戰在新的歷史條件下的再現，那麼應該看到，目前中美關係雖然已經處於對抗的狀態，但冷戰的基本特徵 —— 因社會主義和資本主義兩大陣營對壘而形成的世界兩極格局尚未出現。所以，說「新冷戰」已經出現或必然出現，為時尚早。當然，歷史

往往出現驚人的相似，當前中美關係的演變與當年美蘇走向冷戰的道路也確有許多相似之處，但是歷史究竟會走向何方還存在很大變數。正如恩格斯所說，「歷史是這樣創造的：最終的結果總是從許多單個的意志的相互衝突中產生出來的，……這樣就有無數互相交錯的力量，有無數個力的平行四邊形，而由此就產生出一個總的結果，即歷史事變。」[1] 而目前國際社會的各種因素都在變化當中，尤其是美國和中國的政策取向，不僅取決於主觀因素，也會受到諸多客觀因素的影響。這些變化在目前尚未鎖定，尚待觀察，但是這種現象在已經結束的冷戰歷史中曾經出現，已成定數。歷史研究者的責任就是發現它們，讓人們了解它們，以為今天的借鑒。由於當代世界的結構性因素和重大國際問題的淵源都與冷戰時期密切相關，所以，冷戰史研究可以為理解和把握後冷戰時期的歷史運動方向、應對及管理現實的國際危機，提供必要的歷史借鑒和戰略性評估。這也是進一步全面、深入地加強冷戰國際史研究，並在學科建設方面將這一研究提高到應有地位的現實意義所在。

有鑒於此，香港中華書局與華東師範大學冷戰國際史研究中心策劃了這套「冷戰年代的世界與中國」叢書，期待着在重新描述歷史過程，重新構建歷史事實的過程中，拓寬中國冷戰史學者的思路，開掘冷戰史研究的新材料，以推動中國冷戰國際史研究的繼續拓展和深入，促進中國現代史、世界現代史、現代國際關係史和國際政治學研究的發展，同時也為中國參與國際事務、制定對外政策提供學術支撐和決策諮詢。

2024 年 5 月於上海

---

1　《恩格斯致約·布洛赫》，《馬克思恩格斯選集》第 4 卷，人民出版社 1972 年版，第 478-479 頁。

# 緒　論

## 一、研究的緣起

冷戰史研究，自從 20 世紀 90 年代初以來，在研究方法、範疇、視角以及對研究對象的認識上取得了許多突破性的成果，從而產生了「冷戰史新研究」（The New Cold War History）的學術思潮。「新研究」何以可能？其中的首要條件在於史料利用上的突破，由於東歐劇變和蘇聯解體，研究者們開始有機會接觸並利用來自「鐵幕另一邊」—— 原蘇聯和東歐社會主義國家的檔案史料，在這樣的條件下，無論從史料上還是從史觀上，研究者們都得以擺脫「舊研究」當中難以避免的「西方中心論」乃至「美國中心論」。[1]

大量新史料的解密與利用，使得針對冷戰時期蘇聯以及東歐社會主義國家歷史的研究不再淪為一種「經院哲學」或「宣教史學」，[2] 從此真正具備了成為科學的歷史學的條件。於是，對「鐵幕另一邊」的歷史研究成為「冷戰史新研究」中的一個重要領域。通過對原蘇聯和東歐社會主義國家的檔案進行細緻的研讀之後，研究者們開始發現，冷戰時期社會主義陣營內的國家間關係存在着以往一般國際關係理論難以解釋的特殊現象。這就更需要歷史學者在合理的新歷史證據的基礎上，建立起自己的概念、分析框架和理論模式。[3]

---

1　參見陳兼、余偉民：《「冷戰史新研究」：源起、學術特徵及其批判》，《歷史研究》2003 年第 3 期。

2　德國歷史學家漢斯－烏爾里希·韋勒（Hans-Ulrich Wehler）在談到前民主德國的歷史學時，指出這時的歷史學在一定程度上只能被稱為「經院哲學」，還難以被稱為科學研究。德國的東德史學家赫爾曼·韋伯（Hermann Weber）同樣認為，民主德國的歷史學研究本質上是德國統一社會黨的宣傳工具。這在冷戰時期蘇聯與東歐社會主義國家中是具有普遍性的。參見韋勒：《服從國家使命的歷史經院哲學：民主德國的歷史學家》，載韋勒：《21 世紀初的衝突》，周惠譯，桂林：灕江出版社，2015 年，第 194 — 195 頁；Hermann Weber, "Western GDR Research and Historiography in the GDR," *European Education*, Vol. 24, No. 4, 1992, pp. 73-74.

3　沈志華：《冷戰國際史研究：世界與中國》，載沈志華：《冷戰中的盟友：社會主義陣營內部的國家關係》，北京：九州出版社，2012 年，第 20、24 — 25 頁。

　　在討論冷戰時期社會主義國家關係的時候，有一個理論範式似乎頗具解釋力，那便是「帝國」。它最先被用來解釋冷戰時期蘇聯與東歐各社會主義國家關係的性質，其源頭甚至可以追溯到 1968 年 8 月底，當以蘇聯為首的華約集團成員國出兵干涉捷克斯洛伐克後，中國正式將蘇聯定性為「社會帝國主義」。[1] 這個概念在當時雖然是中國攻擊蘇聯的一個政治口號，但也確實在某種程度上揭示出了當時蘇聯與東歐社會主義國家關係的客觀現實，即蘇聯把東歐國家當作自己的「殖民地」，並通過經濟「援助」和軍事「援助」的手段實施滲透和控制。[2] 而隨後蘇聯提出的「有限主權論」更是這種「帝國主義」意識形態的直接反映。

　　到了 21 世紀初，冷戰史與蘇聯史學者弗拉季斯拉夫·祖博克（Vladislav Zubok）將其論述冷戰時期蘇聯歷史的著作命名為《失敗的帝國 —— 從斯大林到戈爾巴喬夫的冷戰中的蘇聯》，他意圖將冷戰時期蘇聯的政策與行為置於一個更為廣闊的「帝國」語境中予以考察。祖博克指出，斯大林很早就將蘇聯視作是一個「社會主義的帝國」，從 20 世紀 30 年代開始，在蘇聯已經出現了類似把自己視作偉大沙俄帝國繼承者的宣傳。[3] 在這一語境下，二戰後蘇聯在東中歐地區的政策就可以被理解為一種建立「帝國」秩序的政策。

　　在論述冷戰時期中國與其他亞洲社會主義國家的關係時，這種「帝國」範式似乎同樣有效。中華帝國的傳統宗藩體制和「天下」觀念在中華人民共和國處理自己與朝鮮、越南、蒙古這些社會主義鄰國的關係時似乎扮演了重要的角色。例如，毛澤東在處理與朝鮮關係的過程中，有意無意地閃現出中國傳統的「天朝」意識。[4] 而古代中國的「天下」秩序原本就隱含着華夷之分、內外之別、尊卑之異的因素，可以說與一種建立新秩序、包容每一寸土地、

---

1　《蘇聯現代修正主義的總破產》，《人民日報》1968 年 8 月 23 日，第 1 版。

2　《什麼是「社會帝國主義」?》，《人民日報》1968 年 8 月 30 日，第 4 版。

3　Vladislav M. Zubok, *A Failed Empire: The Soviet Union in the Cold War from Stalin to Gorbachev*, Chapel Hill: The University of North Carolina Press, 2007, pp. 1-3, 19-21.

4　沈志華：《最後的「天朝」—— 毛澤東、金日成與中朝關係（1945 — 1976）》，香港：中文大學出版社，2017 年，第 704 頁。

四海如一的「帝國」並沒有區別。[1]

　　這種「帝國」範式之所以有效，無非是由於蘇聯和中國在各自的歷史上擁有「帝國」傳統以及與此相關的經驗。東中歐的一些國家，像波蘭、羅馬尼亞等國歷史上就處在沙俄帝國的影響範圍內，同樣，歷史上的朝鮮、越南等國也長期隸屬於中華帝國的朝貢體制之中。可是，對於那些跳脫出蘇聯和中國各自「帝國」歷史經驗範圍的國家間關係，諸如中蘇關係、中國與東歐國家關係，就似乎很難再從「帝國」這個範式路徑進行闡釋。

　　這於是就要求學者們從具體的歷史研究過程中對冷戰時期社會主義國家關係作更具普適性的理論思考。最受矚目的自然是對冷戰時期中蘇關係的研究，目前這一領域內已經湧現出了大量而又豐富的學術著述。[2] 其中，沈志華為冷戰時期社會主義國家關係指出了一種研究思路，即它們在結構上不同於一般意義的現代國家關係，由於受到意識形態和歷史傳統的影響，其內部運行的政治準則有着某種特殊性。[3] 因此，若要進一步從此出發推進對社會主義國家關係的理論思考，把握其內部運行的準則及其特殊性，還是先需要先拿出更多的個案並對它們進行實證性的歷史學研究。

　　本書所想要敘述的便是冷戰時期社會主義國家關係諸多個案中的一個 —— 中華人民共和國與德意志民主共和國的關係，通過對其進行初步的史

---

1　葛兆光：《對「天下」的想像：一個烏托邦想像背後的政治、思想與學術》，《思想》2015 年總第 29 期，第 30、54 頁。

2　其中具有代表性的著作有：Odd Arne Westad, ed., *Brothers in Arms: The Rise and Fall of the Sino-Soviet Alliance 1945-1963*, Washington, D.C. and Stanford: Woodrow Wilson Center Press with Stanford University Press, 1998；迪特‧海茵茨希：《中蘇走向同盟的艱難歷程》，張文武等譯，北京：新華出版社，2001 年；薛銜天：《中蘇關係史（1945 — 1949）》，成都：四川人民出版社，2003 年；沈志華、李丹慧：《戰後中蘇關係若干問題研究 —— 來自中俄雙方的檔案文獻》，北京：人民出版社，2006 年；楊奎松：《毛澤東與莫斯科的恩恩怨怨》，南昌：江西人民出版社，2006 年；沈志華：《毛澤東、斯大林與朝鮮戰爭》，廣州：廣東人民出版社，2007 年；Lorenz Lüthi, *The Sino-Soviet Split: Cold War in the Communist World*, Princeton: Princeton University Press, 2008；Sergey Radchenko, *Two Suns in the Heavens: the Sino-Soviet Struggle for Supremacy, 1962-1967*, Washington, D.C. and Stanford: Woodrow Wilson Center Press with Stanford University Press, 2009；沈志華：《無奈的選擇：冷戰與中蘇同盟的命運（1945 — 1959）》，北京：社會科學文獻出版社，2013 年；Jeremy Friedman, *Shadow Cold War: The Sino-Soviet Competition for the Third World*, Chapel Hill: The University of North Carolina Press, 2015.

3　沈志華：《無奈的選擇》，第 20 頁。

實研究和探討，試圖對如何理解冷戰時期社會主義國家關係提出一些新的觀察角度。

## 二、研究的對象、現狀及史料

本書所要研究探討的是從 1949 年到 1965 年這一時期內中華人民共和國與德意志民主共和國兩國關係的歷史。在此有必要先對本書研究對象的概念予以界定，並對目前學術界圍繞這一問題的研究現狀以及本書所利用的檔案史料進行綜述和說明。

### （一）研究對象的概念界定

一般情況下，本書將用「民主德國」指稱德意志民主共和國，用「聯邦德國」指稱德意志聯邦共和國。不過在以往的研究文獻和原始檔案中，出於在德國問題[1]上的政治傾向、外文原文以及文字簡潔的需要，會用「東德」來指稱德意志民主共和國、用「西德」來指稱德意志聯邦共和國。當本書引用這類檔案文獻時，仍將「東德」「西德」這些稱謂保留不變，目的在於準確還原史料的本真語境，並不意圖表達任何的政治立場或傾向。同時還會使用「東西德」或「東、西德」這樣的措辭來統稱民主德國與聯邦德國。

本書在此之後出現的「中德關係」這個概念僅指中華人民共和國與德意志民主共和國的關係，並不會以此來指稱中華人民共和國與德意志聯邦共和國的關係。不過本書所探討的「中德關係」並不局限於中國與民主德國這兩個國家之間關係，同時也涵蓋了且不得不涵蓋這兩個國家的執政黨 —— 中國共產黨與德國統一社會黨 —— 之間的關係，這是由這兩個社會主義國家的政治體制所決定的。

---

1 本書所指的「德國問題」，概念較為寬泛，將凡是與冷戰時期兩個德國相關的外交、政治問題都囊括在內，如德國的重新統一問題、對聯邦德國的立場與政策、民主德國謀求外交承認的努力以及處理西柏林問題等。

## （二）研究現狀綜述

學術界對於中國與民主德國關係的歷史研究，可以說才剛剛起步，在這方面首先由國外學者率先取得了一定的成果。最早涉及這一主題並具備學術價值的文獻大概是由德國女記者卡蘿拉・施特恩（Carola Stern）於 1966 年所撰寫的一篇論文，她利用了當時的公開材料，梳理了 1949 ─ 1965 年間中國與民主德國關係發展的基本線索，並指出，在 1955 年和 1960 年這兩個年份，兩國關係發展出現了階段性的轉折。[1]

前民主德國的退休外交官約阿希姆・克呂格爾（Joachim Krüger）曾於 1980 ─ 1983 年擔任民主德國駐華使館參贊，是兩國關係部分歷史的親歷者。德國統一後，他利用了解密的前民主德國檔案，撰寫了一系列關於民主德國對華關係的學術論文，並主編了一部論文集，內容幾乎涵蓋了兩國關係發展的整個歷史時期。不過，他的研究仍以概述兩國關係的基本發展為主，基本仍停留於描述宏觀歷史脈絡這個層面，對於較為具體而複雜的歷史細節問題討論不足，問題意識也顯得不夠突出。[2]

第一部比較全面概述中國與民主德國關係史的專著出自法國學者克洛迪・加爾代（Claudie Gardet）之手。[3] 她在自己博士論文的基礎上於 2000

1　Carola Stern, "Relations between the DDR and the Chinese People's Republic, 1949-1965," in William E. Griffith, ed., *Communism in Europe. Continuity Change and the Sino-Soviet Dispute*, Bd. 2, Cambridge: MIT Press, 1966, pp. 97-154.

2　克呂格爾的研究成果如下：Joachim Krüger, „Die Volksrepublik China in der Aussenpolitischen Strategie der DDR (1949-1989), " in Kuo Heng-yü und Mechtild Leutner, hrsg., *Deutschland und China: Beiträge des Zweiten Internationalen Symposiums zur Geschichte der Deutsch-Chinesischen Beziehungen Berlin 1991*, München: Minerva Publikation, 1994, S. 43-58; „Zu Gast in Peking. Die DDR und die VR China in den 80er Jahren," *WeltTrends: Zeitschrift für internationale Politik und vergleichende Studien*, Nr. 2, 1994, S. 133-144; „Das letzte Jahrzehnt der Beziehungen der DDR zur Volksrepublik China," in Mechthild Leutner, hrsg., *Politik, Wirtschaft, Kultur: Studien zu den deutsch-chinesischen Beziehungen*, Münster: Lit Verlag, 1996, S. 63-76; „Das China-Bild in der DDR der 50er Jahre," *Bochumer Jahrbuch zur Ostasienforschung*, Band 25, 2001, S. 258-273; „Das erste Jahrzehnt der Beziehung," „Die parteiinternen China-Informationen der SED-Führung 1969-1988," in Joachim Krüger, hrsg., *Beiträge zur Geschichte der Beziehungen der DDR und der VR China: Erinnerungen und Untersuchungen*, Münster: Lit Verlag, 2002, S. 65-111; 163-171.

3　Claudie Gardet, *Les relations de la République de Chine et de la République Démocratique Allemande (1949-1989)*, Bern: Peter Haupt, 2000.

年出版了《中華人民共和國與德意志民主共和國的關係（1949 — 1989）》一書，此書將時間跨度從 1949 年到 1989 年的兩國關係史劃分成了四個階段，每個階段正好為十年，但是，這樣的劃分顯得過於生硬，也不符合兩國關係發展的歷史邏輯。而且本書對於中國與民主德國關係的敘述仍停留在基本的歷史概述層面，因此，與其說是一部史學研究著作，反倒更像是一本大事記，並且更多側重於民主德國的對華政策，對中國的應對和行為論述不足。[1]

　　妮科爾‧施圖貝爾（Nicole Stuber）的研究相比較而言就顯得更具有問題意識。她的博士論文《中蘇衝突下的東德對華政策（1956 — 1966）》試圖揭示在中蘇關係背景下的民主德國對華政策所呈現出來的特點。作者認為，在1960 年之前民主德國的對華政策並沒有受到中蘇衝突的影響，特別是在「大躍進」、人民公社和中印邊界衝突等問題上，民主德國表現出某種不同於蘇聯對華立場的「特立獨行」。直到 1960 年之後，民主德國才開始與中國在意識形態上發生衝突，但到 1966 年為止，民主德國並不像蘇聯那樣想要同中國徹底決裂。作者同時還指出德國問題在民主德國對華政策當中的重要性。[2] 施圖貝爾的研究給出了一個正確的方向和研究視角，準確把握中蘇關係的發展脈絡，對於理解民主德國與中國之間的關係是至關重要的。因此，她的研究還被一部較權威的民主德國外交政策史著作引用。[3] 可是問題在於，當施圖貝爾將1956 年的蘇共二十大視為中蘇衝突的起點時，就已經注定了她由此所得出的一系列關於民主德國在對華關係上的那些「獨特性」的結論還需要重新接受檢視。

　　除了施圖貝爾的研究以外，國外學者對民主德國與中國關係的研究還涉

---

1　Kreissler Françoise, "Claudie Gardet, Les relations de la République populaire de Chine et de la République démocratique allemande (1949-1989)," *Perspectives chinoises*, No. 64, 2001, pp. 68-70.

2　Nicole Stuber, *East German China Policy in the Face of the Sino-Soviet Conflict 1956-1966*, Ph.D. dissertation, Université de Genève, 2004.

3　Hermann Wentker, *Außenpolitik in engen Grenzen: Die DDR im internationalen System 1949-1989*, München: Oldenbourg, 2007, S. 168, 271-275.

及一下這些主題：民主德國與中國的文化關係和藝術比較；「對華國際」[1]時期的民主德國與中國關係；「新東方政策」下的東西德與中國的關係。[2]國外學者的研究主要依靠 1990 年德國恢復統一之後前民主德國和德國統一社會黨的解密檔案，而基本上沒有能利用中國的檔案文獻，因此，在史料利用上的局限性和傾向勢必導致他們的研究也或多或少地是以民主德國為中心的。

所以中國學者的研究可以在中方檔案史料的運用上展現出自己特色，但是這項工作同樣剛剛起步。以往的國內學者要麼集中於研究從晚清到民國時期的中德關係史，要麼就關注當前中國與聯邦德國的關係現狀，唯獨對於 1949 — 1990 年中華人民共和國與東、西德關係的歷史研究尤為不足，即便在一些學術專著當中有所涉及，但也基本停留在一般性的概述層面，在中德雙邊檔案史料運用以及具體歷史細節的研究方面都存在着不小的缺憾。[1]

近些年來，中國的一些青年學者已經有意識地開始利用中德兩國的檔案撰寫中國與民主德國關係史的學術論文，這些論文一定程度上還原了兩國關係過程中的一些具體細節，並嘗試從不同的視角切入進行分析，取得了一定

---

1 「對華國際」（Interkit）是由蘇共中央主導，定期召集對華問題討論的會議機制。從 20 世紀 60 年代末至 80 年代中期，每年輪流在蘇東集團國家的首都召開系列會議，主要由各個黨的中央國際聯絡部領導人參加，他們在會上分析中國的對內對外政策，了解中共領導集團內部的情況，商討對華方針問題。蘇共召集這些會議的目的是想要在其集團內部形成一條反華戰線，但這一目的並未完全實現。

2 Martina Wobst, *Die Kulturbeziehungen zwischen der DDR und der VR China 1949-1990*, Münster: Lit Verlag, 2004; Daniela Dahlke, *Der Sozialistische Realismus: Ein Vergleich der Malerei in der VR China unter Mao Zedong und in der DDR 1949-1976*, Saarbrücken: Verlag Dr. Müller, 2010; 貝恩德・舍費爾：《「對華國際時期」的德意志民主共和國和中國》，馮瑗瑗譯，《冷戰國際史研究》2011 年夏季號，第 92—102 頁；Bernd Schaefer, "Ostpolitik, 'Fernostpolitk', and Sino-Soviet Rivalry: China und the Two Germanys," in Carole Fink and Bernd Schaefer, ed., *Ostpolitik, 1969-1974: European and Global Responses*, New York: Cambridge University Press, 2009, pp. 129-147; Marcel Bode, *Die Beziehungen der Deutschen Demokratischen Republik gegenüber der Volksrepublik China in den Jahren 1978 bis 1990. Handlungsspielräume und ihre Grenzen in Politik und Ideologie*, Masterarbeit, Universität Potsdam, 2013.

1 在國內已出版的研究專著中，述及中華人民共和國與德意志民主共和國關係的有：吳景平：《從膠澳被佔到科爾訪華 —— 中德關係（1861 — 1992）》，福州：福建人民出版社，1993 年；潘琪昌主編：《百年中德關係》，北京：世界知識出版社，2006 年；裴堅章主編：《中華人民共和國外交史》第 1 卷，北京：世界知識出版社，1994 年；王泰平主編：《中華人民共和國外交史》第 2 卷，北京：世界知識出版社，1998 年；王泰平主編：《中華人民共和國外交史》第 3 卷，北京：世界知識出版社，1999 年。

的成果。[1] 而本書將在吸收、繼承和批判以上研究的基礎上利用來自中德雙邊的檔案文獻進行實證研究，以下對所利用的檔案文獻再作一些簡單的介紹。

## （三）研究所用史料概況

從 20 世紀 90 年代開始，前德國統一社會黨、前民主德國以及原蘇聯以及東歐各國在冷戰時期的歷史檔案紛紛得到解密、整理與公開。在德國這被稱作一場「檔案革命」（Archivrevolution），它真正徹底地解決了東德史[2] 研究中「巧婦難為無米之炊」的困擾，擁有前輩學者們所完全無法接觸到的新史料直接意味着一個個全新的研究領域等待着研究者去佔領，於是使得自從德國統一以來，東德史研究的成果呈現為一種「井噴」的狀態。[3] 這其中很大部分都屬於「填補空白」式的研究，對於民主德國與中國關係的研究也屬於此。這就必然要求新的研究必須建立在利用前民主德國和德國統一社會黨檔案的基礎上，而本書主要利用的德方檔案大致由以下幾個部分組成：

---

1　這方面的研究有：陳弢：《中蘇破裂背景下的中國和民主德國關係（1964 — 1966 年）》，《當代中國史研究》2012 年第 3 期；《中國同聯邦德國關係正常化過程中的民主德國因素》，《當代中國史研究》2013 年第 6 期；《兄弟鬩牆：中德在 1963 年統社黨六大前後的鬥爭及其影響》，《德國研究》2015 年第 4 期；《蘇共二十大後德國統社黨對中共經驗的引進 —— 羣眾路線在民主德國研究之一》，《冷戰國際史研究》2016 年夏季號；《中共經驗在民主德國的終結與中德關係的惡化 —— 羣眾路線在民主德國研究之二》，《冷戰國際史研究》2016 年秋季號；《一九六一年中德關係變化背景下的馬特恩訪華》，《中共黨史研究》2017 年第 4 期；《新中國對歐公共外交的開端 —— 以萊比錫博覽會為中心的考察》，《中共黨史研究》2018 年第 2 期；童欣：《1961 年賀龍訪問民主德國 —— 兩國關係惡化中的關鍵一環》，《冷戰國際史研究》2014 年夏季號；《中國未參加一九六二年萊比錫春季展覽會原因探析》，《中共黨史研究》2019 年第 6 期；《蘇東「對華國際」瓦解始末 —— 以中國與東德關係為中心》，《二十一世紀》2023 年 2 月號；Zhong Zhong Chen, *Defying Moscow, Engaging Beijing: The German Democratic Republic's Relations with the People's Republic of China, 1980–1989*, Ph.D. dissertation, The London School of Economics and Political Science, 2014.

2　之所以強調「東德史」而非「民主德國史」的原因在於：「民主德國史」這個概念是無法覆蓋戰後蘇聯佔領德國東部地區之間進行管制的這 4 年（1945 年 5 月 — 1949 年 10 月）歷史。德國史學界的解決辦法則是使用「蘇佔區 / 民主德國」（SBZ/DDR）。這樣的概念在中文表達上顯得過於冗長。因此使用「東德」這個概念去涵蓋「蘇佔區」與「民主德國」這兩個概念至今看來仍然是比較合適的。

3　截至 2016 年 1 月，德國國家圖書館所藏的自 1990 年以來出版的有關東德史的書籍總數約有 7000 冊。Ulrich Mählert, „Totgesagte leben länger. Oder: Konjunkturen der DDR-Forschung vor und nach 1989, " in Ulrich Mählert, hrsg., Die DDR als Chance: Neue Perspektiven auf ein altes Thema, Berlin: Metropol Verlag, 2016, S. 9.

　　第一部分是德國聯邦檔案館民主德國政府部門檔案（Bundesarchiv, Abteilung DDR），這部分檔案主要收藏蘇佔區和民主德國時期各類中央職能部門的文件，但不包括國家安全部文件、外交部文件以及國防部文件，本書主要利用了這一部分所收藏的民主德國外貿部的文件。

　　第二部分是德國聯邦檔案館附屬的民主德國政黨與羣眾組織檔案基金會（Stiftung Archiv Parteien und Massenorganisationen der DDR im Bundesarchiv）（簡稱 SAPMO-BArch）所負責整理的德國統一社會黨檔案（全宗號：DY 30），是本書研究中利用較多的檔案。其中主要利用了德國統一社會黨中央委員會政治局文件、國際聯絡部文件、總書記[1]瓦爾特·烏布利希（Walter Ulbricht）的辦公室文件。

　　第三部分是德國外交部政治檔案館前民主德國外交部檔案（Politisches Archiv Auswärtiges Amt, Bestand des Ministeriums für Auswärtige Angelegeheiten der früheren DDR）（簡稱 PA AA, Bestand MfAA）。其中的中國部分文件也是本書研究的主要史料來源，包括了民主德國駐華使館與本國外交部之間的往來電報、駐華使館發回國內情報和以及與中國領導人和在華其他國家領導人的談話紀要。

　　第四部分是一些已刊的檔案文獻集。德國學者維爾納·邁斯納（Werner Meißner）主編《民主德國與中國：1949 — 1990》是第一部有關民主德國與中國關係史的檔案文件集，[2]它是由著名德國漢學家羅梅君（Mechtild Leutner）所主持的中德關係檔案叢書其中的一卷。這部文件集的特點在於它試圖收集來自中德兩國的檔案文獻，不過可惜其中所收集的中方文件主要是來自於《人民日報》《新華月報》以及當時中國外交部所編《中華人民共和國條約集》等

---

1 在德國統一社會黨內，這個職務名稱經歷了一個變化過程：1950 年 7 月 25 日，烏布利希當選為德國統一社會黨中央委員會總書記（Generalsekretär），1953 年 7 月 26 日後，此職務改稱為第一書記（Erster Sekretär）。1971 年 5 月 3 日，埃里希·昂納克（Erich Honecker）繼任第一書記，1976 年 5 月 22 日後，此職務又再改稱為總書記。本書在提及這一職務時，嚴格按照該職務當時的名稱。

2 Werner Meißner, hrsg., *Die DDR und China 1949 bis 1990: Politik–Wirtschaft–Kultur; eine Quellensammlung*, Berlin: Akademie Verlag, 1995.

公開文獻，史料價值有限，因此，本書仍主要利用這部檔案集所收集的德方檔案。此外，本書還利用了德國學者哈拉爾德・默勒（Harald Möller）編輯的一本有關中國與民主德國關係檔案的小冊子。[1]

　　總體而言，本書所引用的德方檔案的範圍和比率將高於中方檔案。其原因在於無論從解密開放的程度還是利用的便捷性來看，德方檔案都要優於中方檔案。但中方檔案的重要性在於它們往往能夠在史實辨析和論證過程中提供關鍵性的史料，從而達到史學研究中雙邊檔案互證的效果，這也使得研究者在使用德方檔案情況下所得出的結論，經常會得到中方檔案的修正，從而在一定程度上實現了一些基本史實的還原。

　　在本書所利用的中方檔案中，最具突出價值的是中國外交部檔案館所藏涉及與民主德國關係的外交檔案，它們為本書在史實敘述上提供了許多重要的關鍵性史料。但是，由於一些客觀原因，檔案的開放程度也在很大程度上制約了本書研究的深度和廣度，比如，中國外交部檔案館的館藏僅開放 1965 年以前的檔案文件，這就使得本書的研究也只好截止於 1965 年。

　　中方原始檔案文獻的不足需要依靠已出版的檔案文獻集予以彌補。比如，在討論中德經貿關係方面，由中國社科院和中央檔案館主編的《中華人民共和國經濟檔案資料選編》是一套十分重要的檔案文獻集。此外，由中共中央文獻研究室和中央檔案館主編的各種中華人民共和國成立以來重要領導人文稿，以及重要領導人的年譜也都是非常重要的檔案文獻。不過，在利用這些文獻時，研究者需要十分仔細地進行閱讀，因為往往一些與本書主題相關的檔案文獻很容易被忽略掉，它們有的很難從文獻編者所設置的標題上直接獲得反映，有的則隱藏在編者的註釋內。

　　以《建國以來毛澤東文稿》為例，1953 年 10 月，毛澤東曾就中國向民主德國的農副產品出口作過一個指示，同時，對民主德國國內形勢和德國問題的性質提出過他的一個基本判斷，但這些相關內容卻隱藏在毛澤東就國內土

---

1　Harald Möller, *DDR und VR China–Unterstützung der VRCH auf politischem, ökonomischem und militärischem Gebiet (1949-1964): Eine Dokumentation*, Berlin: Verlag Dr. Köster, 2003.

產和副食品經營問題給陳雲、鄧小平的一封信內，從目錄標題中無論如何都難以發現其中的奧妙。[1] 又比如，在《建國以來周恩來文稿》中，涉及處理對民主德國貿易虧損的問題，編者在註釋內附加了中國外貿部關於此問題給周恩來的報告以及外貿部與民主德國駐華大使之間的通信。[2] 這對於理解該問題的來龍去脈是十分有益的。因此，面對中國重要領導人的檔案文獻，只有通過逐句地細讀才能將其中有價值的史料最大限度地發掘出來。這無疑對於研究者挖掘史料的功夫提出了更高的要求。

## 三、研究的主要內容

二戰結束後，作為建立新政權的國家，中華人民共和國與德意志民主共和國之間外交關係的當然應從 1949 年 10 月開始算起。然而，如果從 20 世紀國際共產主義運動的視角來觀察，就可以追溯這兩個國家的執政黨 —— 中國共產黨與德國統一社會黨（它的前身主要是德國共產黨）在歷史上的淵源。其中可以發現，在 20 世紀上半葉中國共產黨進行革命鬥爭的道路上，多位德共黨員留下了他們的足跡，令人既感動又唏噓。

不少秉持着共產主義理想和國際主義信念的德共黨員，積極投身於中國的革命事業當中，甚至獻出了自己的生命。當第一次革命統一戰線結成後，中國的革命事業便成為了世界革命的一個組成部分，得到包括德國共產黨在內的世界各國革命黨的關注與支援。除了聯共（布）以外，德共是給予 1925 — 1927 年間的中國革命以最大支援的共產黨。[3] 在 1927 — 1928 年間，德共黨員海因茨·諾伊曼（Heinz Neumann）作為共產國際在中國的代

---

1 《關於重要土產和副食品的經營問題給陳雲、鄧小平的信》（1953 年 10 月 16 日），載中共中央黨史和文獻研究院編：《建國以來毛澤東文稿》第 8 冊，北京：中央文獻出版社，2023 年，第 486 — 487 頁。

2 《關於在對德貿易中虧損處理問題給毛澤東等的電報》（1953 年 3 月 5 日、4 月 12 日），載中共中央文獻研究室、中央檔案館編：《建國以來周恩來文稿》第 8 冊，北京：中央文獻出版社，2018 年，第 159 — 168 頁。

3 Joachim Krüger, „Die KPD und China, 1921-1927," in Mechthild Leutner, hrsg., *Rethinking China in the 1950s*, Münster: Lit Verlag, 2007, S. 107.

表協助了南昌起義，直接參與了廣州起義，起義失敗後回到莫斯科，繼續在共產國際內擔任有關中國的工作。同一時期，里夏德‧施塔爾曼（Richard Stahlmann）領導了共產國際在中國執委會的地下工作。漢斯‧希伯（Hans Grzyb），這位 1919 年入黨的德共黨員，1925 年在廣州擔任記者，參與了革命統一戰線的工作，撰寫了大量的有關中國革命，尤其是有關中國農村狀況的文章。1941 年他在山東省參加當地的抗日鬥爭，是年 11 月 30 日犧牲，他是唯一的一名在中國革命武裝鬥爭中犧牲的德共黨員，山東臨沂的烈士陵園為他樹立了紀念碑。[1]

　　在中共與德共關係歷史上，有一位眾所周知但也堪稱最為「臭名昭著」的德共黨員 —— 奧托‧布勞恩（Otto Braun），即李德。他被共產國際派往中國，作為中共的軍事顧問，1933 年 9 月來到中央蘇區，直接參與並指揮了中共革命根據地的軍事活動，之後被認定為是黨內錯誤路線的代表，對當時中央革命根據地第五次反「圍剿」和長征初期的失敗負有重大責任。[2] 因此長期以來，在中共黨史的敘事中，李德一直是一個典型的反面人物和受批判的對象。且先不論上述諸位德共黨員對中國革命所起到的作用是積極的也好，消極的也罷，至少他們在中國革命史上所留下的印記，構成了德共與中共關係歷史的一部分，進而構成了 1949 年後中華人民共和國與德意志民主共和國這兩個新興國家關係的歷史淵源。

---

1　關於德共黨員參與中國革命的一些情況，參見民主德國最後一任駐華大使羅爾夫‧貝特霍爾德（Rolf Berthold）的敘述：Rolf Berthold, *Chinas Weg: 60 Jahre Volksrepublik*, Berlin: Verlag Wiljo Heinen, 2009, S. 236-237, 246-253. 關於施塔爾曼和希伯的事跡，還可參見李向前：《歷史穿行：域外訪史與社會主義尋踪》，北京：人民出版社，2010 年，第 65 頁，但其中稱希伯犧牲於中國的解放戰爭中，這一表述似乎有誤。

2　《中共中央關於反對敵人五次「圍剿」的總結決議》（1935 年 1 月 17 日），載石志夫、周文琪編：《李德與中國革命（有關資料）》，北京：中共黨史資料出版社，1987 年，第 16 頁。對於李德的責任，可能還需要另一位德共黨員曼弗雷德‧施特恩（Manfred Stern）來承擔。施特恩即弗雷德，1931 — 1934 年間他受共產國際的指派，擔任中共的軍事總顧問，是李德的頂頭上司，在一些問題上李德與其有着較大的分歧。後來李德曾抱怨過，自己其實是在替弗雷德受過，似乎弗雷德更應為蘇區的軍事失敗負責，從而迴避了李德自己所應負的重大責任。參見高華：《紅太陽是怎樣升起的：延安整風運動的來龍去脉》，香港：中文大學出版社，2000 年，第 68 頁；奧托‧布勞恩：《中國紀事》，李逵六等譯，北京：東方出版社，2004 年，第 31、35、77 — 78、124 頁。

本書試圖梳理 1949 — 1965 年間中國與民主德國關係的主要發展線索，提出並分析這一時期兩國關係發展過程中的特點，最後將其視為研究冷戰時期社會主義國家關係的一個個案，嘗試對社會主義國家關係結構作一番理論性的思考。

第一章論述 1949 — 1955 年中德關係建立初期的基本情況。當時的蘇聯最高領導人約瑟夫・斯大林（Joseph Stalin）對於戰後國際共運的分工有着自己的設想，即讓蘇聯負責歐洲，中國負責亞洲。根據這個設想，中國最初與民主德國的政治交往是十分有限的，許多工作都需要通過蘇聯這個中介來進行。與其他東歐社會主義國家相類似的是，民主德國希望能夠率先同中國建立經貿上的合作關係，但與此同時，德國統一社會黨也將自己在德國問題上的政治目標孕育其中。民主德國領導人提出，希望中國能夠同意將自己與聯邦德國的貿易都通過民主德國進行，在實現兩國經濟合作的同時，也以此間接幫助民主德國在德國統一問題上積累政治影響力。中國當時同意了民主德國的要求，這在 1951 年度中德貿易協定中得到了體現，但是，由於西方的禁運政策，中德貿易協定並沒有發揮其應有的作用，反而給民主德國造成了在對華貿易上的出口欠賬。1953 年，「東柏林事件」爆發，使得民主德國國內的社會形勢變得更加動盪不安，為了援助民主德國，中國應民主德國的請求，與其簽訂了一項貿易補充協定，以此穩定民主德國國內的農產品供應。這一舉動被視為是對民主德國的巨大幫助，極大地拉近了兩國之間的友誼，但也為民主德國對華出口欠賬進一步增加了負擔，直至 1955 年，兩國才最終實現貿易平衡的目標。隨着蘇聯「兩個德國」的立場日趨明顯，中國也從共同對敵鬥爭的角度出發，承認「兩個德國」，但同時有意識地要求將台灣問題與德國問題進行區別。1955 年 12 月，中國與民主德國簽訂的《中德友好合作條約》標誌着雙方的合作關係從此邁上了一個新台階。

第二章論述 1956 — 1958 年中德關係如何變得更為緊密。在這一時期，在中蘇同盟的不斷加強的有利環境下，中德關係也開始進入一個「蜜月期」。隨着蘇共二十大的召開，當時蘇聯的最高領導人尼基塔・赫魯曉夫（Nikita Khrushchev）所作的關於個人崇拜的祕密報告以及蘇共二十大提出的一系列

「非斯大林化」的政策引發了社會主義陣營內的思想波動。此時，中共與毛澤東對於蘇共二十大以及國際共運未來發展的理論見解在社會主義陣營內部起到了統一思想的積極作用。德國統一社會黨第一書記烏布利希一方面對中共八大的精神與毛澤東提出的「馬列主義原理與中國具體實際相結合」的觀點深以為然，同樣提出了要走符合民主德國自身特點的社會主義道路的口號。另一方面，他又對毛澤東提出要「百花齊放、百家爭鳴」的號召則有所保留，然而這一口號被德國統一社會黨內的改革派領導人奉為圭臬，並藉此試圖推動黨內的民主化，從而威脅到了烏布利希在黨內的政治地位。不過中共於 1957 年 6 月開始的反右派運動，讓最終影響中德兩黨的意識形態障礙徹底得以消除，在客觀上幫助了烏布利希。因此，中德關係真正開始步入「蜜月」期的起點時間應該從這時算起。進入 1958 年後，中德兩國在國內經濟建設上都出現需要加速的訴求，在對外政策上也都需要解決對自身具有關鍵影響的台灣問題和柏林問題。於是站在旁觀者的角度可以發現，中德兩國作為兄弟國家，似乎在社會主義陣營內部形成了一個「北京 — 潘科夫軸心」（Peking-Pankow Axis）[1]。

　　第三章論述 1959 — 1960 年中德關係如何從熱絡走向衝突。中德關係在這個時期發生了轉折。1959 年是中德關係最為緊密的一年，兩國高層相互頻繁訪問，在年底簽訂了兩國 1960 — 1962 年的長期貿易協定，但也就是在此同時，雙方各自在對外政策上的分歧開始也變得明顯起來。這反映在 1959 年初，兩國外長在政府聯合聲明的談判中，在對待聯邦德國態度上發生了分歧。民主德國認為，應當在聲明中將聯邦德國定性為「帝國主義」，以強調它對民主德國的威脅性，而中國則認為真正主要的敵人應該是美國，因此，只同意將聯邦德國定性為「軍國主義」，以強調它對美帝國主義的依賴性。在 1959 年中印邊界衝突的問題上，民主德國一開始並未在公開場合表達支持

---

1　潘科夫（Pankow）是位於柏林市東北部的一個行政區，當時大部分的民主德國政府官員都居住在此行政區內，而西方則經常用潘科夫來指稱民主德國的德國統一社會黨政權。參見 M. J. Essling, "East Germany: Peking-Pankow Axis?" *China Quarterly*, No. 3, 1960, pp. 85–88.

中國或指責印度的立場，而民主德國總理[1]奧托‧格羅提渥（Otto Grotewohl）在慶祝中華人民共和國成立十周年大會上的一段講話表達了某種支持中國的傾向。這個表態在沉寂了一個月後被印度重新發覺，並將此視作民主德國指責印度的有力證據，進而發起反對民主德國的宣傳攻勢。這迫使民主德國正式公開表示自己在中印邊界衝突問題上保持中立。因為印度此時是民主德國在爭取外交承認方面重要的拉攏對象，它不希望把同印度的關係搞僵，這樣出於切身國家利益的考慮而採取的行動，自然引起中方的不滿。然而直到此時，中德之間也並未公開相互之間的分歧，但是進入 1960 年後，支撐社會主義國家關係結構的支柱 —— 中蘇關係發生了變化，尤其是中蘇矛盾公開化，並在意識形態領域開始論戰之後，德國統一社會黨就不得不做出抉擇。此時中共在意識形態問題上採取公開爭論的架勢，鼓吹中國自身的社會主義建設經驗，極力宣傳人民公社，這些行為都被德國統一社會黨視為干擾了民主德國自身的社會主義建設，從而導致中德在人民公社的宣傳問題上爆發了直接的衝突。

　　第四章論述 1961 — 1965 年中德兩黨從相互論戰、鬥爭直到最後決裂，從而使得兩國關係發展陷於停滯與倒退。由毛澤東發動的「大躍進」和人民公社化運動結果使得中國的國民經濟處於崩潰的邊緣，直接影響到了中國的對外貿易，造成在農副產品出口上的欠賬，進而影響到了民主德國的國內經濟與供應形勢。當時的德國統一社會黨急於解決由柏林問題所引發的國內危機，所以民主德國迫切希望中國能夠儘快補交所欠下的農產品。到 1961 年初，烏布利希致信毛澤東，對中共中央在完成中國對德糧食出口的欠賬問題上提出要求，隨着政治局委員赫爾曼‧馬特恩（Hermann Matern）的訪華，中德兩國領導人又圍繞着貿易問題發生了面對面的爭執，這成為中德兩國關

---

1　對於民主德國總理這個職務名稱需要說明的是：1949 年 10 月 7 日民主德國成立時，格羅提渥就任政府總理（Ministerpräsident）。1950 年 11 月，民主德國政府確定更名為民主德國部長會議（Ministerrat der DDR），不過作為部長會議主席（Vorsitzender des Ministerates）的格羅提渥的職務名稱仍為總理，1964 年 9 月 24 日，維利‧斯多夫（Willi Stoph）繼任這一職務後，名稱正式變為部長會議主席。

係惡化的開始。此後，烏布利希更加緊跟赫魯曉夫，與中國展開一場意識形態的「大論戰」，1963 年初的德國統一社會黨六大更是成為蘇東集團的反華高峰。但在另一方面，民主德國也希望能夠在國家關係上與中國實現某種程度的緩和，以便有利於擴大國際社會對自己的外交承認，同時增加對華貿易的數額。對此，中國在認定赫魯曉夫為「現代修正主義」並決定同其進行鬥爭之際，對民主德國實施「區別對待」，其根本目的並不是為了緩和與民主德國的關係，而是為了引發並擴大蘇德矛盾，分化蘇德關係。但是，當這些手段用在對蘇聯依賴最深的民主德國身上時，難以產生很好的效果。於是，中德關係便隨着中蘇關係的分裂而分道揚鑣，兩國關係的發展也隨着兩黨關係的交惡而陷於停滯和倒退。

第五章是本書的結論部分，在試圖揭示並分析 1949 — 1965 年間中國與民主德國關係中的一些具體特點的同時，也嘗試對冷戰時期社會主義國家關係的結構作進一步的思考。首先，中蘇關係是影響中國與民主德國關係發展的關鍵環節，準確把握中蘇關係發展的變化和線索，是理解中德關係發展節奏的一把鑰匙。尤其是蘇共二十大之後，民主德國在對華關係上並不存在有些學者所認為那種不同於蘇聯的獨立性，之所以會得出這樣的看法，乃是對於蘇共二十大後中蘇關係出現了某種程度的誤解。其次，從對中德兩國貿易關係發展的觀察，完全可以得出「社會主義國家的經濟合作本質仍然是政治合作」的判斷，中德之間的經貿關係可以準確反映出兩國政治關係的起伏，甚至被用作影響政治關係的工具。最後，德國問題在中德關係中扮演着十分重要的角色，貫穿於兩國關係發展的始終，這可以說是中德關係不同於中國與其他東歐社會主義國家關係的特殊之處。事實上，中德兩國對外戰略上的分歧就集中表現在德國問題上，從 1955 年開始就已經可以隱約發現其中的蛛絲馬跡。隨着中蘇矛盾的公開化，此前在中德關係當中隱藏着的那些分歧就充分地暴露出來，成為中德公開論戰、相互指責當中的一個主要議題。

最後，本書在對冷戰時期社會主義國家關係結構的討論中提出如下兩點思考：首先，對於冷戰時期社會主義國家關係中的「利益」需要從「觀念」的層次上予以理解。這些社會主義國家的利益，本質上取決於這個國家的執

政黨內核心領袖們的關切，即把什麼東西視作「國家利益」的觀念。其次，社會主義國家間關係本來被設想為「一種以共同國際主義利益出發的大家庭內的平等關係」，但是在具體的實踐層面上卻難以運行，這是由於提出這種設想的觀念本身就有着極深的內在矛盾，其本質是要求在社會主義陣營內貫徹一種「無政府狀態下的等級制」。這一內在的矛盾張力最終導致在社會主義陣營內不斷上演着一齣齣的悲喜劇。

# 目錄

# 第一章　初識 —— 友好關係的建立 （1949 — 1955）

　　1949 年 10 月 1 日，中華人民共和國成立。一周之後的 10 月 7 日，德意志民主共和國成立。在美、蘇冷戰正式開始的兩年後，這兩個新成立的政權對於以蘇聯為首的社會主義陣營乃至全球的國際政治格局都有着絕對非凡的意義。其重要性可以堪比同年 4 月北大西洋公約組織（NATO）的成立以及 8 月蘇聯第一顆原子彈試爆成功，它們一起組成人類世界在 1949 年發生的四件大事，對此後 40 多年的冷戰和國際關係的發展產生了極為深刻的影響。[1]

　　「中華人民共和國在東方，德意志民主共和國在西方，這是全世界和平的兩個新的強大堡壘。」[2] 這兩個國家幾乎同時誕生，又很快於 10 月 25 日、27 日相互照會，決定正式建立外交關係並互派外交代表。然而事實上，在這兩個「堡壘」成立之初，它們相互之間的外交關係在很大程度上受到蘇聯的制約。因為在此之前，蘇聯領袖斯大林對於未來的國際共運提出了一個內部的分工安排。根據師哲的回憶，1949 年 7 月，斯大林曾向來訪的中國代表團建議：在未來的國際革命運動中，中蘇兩家都應多承擔些義務，而且應該有某種分工，中國多做東方和殖民地、半殖民國家的工作，蘇聯則對西方多承擔些義務。這是因為中國革命的經驗將

1　Mark Kramer, "The Soviet Union and the Founding of the German Democratic Republic: 50 Years Later–A Review Article," *Europe-Asia Studies*, Vol. 51, No. 6, 1999, p. 1093.

2　《羅申大使演說詞》，《人民日報》1949 年 11 月 8 日，第 1 版。

會對殖民地、半殖民地、附屬國家的民族民主革命運動產生較大影響，在這方面，蘇聯起不到像中國那樣的影響和作用，就猶如中國也難以像蘇聯那樣在歐洲產生影響一樣。[1] 同年 12 月 24 日，斯大林在與毛澤東的會談中也表達了同樣的意思，認為歐洲的情況與中國完全不同，中國用自己的力量取得了勝利並鞏固了勝利，歐洲則不是這樣，需要自己力量和外部力量相配合才能勝利，例如東歐各國就是如此。[2] 這裏斯大林所說的「外部力量」自然指的是蘇聯，在他看來，東歐各國的革命成果必須要依靠蘇聯的力量予以保障。

斯大林的這個分工建議並不只是停留在口頭上的說說而已，它直接影響到了當時東歐各共產黨國家與中華人民共和國建立外交關係的程序。雖然斯大林曾表示，中國最好直接與東歐各國進行談判，[3] 但實際上，東歐各國能否與中國建交、何時建交等問題，都必須經過莫斯科的首肯。[4] 當中國與民主德國決定建交後，民主德國政府任命約翰內斯・柯尼希（Johannes König）擔任首位駐華使團團長，這一任命需要得到中國政府的同意。為此，民主德國外交部首先需要通過蘇聯駐柏林（Berlin）的外交使團向蘇聯外交部遞交照會，請求其代為向中方轉告這個決定，然後，蘇聯外交部指示其駐華大使尼古拉・羅申（Nikolai Roshchin）在北京向周恩來就此事進行交涉，而中方的答覆也同樣需要通過蘇聯向民

1　師哲回憶、李海文整理：《在歷史巨人身邊：師哲回憶錄》，北京：中央文獻出版社，1991 年，第 412 頁。

2　中共中央文獻研究室編：《毛澤東年譜：1949 — 1976》第 1 卷，北京：中央文獻出版社，2013 年，第 63 頁。

3　《關於中共中央代表團與聯共（布）中央斯大林會談情況給中央的電報》（1949 年 7 月 18 日），載中共中央文獻研究室、中央檔案館編：《建國以來劉少奇文稿》第 1 冊，北京：中央文獻出版社，2005 年，第 34 頁。

4　沈志華：《無奈的選擇》，第 423 頁。

主德國轉達。[1] 這顯示出蘇聯在當時對於東歐社會主義國家的外交事務擁有絕對的權威，而中國也完全尊重蘇聯的這種權威，對於斯大林所提出的分工方案也同樣自覺遵守。[2]

因此，在中華人民共和國和德意志民主共和國剛剛建立外交關係的最初階段，雙方在政治交往上幾乎每邁出一步都會事先徵求莫斯科的意見。這種狀態成為兩國外交關係初建時的一個重要背景。在政治交往受到一定的客觀條件限制的情況下，發展雙邊貿易自然成為兩國間外交工作的重點，但這並不只是單純經濟意義上的「做生意」，政治意圖也糾葛其中，兩國在 20 世紀 50 年代初的貿易關係已經可以反映出冷戰時期社會主義國家間關係的某些特點。

# 第一節　1951 年度貿易協定的簽訂及其後果

在中華人民共和國正式成立之前，中共已經確定把發展與蘇聯以及東歐國家的通商貿易作為建國之後的一項外交原則，斯大林對此也十分支持，他認為捷克斯洛伐克、波蘭、匈牙利都可以向中國供給商品，中共執政後可以勇敢地同這些東歐國家談判。[3] 與此同時，東歐各人民民主國家也開始籌劃並安排自己的對華貿易工作，紛紛致電中共，要求建立

---

1　Übersetzung, 27. März 1950, PA AA, Bestand MfAA, A 15.640, Bl. 2; Ingeborg König, „Die ersten Jahre in Peking: Ein Gespräch mit Ingeborg König," in Kürger, hrsg., *Beiträge zur Geschichte der Beziehungen der DDR und der VR China*, S. 19. 即便是柯尼希到了中國開展工作後，在一些對華關係的問題上，他還會先去與羅申交換意見，參見 Aktennotiz, 30. 6. 1950, PA AA, Bestand MfAA, G-A 75, Bl. 35.

2　一個十分明顯的事例是，中共中央在組建對外聯絡部時，明確它的任務是，「與各國兄弟黨聯絡，但具體任務也是最重要的任務是與東方各國兄弟黨聯絡並幫助他們。」這表明，中共在同各國共產黨的聯絡工作中是有所側重的。參見《關於成立中共中央對外聯絡部問題》（1951 年 1 月 16 日），載中共中央文獻研究室、中央檔案館編：《建國以來劉少奇文稿》第 3 冊，北京：中央文獻出版社，2005 年，第 25 頁。

3　《關於中共中央代表團與聯共（布）中央斯大林會談情況給中央的電報》（1949 年 7 月 18 日），載中共中央文獻研究室、中央檔案館編：《建國以來劉少奇文稿》第 1 冊，第 33-34 頁。

聯繫發展貿易。[1] 德意志民主共和國的成立時間雖然晚於其他東歐社會主義國家，但在成立之後，它也同樣想儘快與中國建立貿易關係。從 1950 年開始，兩國圍繞着簽訂第一個雙邊貿易協定展開外交活動，最終簽訂了 1951 年度的貿易協定。然而，在協定談判過程中可以發現，對於民主德國而言，簽訂對華貿易協定從一開始就是一個帶有政治意圖的任務。德國統一社會黨試圖通過自身在對華貿易上的優勢地位為德國問題的解決發揮作用。然而現實情況的發展並不如其所設想的那樣一帆風順，中國和民主德國最終都為此蒙受了不小的經濟損失。

## 一、貿易協定談判中的德國問題

當王稼祥被任命為中國首任駐蘇大使，同時還將以外交部副部長資格負責與東歐各共產黨國家的外交事務時，[2] 那些急於同中國開展貿易的東歐國家，就紛紛通過他們在莫斯科的代表來拜訪他，以求取得與中國的貿易聯繫。[3] 民主德國自然不甘落後，在 1949 年 11 月就似乎有派遣貿易代表團訪華的打算，但最終並未成行。[4] 1949 年底，毛澤東來到莫斯科，他從王稼祥處了解到東歐各國都想要同中國發展貿易關係，便立即指示國內要做好與這些國家做生意的準備。[5]

在毛澤東與斯大林圍繞中蘇同盟條約進行談判的時候，民主德國

---

1 《中央關於同意捷以企業公司名義與我進行貿易的電報》（1949 年 7 月 4 日）；《關於接待捷外貿代表的電報和批語》（1949 年 8 月 1 日）；《中央關於與東歐各國通商等事給劉少奇的電報》（1949 年 8 月 10 日），載中共中央文獻研究室、中央檔案館編：《建國以來周恩來文稿》第 1 冊，北京：中央文獻出版社，2008 年，第 62、216-217、253-254 頁。
2 《給斯大林的信》（1949 年 10 月 20 日），載中共中央黨史和文獻研究院編：《建國以來毛澤東文稿》第 1 冊，第 118 頁。
3 《關於同意與捷波兩國談判通商問題的電報》（1949 年 11 月 13 日），載中共中央文獻研究室、中央檔案館編：《建國以來周恩來文稿》第 1 冊，第 521 頁。
4 《德貿易使團將來我國》，《內部參考》第 38 期（1949 年 11 月 19 日），第 27 頁。
5 《關於準備對蘇貿易條約問題給中央的電報》（1949 年 12 月 22 日），載中共中央黨史和文獻研究院編：《建國以來毛澤東文稿》第 1 冊，第 358 頁。

也打算派出一個貿易代表團赴莫斯科與蘇聯進行蘇德貿易協定的談判。1950 年 1 月 24 日，德國統一社會黨政治局會議作出決議，指示赴蘇談判的代表團團長、民主德國外貿部長格奧爾格·漢德克（Georg Handke）要利用在蘇聯的機會同中國代表進行接觸，為能夠在 6 月初與中國簽訂兩國貿易協定進行事先的協商，同時向中方提出交換兩國外交使團商務代表的要求。這項指示特別強調：民主德國外貿部要把能夠代表中華人民共和國與聯邦德國的企業簽訂合同作為談判的目標。[1] 這意味着在中國與聯邦德國的貿易關係中，民主德國希望成為中國的代理人，如此一來，民主德國便可以壟斷中國與聯邦德國的貿易。

1950 年 3 月 21 日，漢德克與李富春在莫斯科舉行會晤。會談伊始，他就向李富春強調，民主德國在中國與聯邦德國的貿易中必須發揮重要作用，隨後他還向中方遞交了一份建議清單，為之後兩國進行正式的貿易談判做準備。李富春則表示，中方現在尚無法就兩國貿易協定提出具體的建議，所能提供的具體貨物種類與數額也無法確定。對於德方所提出的建議清單，中方的興趣主要集中在開設企業工廠時所需的成套設備、各種機械製造設備，電子、化學、光學產品、冶金煉鋼以及鐵路軌道，這些東西都是中國急需的。李富春還表示，除了蘇聯的援助外，中國的工業化建設也希望能得到民主德國的幫助，漢德克則再次強調同中國建立貿易關係的政治意義，並表示北京、莫斯科、柏林之間的友誼對整個國際社會擁有決定性的意義。[2]

民主德國此時已經開始有目的地接觸了一些聯邦德國的貿易商，比如一名在漢堡（Hamburg）的出口商就曾表示，他個人對於通過民主德國與中國發展貿易很感興趣，甚至提出，應該把這樣的貿易活動以某種方

---

1　Protokoll Nr. 68 der Sitzung des Politbüros am 24. Januar 1950, SAPMO-BArch, DY 30/IV 2/2/68, Bl. 5.
2　Gespräch mit der chinesischen Handelsdelegation in Moskau am 21. 3. 1950, PA AA, Bestand MfAA, A 15.341, Bl. 1-3.

式進行轉化，讓兩德按照一個統一的方式來與中國進行貿易。[1] 中國也同樣對通過民主德國發展與聯邦德國的貿易寄予很大的希望。1950 年 6 月 20 日，周恩來在會見柯尼希時就詢問過，西德是否能經民主德國進行出口。當時柯尼希表示，西德的資本家很願意跟中國做生意，民主德國也十分願意幫忙進行運輸。[2] 因此，在中國和民主德國簽訂貿易協定的準備過程中，雙方更為關心的不是對方，而是聯邦德國。

　　7 月 8 日，中國貿易部長葉季壯拜訪民主德國駐華使團，他向柯尼希透露，在香港的英、華私商，都想要促成中國與西德的貿易，把中國的茶葉、大豆及小麥出口到西德，從西德進口機器到中國。對於此事，中國政府決定等到民主德國貿易代表團抵京後再進行討論。柯尼希對此馬上堅決表態，出於經濟和政治上考慮，西德和中國之間的貿易應當只通過民主德國進行，必須讓西德的每一件商品從民主德國出口，這樣對中國也是有好處的。葉季壯對此也予以贊同，表示中國政府決定，同西德的貿易往來將只通過民主德國進行。[3]

　　民主德國方面之所以反覆強調中國和聯邦德國的貿易必須只通過它進行，實際上出於兩個目的：第一，在中、德的外交關係上，民主德國政府是代表德國的唯一合法政府；第二，讓民主德國成為中國對聯邦德國貿易唯一的「中間商」，這樣可以利用聯邦德國企業在對華貿易上的需求，施展自己的影響。而這兩個目標又是由德國統一社會黨當時所奉行的德國政策所決定的。而德國統一社會黨的德國政策，在當時其實就是聯共（布）中央 —— 或者更確切地 —— 其實就是斯大林的德國政策。

　　不過，對於二戰後斯大林的德國政策，史學界的爭論異常激烈，所

---

1　Vermerk, 18. 4. 1950, PA AA, Bestand MfAA, A 15.341, Bl. 4-5.
2　周恩來接見德意志民主共和國外交使團團長柯尼希談話記錄（1950 年 6 月 20 日），中國外交部檔案館，109-00028-01，第 10-11 頁。
3　Aktennotiz, 8. 7. 1950, PA AA, Bestand MfAA, G-A 75, Bl. 38-39.

爭論的核心問題是：斯大林是想要一個統一的德國還是讓德國分裂？[1]
但無論如何斯大林在涉及德國統一問題上的表態都是值得仔細研究的。
1948 年 12 月，在與德國統一社會黨代表團的會談中，斯大林一方面堅持
要求德國統一社會黨的領導人把注意力集中到統一德國、和平條約、降
低物價、提高工資和改善飲食等問題上。另一方面他也明確表示，如果
在西佔區成立了單獨的西德政府，那麼德國統一社會黨也只好在柏林成
立政府。但斯大林顯然不願意成為分裂德國的始作俑者，他表示，新成

---

1　這個問題最初源自於史學界對 1952 年 3 月 10 日「斯大林照會」動機的爭論。學者們對此的
　　觀點大體上分成了「真誠派」和「詭計派」。前一派認為，斯大林是真心地希望德國能夠重
　　新統一，並由此提出以中立換統一的方案，而西方的拒絕讓德國錯失了在 1950 年代就能重
　　新統一的機會。後一派則認為，斯大林故意提出這一西方絕對不會接受的方案，其目的只是
　　不希望蘇聯為分裂德國承擔罪責。對於「斯大林照會」的討論進而引申出對二戰結束後蘇聯
　　整體對德政策的討論，其中維爾弗里德·洛特（Wilfried Loth）的觀點引發了激烈的論戰，洛
　　特認為，斯大林在二戰後一直想建立一個統一的、非共產黨的德國，民主德國則是一個斯大
　　林「不想要的孩子」；蘇聯在 1952 年 3 月 10 日發出「斯大林照會」的動機也是想要促成一個
　　獨立於西方的統一的德國。這個看法引發了許多學者的反對，馬克·克萊默（Mark Kramer）
　　批評洛特忽視了斯大林本人思想的複雜性，斯大林的講話有時是自相矛盾的。赫爾曼·格拉
　　姆爾（Hermann Graml）批評洛特誤讀了蘇聯外交部起草「斯大林照會」的過程文件，堅持認
　　為這個照會只能被看作是一個有限的宣傳手段。弗拉季斯拉夫·祖博克認為斯大林從來就沒
　　有考慮過讓德國中立，蘇聯人可接受最低限度，便是讓西佔區保持中立，在蘇佔區建設一個
　　屬他們的社會主義德國。沃捷特克·馬斯特尼（Vojtech Mastny）認為符合斯大林心意的德國
　　政府雖然不由共產黨一黨專制，但必須聽從蘇聯的命令，實質上這同斯大林對蘇聯勢力範圍
　　內其他國家的要求沒有什麼不同。造成如此激烈爭論的主要原因在於斯大林對德國問題的真
　　實想法其實是模糊的。諾曼·奈馬克（Normann Naimark）就認為蘇聯並沒有制定一項長期而
　　確定的對德佔領政策，只是任性地行動，才最終造成了德國的分裂。弗拉迪米爾·沃爾科夫
　　（Wladimir Wolkow）認為斯大林對德國問題一直沒有明確地作出過一個前後一致、深思熟慮的
　　指示，這導致蘇聯外交部和駐軍軍政府在對德政策上產生了嚴重的分歧。參見 Wilfried Loth,
　　*Stalin's Unwanted Child: the Soviet Union, the German Question and the Founding of the GDR*, New York:
　　St. Martin's Press, 1998; Wilfried Loth, *Die Sowjetunion und die deutsche Frage: Studien zur sowjetischen
　　Deutschlandpolitik von Stalin bis Chruschtschow*, Göttingen: Vandenhoeck & Ruprecht, 2007; Kramer, "The
　　Soviet Union and the Founding of the German Democratic Republic," *Europe-Asia Studies*, Vol. 51, No.
　　6, 1999, pp. 1095-1100; Hermann Graml, „Eine wichtige Quelle - aber mißverstanden: Anmerkungen zu
　　Wilfried Loth: Die Entstehung der Stalin-Note. Dokumente aus Moskauer Archiven," in Jürgen Zarusky,
　　hrsg. *Die Stalin-Note vom 10. März 1952: Neue Quellen und Analysen*, München: Oldenbourg, 2002, S.
　　137; Zubok, *A Failed Empire*, p. 62; 沃捷特克·馬斯特尼：《斯大林時期的冷戰與蘇聯的安全觀》，
　　郭懋安譯，桂林：廣西師範大學出版社，2002 年，第 23 頁；Norman N. Naimark, *The Russians
　　in Germany: A History of the Soviet Zone of Occupation, 1945-1949*, Cambridge: Harvard University Press,
　　1995, pp. 465-471; Wladimir K. Wolkow, „Die deutsche Frage aus Stalins Sicht (1947-1952), " *Zeitschrift
　　für Geschichtewissenschaft*, Jahrgang 48, 2000, S. 48-49.

立的東德政府還應該稱為德國臨時政府比較合適，「其含義就是說在德國
統一之前，這是個臨時成立的政府。」而且斯大林反對德國統一社會黨
在當前階段採取任何剝奪私營企業、打擊資產階級的政策。[1]

　　到了 1949 年，聯邦德國和民主德國相繼成立，兩國在德國問題上都
繼續堅持國家統一的方針，把恢復德國統一列為他們首要的政治目標，
但它們的立場其實都已受各自所在陣營的政治意圖的影響。[2] 1950 年 5 月
4 日，在民主德國成立半年後，斯大林再次接見了德國統一社會黨代表
團。這次雙方會談的內容主要聚焦於民主德國自身的政治、經濟和社會
發展形勢以及今後的五年計劃。但是在應該如何看待聯邦德國前景的問
題上，斯大林提出了不同於德國統一社會黨領導人們的看法，他認為在
聯邦德國的羣眾想要行動，但現在他們還處在隱忍中，需要共產黨人加
強與普通民眾的聯繫。[3] 斯大林其實是在告誡德國統一社會黨不要滿足於
在東德一隅建立政權，而是要繼續重視在西德的鬥爭。

　　德國統一社會黨代表團從莫斯科回到國內後，便按照斯大林的指示
制定政策。1950 年 6 月 2 日，政治局通過了《關於在西柏林和西德加強
鬥爭的決議》，這項決議指出，自己以往的政策和實際工作並沒有完全把
解決全德的任務當作導向，對在柏林的鬥爭所給予關注太少，對德國共
產黨以及其他在聯邦德國的和平民主力量的支持不夠。[4] 隨後召開的德國
統一社會黨三大把「為了爭取統一而鬥爭」確定為黨的首要任務，提出

---

1　《斯大林同志同德國統一社會黨領導人威·皮克、奧·格羅提渥和瓦·烏布利希的談話記錄》
　　（1948 年 12 月 18 日），王麗華譯，《馬克思恩格斯列寧斯大林研究》2003 年第 3 期，第 48-
　　49、52-54 頁。
2　Wentker, *Außenpolitik in engen Grenzen*, S. 87; 鄧紅英：《民主德國德國政策的演變（1949—1990）》，
　　武漢：湖北人民出版社，2009 年，第 30-31 頁。
3　《斯大林同志同德國統一社會黨領導人威·皮克、奧·格羅提渥和瓦·烏布利希的談話記錄》
　　（1950 年 5 月 4 日），高曉惠譯，《馬克思恩格斯列寧斯大林研究》2004 年第 2 期，第 56-58
　　頁。
4　Heike Amos, *Die Westpolitik der SED 1948/49-1961: „Arbeit nach Westdeutschland" durch die Nationale
　　Front, das Ministerium für Auswärtige Angelegenheiten und das Ministerium für Staatssicherheit*, Berlin:
　　Akademie Verlag, 1999, S. 50.

只有出現一個統一的、民主的、愛好和平的德國，歐洲的和平才能得到保障；要求簽訂公正的和平條約，撤出所有的佔領軍隊，重新恢復德國人民的民族獨立，以此來克服德國的分裂狀態。不能把此時德國統一社會黨的這些呼籲僅僅簡單理解為宣傳上的口號，它們確實反映了當時民主德國最高領導層的真實意圖。[1]

　　為了要發揮爭取統一運動的巨大潛力，民主德國政府把同聯邦德國發展貿易，與聯邦德國的工業家簽訂貿易合同，視為保持德國經濟統一的一種方法。德國統一社會黨領導人認為，聯邦德國的工業家非常想同民主德國做生意，甚至可以不顧及美國人的阻止。但考慮到自身的經濟體量和影響力仍然有限，民主德國就將目光擴展到它與其他人民民主國家之間所簽訂的貿易協定上。烏布利希1950年5月曾對斯大林表示：

> 西德一部分大企業家對同東方發展貿易很有興趣。因此 ……
> 我們向西德的工業家聲明，在擬定我們同人民民主國家的貿易協議時，我們同意考慮儘可能地由西德向這些國家供貨，其中包括向中國供貨。[2]

　　正是出於這樣的考慮，民主德國在與中國進行貿易協定談判的事前協商中反覆向中國強調，民主德國必須成為中國對聯邦德國貿易的唯一代表，必須讓聯邦德國企業的每一件商品通過民主德國出口到中國，並且着重強調這其中的所包含的政治意義。[3] 因為，這樣做將有助於德國統一社會黨加強在聯邦德國的鬥爭，增強它對於聯邦德國社會的影響。而

---

1　Andereas Herbst, Gerd-Rüdiger Stephan und Jürgen Winkler, hrsg., *Die SED. Geschichte–Organisation–Politik. Ein Handbuch*, Berlin: Dietz Verlag, 1997, S. 307.

2　《斯大林同志同德國統一社會黨領導人威·皮克、奧·格羅提渥和瓦·烏布利希的談話記錄》（1950年5月4日），高曉惠譯，《馬克思恩格斯列寧斯大林研究》2004年第2期，第52、56頁。

3　An den Gen. Ackermann Staatssekretaer im Ministerium fuer Auswaertige Angelegenheiten der Deutschen Demokratischen Republik, 10. 8. 1950, PA AA, Bestand MfAA, A 15.639, Bl. 10.

當時奉行外交政策「一邊倒」的中國也非常願意支持民主德國的這項鬥爭，由衷希望「整個德國被帝國主義者強迫分裂的現象早日結束，完整的統一的民主的德國早日建立，德國整個民族在德國統一社會黨和德國共產黨的正確領導之下早日獲得解放。」[1]

## 二、貿易協定的談判經過與最終締結

民主德國最初希望能在 1950 年 6 月初就同中國簽訂一項貿易協定，根據這一設想，它應該在 4 月初就派出貿易代表團赴京談判。[2] 但事情的發展並不會按照所設想的那般一帆風順。兩國間的第一個貿易協定經歷了一個曲折的談判過程。首先，民主德國的計劃必須得到蘇聯的同意。1950 年 5 月 4 日，烏布利希在莫斯科才將民主德國近期準備派遣一個貿易代表團訪問中國的情況通報給斯大林，得到了斯大林的讚許。[3] 隨後，德國統一社會黨在代表團團長的人選問題上延誤了很長的一段時間，早在 4 月 18 日的政治局會議上，外貿部長漢德克作了關於準備同中國建立貿易關係的報告，政治局責成其在兩天內提出組成貿易代表團成員的名單，直到 6 月 13 日的政治局會議才最終決定由工業部副部長格哈德·齊勒（Gerhard Ziller）任代表團團長。[4]

---

1　中共中央文獻研究室編：《毛澤東年譜：1949 — 1976》第 1 卷，第 164 頁。

2　《關於同意捷等國商務代表團來京談判的電報》（1950 年 3 月 2 日），載中共中央文獻研究室、中央檔案館編：《建國以來周恩來文稿》第 2 冊，北京：中央文獻出版社，2008 年，第 136 頁；徐則浩主編：《王稼祥年譜（1906 — 1974）》，北京：中央文獻出版社，2001 年，第 394 頁。

3　《斯大林同志同德國統一社會黨領導人威·皮克、奧·格羅提渥和瓦·烏布利希的談話記錄》（1950 年 5 月 4 日），高曉惠譯，《馬克思恩格斯列寧斯大林研究》2004 年第 2 期，第 52 頁。

4　根據德國統一社會黨中央政治局 1950 年 4 月 18 日的會議記錄，漢德克最初提名德意志經濟委員會副主任格蕾特·維特科夫斯基（Grete Wittkowski）擔任代表團團長，但在記錄附件中存有兩份代表團成員名單，在第一份名單中維特科夫斯基的名字被劃去，在第二份名單中代表團團長名字處留白。參見 Protokoll Nr. 84 der Sitzung des Politbüros am 18. April 1950, SAPMO-BArch, DY 30/IV 2/2/84, Bl. 3; Protokoll Nr. 94 der Sitzung des Politbüros am 13. Juni 1950, SAPMO-BArch, DY 30/IV 2/2/94, Bl. 2.

　　導致民主德國貿易代表團訪華時間推遲的另一個原因，是由於當時正要召開德國統一社會黨三大，貿易代表團的成員都想等三大通過發展民主德國國民經濟的第一個五年計劃的決議之後再赴京談判，他們認為這樣將會更有助於貿易協定的簽訂。[1] 因此民主德國貿易代表團最終於 7 月底出發，途中在莫斯科稍作停留後，8 月 5 日抵達北京。[2] 隨即與中方的代表團就貿易協定展開談判，在談判期間，齊勒還曾為在民主德國的五年計劃內確定中國的訂貨回國一次。[3]

　　有關中國與民主德國兩國代表就貿易協定的具體談判過程，正如柯偉林（William Kirby）所發出的感慨那樣：「極其冗長乏味的資料令歷史學家對社會主義陣營各國外交與貿易代表們的廣博知識與細心肅然起敬。」[4] 兩國貿易代表團成員各自分成五個小組：第一組負責起草協定中的法律和政治內容；第二組負責機器製造、電子、光學產品和精密儀器；第三組負責化工、醫藥、油漆、染料等；第四組負責食品、輕工業產品和紡織原料；第五組負責礦石原料。談判的主要方式就是拿出事先準備好的貨單，詢問對方哪些是他們所需要的儀器、設備或者原料產品，然後再確定價格以及交貨日期。讓德方代表團成員感到非常困難的地方在於，對實際談判過程中的所提出來的任何問題都必須進行細緻的探討，貨單上所列的每項產品都要進行翻譯、整理並做出概要簡介。由於中方各個部門並沒有作好事先的協調工作，就需要向各個部門的負責人反覆地遞交材料，而許多材料都是重複的。[5] 這明顯反映出中方人員對於這次談判準備得不夠充分，缺乏相應的工作經驗。

---

1　Aktennotiz, 8. 7. 1950, PA AA, Bestand MfAA, G-A 75, Bl. 38.

2　Bericht, 16. September 1950, PA AA, Bestand MfAA, G-A 75, Bl. 65.

3　章副部長接見柯尼希團長談話記錄（1950 年 9 月 7 日），中國外交部檔案館，109-00028-01，第 18-19 頁。

4　William C. Kirby, "China's Internationalization in the Early People's Republic: Dreams of a Socialist World Economy," *The China Quarterly*, No. 188, 2006, p. 886.

5　Bericht, 16. September 1950, PA AA, Bestand MfAA, G-A 75, Bl. 66-67.

　　在一些事先準備得比較充分的項目上，兩國談判代表往往就能較快地達成協議。比如中國非常想通過民主德國從聯邦德國訂購到用於鋪設鐵路的鋼軌，周恩來在 1950 年 6 月 20 日第一次會見柯尼希時就已明顯表達了這一想法。[1] 於是雙方在第一次會談中就立刻談妥了 5 萬噸的鋼軌訂單，價值約 500 萬美元。民主德國貿易代表團 8 月 15 日致電柏林要求對此訂單進行處理，開始從聯邦德國訂貨，第一批鋼軌預計 10 周後就能運抵青島。[2] 而其他未經事前充分準備的產品項目，則需要經過較長時間的細緻討論。

　　雙方之間的貿易談判就這樣一直持續到 10 月初，此時兩國只是確定了基本的進出口的金額，而具體的進出口貨物分擔表還尚未得到最終的確定。[3] 但此時民主德國卻提出要求，希望可以立即簽字。柯尼希為此向時任外交部副部長章漢夫說明的理由是：由於德意志民主共和國將在 10 月 15 日進行選舉，如果雙方能夠在選舉前公佈貿易協定已經簽訂的話會起到很大的政治影響，這個影響不僅在於中德兩國簽訂了貿易協定。如果不能如期簽字，民主德國政府則會感到失望。[4] 雖然這樣的要求違背了貿易協定談判的基本規則，但是為了顯示對德國統一社會黨政權的支持，中方對此也表示同意，兩國決定於 10 月 10 日下午先簽訂貿易協定，有效期至 1951 年 12 月 31 日，而具體的貨物分擔表則由兩國代表繼

---

1　周恩來接見德意志民主共和國外交使團團長柯尼希談話記錄（1950 年 6 月 20 日），中國外交部檔案館，109-00028-01，第 10 頁。
2　Bericht, 16. September 1950, PA AA, Bestand MfAA, G-A 75, Bl. 67. 可這批鋼軌一開始似乎並未成功訂購，參見章副部長同柯尼希大使的談話記錄（1950 年 10 月 7 日），中國外交部檔案館，109-00030-01，第 3-4 頁。但又從 11 月底民主德國方面的來信來看，最後還是為中國買到了一批鋼軌，為此民主德國方面至少先行墊付了 150 萬美元，參見駐德使團關於商務工作的報告（1950 年 12 月 6 日），中國外交部檔案館，109-00030-03，第 29 頁。
3　到 1950 年 9 月 16 日為止，民主德國向中國方面基本確定了 1,359 億美元的出口額，8840 萬美元的進口額，這其中已經包括了與西德貿易額。Bericht, 16. September 1950, PA AA, Bestand MfAA, G-A 75, Bl. 69.
4　章副部長同柯尼希大使的談話記錄（1950 年 10 月 7 日），中國外交部檔案館，109-00030-01，第 2-3 頁。

續進行談判。[1]

　　中國與民主德國簽訂 1951 年度的貿易協定後，德國統一社會黨要求國內報刊用各種方式進行廣泛宣傳，並且多次催促中國駐民主德國外交使團也要寫一篇關於中德貿易協定的文章以做宣傳。每當中國駐德使團團長姬鵬飛拜會民主德國相關人士時，他們都會談及兩國簽訂貿易協定的重要意義，特別對於中國經過他們購買西德貨物最為稱讚的，認為這是中國對他們的極大幫助，對德國的統一有着極大的政治意義。因為中國向西德購買的物資一旦指定必須經過民主德國的話，這就讓想要與中國做生意的西德資本家不得不同民主德國接近，這樣就有利於民主德國政府爭取到西德的資產階級，並引導西德工業向和平方向發展。因此，他們認為這份貿易協定的簽訂對德國統一、世界和平都有着直接的關聯。[2]

　　德國統一社會黨為中德 1951 年度的貿易協定付出了極大的熱情並傾盡全力，在 1950 年 7 月 27 日的政治局會議上，就已明確做出決定，要準備盡全力幫助中國共產黨，並且進一步提出，應當準備與中國簽訂一個五年的長期貿易協定。[3] 等到與中國的貿易協定正式簽字生效後，民主德國的任務自然轉變為如何去落實協定中所規定的對華出口。柯尼希在 11 月 28 日的政治局會議上再次強調：外貿部的同志應當盡一切努力同中國擴大經濟關係，中德貿易協定則必須準確執行。[4] 為了方便替中國購買聯邦德國的物資，民主德國外貿部在柏林成立了一家形式上為私營公司

---

1　協定的具體文本可見《中華人民共和國與德意志民主共和國關於貨物交換及付款協定》（1950
　　年 10 月 10 日），載中華人民共和國外交部編：《中華人民共和國條約集（第一集）（1949 —
　　1950）》，北京：法律出版社，1957 年，第 90-93 頁；1950 年中國與民主德國貿易協定：章漢
　　夫報告（1950 年 10 月 9 日），中國外交部檔案館，109-00030-01，第 1 頁。
2　姬鵬飛大使致周總理：德政府對我經其購買聯邦德國貨物為最歡呼（1950 年 10 月 26 日），
　　中國外交部檔案館，109-00030-03，第 24 頁；駐德使團關於商務工作的報告（1950 年 12 月 6
　　日），中國外交部檔案館，109-00030-03，第 27 頁。
3　Protokoll Nr. 1 der Sitzung des Politbüros des Zentralkomitees am 27. Juli 1950, SAPMO–BArch, DY 30/IV
　　2/2/101, Bl. 22.
4　Protokoll Nr. 20 der Sitzung des Politbüros des Zentralkomitees am 28. November 1950, SAPMO–BArch,
　　DY 30/IV 2/2/120, Bl. 1.

的「中國出口公司」（China Export GmbH），以專門負責貿易協定內所包含的聯邦德國部分的出口。柯尼希也向章漢夫許諾，德國統一社會黨認為自己有責任努力完成這個協定。[1]

在為執行貿易協定竭盡全力的同時，民主德國也時刻注意中國與聯邦德國的任何貿易接觸。在漢堡有一家名為卡洛維茨（Carlowitz）貿易公司，它在民國時期在中國擁有一批僱員，中華人民共和國成立後，這批人開始在國營和私營的貿易機構內工作。他們通過過去的職務關係，向聯邦德國的供應商提供了關於中德貿易談判的情報，從而使得聯邦德國的一個面向東亞的貿易公司主動提出願意接受中國的訂貨，甚至連處在民主德國境內的耶拿（Jena）蔡司（Zeiss）光學儀器製造廠也通過這家公司與香港的某個貿易公司簽訂出口合同。類似這種情況就讓民主德國方面十分擔憂，柯尼希曾直接向章漢夫表達不滿，他認為貿易協定已經規定中國與聯邦德國的貿易只能通過民主德國進行，雙方應該多從政治意義去考慮貿易協定，在他看來，中國的貿易部門過於從做生意的角度出發來處理這些問題。[2] 可見在中德貿易協定的談判以及後續的執行過程中，比起為自身所能帶來的經濟效益，德國統一社會黨顯然更加看重的是這項貿易協定所附帶的政治影響力。

## 三、貿易協定的執行及其問題

中國與民主德國對於兩國的第一份貿易協定都有着很高的期許，但事與願違，在具體執行兩國貿易協定的過程中，出現了許多雙方事先都

---

1 駐德使團關於商務工作的報告（1950 年 12 月 6 日），中國外交部檔案館，109-00030-03，第 27 頁；章副部長同柯尼希大使的談話記錄（1950 年 12 月 8 日），中國外交部檔案館，109-00030-03，第 32 頁。

2 Betr.: Wichtige China-Information, PA AA, Bestand MfAA, G-A 75, Bl. 131. 章副部長同柯尼希大使的談話記錄（1950 年 10 月 7 日），中國外交部檔案館，109-00030-01，第 2-4 頁；章副部長同柯尼希大使的談話記錄（1950 年 12 月 8 日），中國外交部檔案館，109-00030-03，第 33 頁。

無法預料的障礙與困難。這最終造成了民主德國的對華貿易出現了數額
巨大的出口欠賬，也使中國承受了數額較大的經濟損失。兩國 1951 年貿
易協定具體執行情況，下列三張表格的數據可予以直接反映。

表 1　1951 年度民主德國對華貿易協定額（單位：百萬盧布）

| — | 出口額 | 進口額 |
|---|---|---|
| 總計 | 520 | 312 |
| 民主德國 | 212 | 126 |
| 聯邦德國 | 308 | 186 |

表 2　1951 年度民主德國對華貿易合同額（單位：百萬盧布）

| — | 出口額 | 佔協定額 | 進口額 | 佔協定額 |
|---|---|---|---|---|
| 總計 | 196.807 | 39.9 % | 293.248 | 97.4 % |
| 民主德國 | 91.451 | 48.8 % | 128.796 | 102.1 % |
| 聯邦德國 | 105.355 | 34.5 % | 164.555 | 88.8 % |

表 3　1951 年度民主德國對華貿易執行額（單位：百萬盧布）

| — | 出口額 | 佔協定額 | 佔合同額 | 進口額 | 佔協定額 | 佔合同額 |
|---|---|---|---|---|---|---|
| 總計 | 103.7620 | 20.9 % | 52.7 % | 225.404 | 72.4 % | 76.8 % |
| 民主德國 | 57.4193 | 30.6 % | 62.8 % | 83.552 | 66.3 % | 64.8 % |
| 聯邦德國 | 46.3437 | 15.1 % | 43.9 % | 141.852 | 76.6 % | 86.2 % |

資料來源：Jahresanalyse des Warenverkehres mit der Volksrepublik China, Stand
per 31. 12. 1951, 31. 1. 1952, BArch, DL 2/1451, Bl. 17.

　　在這裏先需要對以上三個表格中的「協定額」「合同額」與「執行額」作如下說明：在經典社會主義體制下，兩個國家當年都會為下一年的貿易協定進行談判，以所達成的貿易協定來制定下一年的進出口計劃。[1]兩國的貿易代表團會為了追求相互間貿易上的平衡而先確定各自的進出口數額，這便是貿易協定額度。但是，協定所確定的數額只能代表兩國代表團談判和計劃的結果，而要落實協定數額就必須與具體生產產品的企業單位簽訂合同，這便形成了貿易合同額度。可是，在具體的生產過程中又會出現種種無法事先預料的困難，導致無法全部完成所簽訂的合同，最後以實際所交付了的產品進行計算，便形成了實際的貿易執行額。而通過對以上三張表格略作觀察與分析，可以發現以下一些值得注意的現象：

　　首先，在中國與民主德國 1951 年度的貿易協定中，最引人注目的是其中包含有聯邦德國的對華貿易額，這便是民主德國承諾作為「中間商」幫助中國與聯邦德國進行貿易的部分，自然也是需要重點關注的部分。從表 1 中可以發現，中國與聯邦德國的貿易協定額要高於中國與民主德國貿易協定額，其中對華出口額多 9600 萬盧布，對華進口額多 6000 萬盧布。這樣的狀況幾乎可以說是前所未見的，很難想像在兩國之間的貿易協定中存在很大一部分是與第三國的貿易。但這恰恰反映出當時民主德國極力想要通過這個貿易協定以實現它在德國問題上的政治訴求，它把對華貿易的工作重點放在了「轉口」而非「出口」上。另外，也反映出中國當時有着比較強的意願和需求與聯邦德國進行貿易，在這一點

---

1　有關社會主義國家之間貿易關係的特點分析，參見雅諾什・科爾奈：《社會主義體制 —— 共產主義政治經濟學》，張安譯，北京：中央編譯出版社，2007 年，第 333-341 頁。

上，很難說不是某種「經濟理性」壓倒了政治上的偏向。[1] 事實上，在中國與民主德國簽訂貿易協定之前，中國與聯邦德國的貿易就已經比較活躍了，1949 年中國與聯邦德國的貿易總額達到了 2450 萬西馬克，而到 1950 年就已經增長至 1.095 億西馬克，其中中國的出口額都遠高於進口額。[2]

其次，民主德國為中國向聯邦德國的訂貨任務並未得到順利地執行。到 1951 年底，民主德國代表中國同聯邦德國企業簽訂的合同額只有計劃協定額的 34.5 %，更加嚴重的是，實際出口的執行額連合同額的一半都還沒到，出現了 5900 多萬盧布的缺口。考慮到這種極為困難的形勢，民主德國不得不與中方商量，請求取消一些未完成的供貨合同，中方最終同意再取消 3100 多萬盧布的進口。[3]

民主德國之所以無法很好地完成自己的轉口任務，很大程度上是受到了來自西方的巨大阻力。所謂中國與聯邦德國的貿易必須經過民主德國，這只是中國單方面同意的要求，可是聯邦德國的態度又如何呢？

---

1 1949 年 2 月《中共中央關於對外貿易基本方針的指示》表明，當時中共在對外貿易上也是向蘇聯及東歐國家「一邊倒」的，該指示稱：「凡蘇聯及東歐各新民主國家所需的貨物，我們當儘量向蘇聯及新民主國家出口，凡是蘇聯及新民主國家能供給我們的貨物，我們當儘量從蘇聯及新民主國家進口，只有蘇聯及新民主國家不需要及不能供給的貨物，我們才向各資本主義國家出口或進口 …… 首先了解我們與蘇聯及東歐各國進行貿易的可能性，然後決定我們對各資本主義國家進行貿易的範圍。」參見《中共中央關於對外貿易基本方針的指示》（1949 年 2 月 16 日），載中共中央文獻研究室、中央檔案館編：《建黨以來重要文獻選編（1921 — 1949）》第 26 冊，北京：中央文獻出版社，2011 年，第 137 頁。如果將這一基本方針作為前提，那麼如何解釋出現中國同聯邦德國貿易協定額高於同民主德國的貿易協定額的情況呢？其可能的原因無非是：（1）民主德國有意積極推動的結果，目的在於擴大自己的轉口額以實現自身的政治意圖；（2）中國當時所需的商品確實是民主德國所無法提供的，聯邦德國與民主德國在工業生產能力上的客觀差距決定了貿易協定額上的差距。

2 《總理辦公室：通報 第九號》（1950 年 8 月），載中國社會科學院、中央檔案館編：《1945 — 1952 中華人民共和國經濟檔案資料選編：綜合卷》，北京：中國城市經濟社會出版社，1990 年，第 185 頁；Dok. 102: Handelsstatistik Bundesrepublik‐VR China, in Mechthild Leutner, hrsg., *Bundesrepublik Deutschland und China 1949 bis 1995: Politik–Wirtschaft–Wissenschaft–Kultur; eine Quellensammlung*, Berlin: Akademie Verlag, 1995, S. 258.

3 Jahresanalyse des Warenverkehres mit der Volksrepublik China, Stand per 31. 12. 1951, 31. 1. 1952, BArch, DL 2/1451, Bl. 18, 22.

1950 年 7 月 7 日，聯邦德國的內閣會議討論了關於擴大同東方集團國家和中國發展貿易的提案，其中就已經明確，要拒絕讓民主德國扮演聯邦德國對外貿易中間人的角色。這不僅是出於政治上的考慮，也還考慮到貿易時間會因此被延長，中間環節費用導致成本變高等因素。[1] 除此之外，美國也要求西歐各國對蘇聯、東歐各國實行貿易管制。8 月 24 日，美國國家安全委員會召開會議決定，敦促西歐各國提高貿易管制水平，如果確認西歐各國向蘇聯、東歐輸出禁運物資，不論何時，立即停止向西歐出口戰略物資。而且值得注意的是，在這次會議上，美國決定禁止向中國大陸出口鋼軌。[2]

這就直接導致中國與民主德國事先已經談好的 5 萬噸鋼軌的訂單無法順利執行，其中的原因並不見得如柯尼希所說的那樣，是由於有聯邦德國人在當中做了捎客，破壞了民主德國的中國出口公司向聯邦德國進行訂貨的可能性。[3] 更具說服力的原因在於，聯邦德國執行了美國所要求的對中國貿易管制政策，禁止向中國出口鋼軌。到了 1951 年 5 月底，聯邦德國所有向中國的出口產品都必須經過批准，美國佔領當局則要求漢堡港禁止讓開往中國的貨船裝貨起航。[4] 西方的禁運讓德國統一社會黨專門設立的柏林「中國出口公司」陷入困境，中國所需從西德進口的貨物，它只能購買三四種。面對如此困難的局面，中國只好儘速搶運對西德的訂貨，或改買其他現貨立即裝回，以爭取時間。[5]

最後，相比於惡劣的出口形勢，民主德國從中國的進口情況則要好

---

1　88. Kabinettssitzung am 31. Juli 1950, Die Kabinettsprotokolle der Bundesregierung online.

2　崔丕：《美國的冷戰戰略與巴黎統籌委員會、中國委員會：1945 — 1994》，北京：中華書局，2005 年，第 245-246 頁，註釋 1。

3　章副部長同柯尼希大使的談話記錄（1950 年 10 月 7 日），中國外交部檔案館，109-00030-01，第 3-4 頁。

4　Dok.4: Bericht des OAV, in Leutner, hrsg., *Bundesrepublik Deutschland und China 1949 bis 1995*, S. 52; 149. Kabinettssitzung am 29. Mai 1951, Die Kabinettsprotokolle der Bundesregierung online.

5　《中財委對美帝封鎖我經濟的七項對策》（1950 年 12 月 12 日），載中國社會科學院、中央檔案館編：《1949 — 1952 中華人民共和國經濟檔案資料選編：綜合卷》，第 159 頁。

得多。民主德國直接與中國簽訂的進口協定額為 1.26 億盧布，而實際的合同額則還比協定額多了 279.6 萬盧布，這說明民主德國對於中國的出口產品存在較大的需求，當時中國主要的農產品處在「硬產品」的地位上。[1] 截止 1951 年 6 月 30 日，中國已經向民主德國出口了約 7.5 萬噸大豆、2000 噸大米、250 噸桐油、200 噸銻礦、400 噸鎢礦、160 噸絲綢、500 噸羊毛。而通過柏林的「中國出口公司」向聯邦德國出口 15.1 萬噸大豆，1.425 萬噸花生（去皮和未去皮的），4.05 噸大米，1530 噸桐油，400 噸麻。[2] 從表 3 可以看出，中國最終向聯邦德國的出口執行額比向民主德國的出口執行額高出了 5830 萬盧布，造成這種現象的原因一方面可能是中國想要利用更多的出口從聯邦德國那裏換到更多的進口，另一方面也可能是民主德國出於團結聯邦德國商人的考慮，優先把更多的中國出口向聯邦德國做轉口。

　　根據聯邦德國統計的數據，1951 年聯邦德國從中國進口額為 2.049 億西馬克，而出口額只有可憐的 1680 萬西馬克，對華貿易竟出現了 1.881 億西馬克的逆差，這與當時兩國的經濟生產能力是不相符合的，更多的是西方對華貿易管制的表現。而從最終的執行結果看，中國的出口執行額與事前計劃的協定額相比仍然存在差距。這主要是由於朝鮮戰爭

---

1　這裏「硬產品」的概念援引自匈牙利經濟學家科爾奈‧亞諾什（Kornai János），他提出判斷社會主義國家之間進出口中的產品是「硬」或「軟」的兩條標準：（1）能夠在資本主義市場上出售並獲得硬通貨收入；（2）根據買方國家當前的國內經濟狀況，急需此類產品，但無法從其他任何社會主義國家進口；如果想要，只能用硬通貨在資本主義市場上購買（付出極高的成本和做出極大的犧牲）。這兩個標準往往相互重合，但也並不總會一致。某項產品在談判過程中是「軟」還是「硬」主要取決於兩國當時的具體情況。例如，大豆在中國與民主德國的貿易中就一直處於「硬產品」的地位。從歷史上看，德國對於中國東北出產的大豆就有很大的需求。1928 — 1931 年間，德國一直是中國東北地區大豆的最大購買者，對於大豆的需求最後甚至影響到了納粹德國對偽「滿洲國」的承認問題。參見科爾奈：《社會主義體制》，第 333 頁；吳景平：《從膠澳被佔到科爾訪華》，第 160-161 頁；柯偉林：《德國與中華民國》，陳謙平等譯，南京：江蘇人民出版社，2006 年，第 156-157 頁；馬振犢主編：《戰時德國對華政策》，武漢：武漢大學出版社，2010 年，第 69-70、97-100 頁。

2　Analyse über die Entwicklung des Abkommens 01 mit China, per 30. 6. 51, 23. 7. 1951, BArch, DL 2/1448, Bl. 81.

的爆發，當中國決定開始介入朝鮮戰爭後，自然要把更大的精力和物質力量投入到對朝鮮的支援上，同時考慮到糟糕的進口局面以及外貿上收支平衡，中方便取消了準備向民主德國出口的 6.35 萬噸大豆、3000 噸大米以及向聯邦德國出口 4.775 萬噸大豆的貿易合同。[1]

因此，中國與民主德國 1951 年度的貿易協定最終給兩國都造成一定的損失。對民主德國而言，它沒有完成對中國的出口任務，造成了出口欠賬，需要在之後幾年內通過增加出口予以補償，加重了它的出口負擔。同時它又在中國人面前失了信用，比如本來計劃從聯邦德國訂購一台煤氫化設備交付中國，但是在計劃擱淺後，由於自身又缺少冶金和機械製造方面的人才而無法獨立承擔這一交貨任務。最終格羅提渥只好向中國提議取消協定中的這個項目，並建議中方向蘇聯求助。[2]

對中國而言，除了不得不取消對德的一些進口項目外，還蒙受了貿易差價的損失，這主要是由於國際市場商品價格的變動所致。中國與民主德國是根據 1950 年 10 月世界市場的商品價格來進行貿易協定談判並簽訂合同的，這必然無法適應資本主義市場在貿易管制以後所引發的價格變動，這導致「中國出口公司」不得不以高於 1950 年 10 月的定價為中國購入聯邦德國貨物。[3] 到 1952 年 12 月底，中國與「中國出口公司」之間的主要問題有三個方面：中國的進口貨物連運費共 9490 萬盧布，其中差價為 1800 多萬盧布；中國的出口貨物連運費用 1.0947 億盧布，但最終在西方市場賣出後，卻比預計價格少了 1600 多萬盧布；另外，「中國出口公司」未經中國同意就高價購入快靛和保險粉，損失了 2100 萬盧布，這三項共計 5500 萬盧布。到 1952 年 12 月，民主德國提出請中國接

---

1　Jahresanalyse des Warenverkehres mit der Volksrepublik China, BArch, DL 2/1451, Bl. 18.

2　Protokoll Nr. 82, 11. Dezember 1951, SAPMO-BArch, DY 30/IV 2/2/182, Bl. 2.

3　例如，用作染料的快靛，按當時世界市場實際最高價格大約是每公斤 13 盧布，而「中國出口公司」未經中方同意便以每公斤 38 盧布的價格購入。An den Vorsitzenden Gen. Hans König, 21. März 1953, PA AA, Bestand MfAA, A 15,639, Bl. 147.

受超價的支付以及較低的銷售款。中國最終決定擔負全部的損失。[1]

1953 年初，中國對外貿易部副部長雷任民檢討了此前兩年對德貿易中的問題，從提交給周恩來的報告看，中方一開始認為民主德國「中國出口公司」嚴重損失的責任完全在對方。但經過反覆檢討後，周恩來提出應承認錯誤的主要方面應屬與中方，德方有一定的責任。中方所總結的自身錯誤主要有如下幾點：沒有正確掌握對德貿易的複雜性，作價原則的片面性，以及工作上的紊亂和官僚主義，比如，東北貿易部門把一千桶快靛寫成了一千噸，再加上遠高於國際市場的購入價格，造成了 1500 餘萬盧布的損失。

但若究其根本，還是由於雙方對發展兩國貿易的基本認識和要求不一致。民主德國想要包攬中國對聯邦德國的貿易，更多的是出於政治上的考慮。而為了達到理想的效果，德方的貿易代表團過度誇大了自身供應能力，使得中方盲目進行談判，確定了過於巨大的貿易額。德國統一社會黨所設立的「中國出口公司」未經中方允許就掛出「中國進口總公司代理處」的招牌。[2] 這些行為的根本目標都是想要去拉攏團結聯邦德國商人。正如柯尼希對章漢夫所言「要多從政治意義看待貿易協定，而不要從做生意的角度出發」。相比之下，中國比民主德國在這個問題上更顯得具有經濟理性，雖然一直不想放棄直接對聯邦德國進行貿易，但是為了表示政治上的支持，中國不得不「照顧」民主德國。然而但凡從政治的角度出發，往往就會忽略具體經濟利益的得失，所以造成經濟損失也

---

1　Herrn Vize-Außenhandelsminister Hsu Ministerium für Außenhandel der Volksrepublik China, 5. 12. 1952, PA AA, Bestand MfAA, A 15.639, Bl. 131-132; An den Vorsitzenden Gen. Hans König, 21. März 1953, PA AA, Bestand MfAA, A 15.639, Bl. 146-148;《關於在對德貿易中虧損處理問題給毛澤東等的電報》（1953 年 3 月 5 日、4 月 12 日），載中共中央文獻研究室、中央檔案館編：《建國以來周恩來文稿》第 8 冊、第 159-161 頁。

2　《關於在對德貿易中虧損處理問題給毛澤東等的電報》（1953 年 3 月 5 日、4 月 12 日），載中共中央文獻研究室、中央檔案館編：《建國以來周恩來文稿》第 8 冊，第 160-161 頁，註釋〔2〕。

就不足為奇了。可以認為中國最後決定擔負的 5500 萬盧布的損失就是在為支持德國統一社會黨的德國政策買單。

通過對中國與民主德國 1951 年度貿易協定的談判、簽訂以及執行過程的考察，恰恰可以印證柯偉林的一個觀點 —— 整個社會主義的世界經濟體系是建立在擁有共同的政治、意識形態和軍事需要的假設之上的。在這個世界中，並不是經濟基礎決定政治這個上層建築，而是恰恰相反。[1] 在 1950 年進行貿易協定談判的過程中，民主德國實際上對於中國而言仍然是十分陌生的。中方對民主德國的生產供應能力、貿易組織能力、及蘇聯管制下工廠與民主德國的關係、民主德國與西德的政治經濟關係、德國對談判的目的和要求等，均缺乏應有的了解。[2] 但同時，中國又自覺地將民主德國視為社會主義陣營內兄弟國家，對於這樣一個「陌生的兄弟」，相互支持對抗資本主義世界的意識形態理念把它們團結到了一起，甚至出現了為了實現某個政治目標而犧牲經濟利益的現象。而類似的「政治決定經濟」的現象日後將在中國與民主德國關係中反覆出現。

# 第二節　「東柏林事件」與中國對民主德國的援助

民主德國執行 1951 年度對華貿易協定不力，造成它在對華出口上積累下了約 4.2 億盧布的欠賬，這又直接影響到兩國之後若干年內的貿易，因此，民主德國在這一時期的對華貿易上處於十分被動的境地。1953 年

---

1　Kirby, "China's Internationalization in the Early People's Republic," *The China Quarterly*, No. 188, 2006, p. 890.

2　《關於在對德貿易中虧損處理問題給毛澤東等的電報》（1953 年 3 月 5 日、4 月 12 日），載中共中央文獻研究室、中央檔案館編：《建國以來周恩來文稿》第 8 冊，第 160-161 頁，註釋〔2〕。

6 月，民主德國國內發生了「東柏林事件」，這讓民主德國國內的經濟與社會形勢變為更加不穩定，此時，中國向民主德國提供了力所能及的農副食品援助，真正體現了社會主義國家之間「同志加兄弟」般的情誼。但是，這同時也繼續增加了民主德國在對華出口方面的負擔。直到 1955年，兩國貿易額才最終實現了基本平衡，在經歷了一系列的教訓之後，民主德國也開始自覺調整自己的角色，不再謀求成為中國對聯邦德國貿易的「中間商」。

## 一、蘇聯轉變對德政策與「東柏林事件」

1952 年 3 月 10 日，蘇聯政府發出了著名的「斯大林照會」，對於恢復德國統一和對德和約提出了具體的建議。無論其中內容是斯大林的真實意圖，抑或僅僅是他的宣傳詭計，當西方三國拒絕接受照會中的建議，並繼續就《波恩條約》和《巴黎條約》[1] 進行談判之後，斯大林就明顯轉變變了自己在德國問題上的態度。他幾乎徹底打消了任何有關德國重新統一的念頭。

這反映在斯大林 1952 年 4 月初與德國統一社會黨領導人最後的兩次會談中。4 月 1 日，在談到來自西方的威脅時，德國統一社會黨主席威廉‧皮克（Wilhelm Pieck）以及總書記烏布利希都表示，民主德國警察的裝備十分落後，甚至連自己都不能保護。斯大林對此非常生氣，他認為「造成這樣的局面，是你們自己的錯」，民主德國「完全有權擁有裝備

---

[1]　1952 年 5 月 26 日，美、英、法三國與聯邦德國在波恩簽訂《波恩條約》，即美、英、法三國與聯邦德國相互關係的「一般性條約」，廢除了西方三國的對德佔領法規，使聯邦德國獲得內部獨立權，但保留在聯邦德國境內的駐軍。1952 年 5 月 27 日，聯邦德國與法、意、荷、比、盧六國在巴黎簽訂《巴黎條約》，即《關於建立歐洲防務集團條約》，規定歐洲煤鋼聯營參加國各派軍隊組成「歐洲軍」，由北約駐歐洲武裝部隊最高司令指揮。1954 年 8 月 30 日，法國國民議會否決了《巴黎條約》。參見丁建弘等主編：《戰後德國的分裂與統一（1945 — 1990）》，北京：人民出版社，1996 年，第 122-123 頁；于振起：《冷戰縮影：戰後德國問題》，北京：世界知識出版社，2010 年，第 78-79 頁。

精良且訓練有素的警察」，「可以為人民警察生產機槍、步槍、手槍和子彈。有充分的權利」。隨後，斯大林進一步明確指出，民主德國應該建立自己的軍隊。而對於之前德國統一社會黨所進行的贊成德國非軍事化、反對任何軍隊的宣傳，斯大林表示：「這曾經是必要的。現在不需要了。」[1]而在 4 月 7 日的會談當中，斯大林則將自己的看法表達得更為明確：

> 無論我們就德國問題提出什麼建議，西方強國都不會同意，它們反正不會撤出西德。認為會達成妥協或美國人會接受和約草案的想法是錯誤的 …… 實際上，西德正在成為獨立的國家。你們也應該組織自己的國家。西德和東德之間的分界線應被看作邊界，不是看作普通的邊界，而是看作危險的邊界。[2]

既然如此，就勢必會引發出下一個問題：之前民主德國政府關於恢復德國統一問題的立場是否應該進行改變？對此斯大林認為不需要改變，「應該繼續不斷地宣傳德國統一問題。這對教育西德人民具有巨大意義。現在這是你們手中的一個武器，應該一直把這個武器掌握在你們手中。我們也將繼續就德國統一問題提出建議，以揭露美國人。」[3]在這裏，斯大林對於德國統一也有了全新的說辭，在此之前還是「最為重要的任務」，而如今，爭取德國統一的口號已經淪為一種教育西德人民的宣傳，一種用來揭露美國人的武器。

而就民主德國是否應該走社會主義道路這個問題，斯大林的態度似乎也發生了微妙的變化。斯大林在戰後一直不願意讓蘇軍佔領的東德地區走蘇聯式的社會主義道路，但是在 1952 年 4 月 7 日的會談中，當烏布

1 《斯大林同志同德國統一社會黨領導人威‧皮克、奧‧格羅提渥和瓦‧烏布利希的談話記錄》（1952 年 4 月 1 日），高曉惠譯，《馬克思恩格斯列寧斯大林研究》2004 年第 3 期，第 52 頁。

2 《斯大林同志同德國統一社會黨領導人威‧皮克、奧‧格羅提渥和瓦‧烏布利希的談話記錄》（1952 年 4 月 7 日），高曉惠譯，《馬克思恩格斯列寧斯大林研究》2004 年第 3 期，第 60 頁。

3 《斯大林同志同德國統一社會黨領導人威‧皮克、奧‧格羅提渥和瓦‧烏布利希的談話記錄》（1952 年 4 月 7 日），高曉惠譯，《馬克思恩格斯列寧斯大林研究》2004 年第 3 期，第 64 頁。

利希問：「到目前為止，我們在民主德國一直說，我們主張建立民主制的德國，沒有採取向社會主義方向發展所需要採取的一系列措施。我們也從未說過我們正在走向社會主義。」「在德國嚴重分裂後，我們要不要繼續過去這種策略？」斯大林一方面表示，德國同志之前的做法是對的，現在也不需要大肆宣揚社會主義；但另一方面又認為，生產合作社是社會主義的一部分，國有企業也是社會主義。因此可以告訴民主德國工人們說：「我們進入了社會主義。這還不是完全的社會主義，…… 但這是社會主義的開始，是社會主義的一部分，是通向社會主義之路。」[1]

　　雖然斯大林在這個問題上的表態仍然顯得有些模棱兩可，可實際的情況卻是，聯共（布）中央政治局 1952 年 7 月 8 日作出決議，批准民主德國進行「社會主義建設」。7 月 9 日，德國統一社會黨就在柏林召開了第二屆代表會議[2]，會議通過了在社會的所有領域內有計劃地打好社會主義基礎的決議，這標誌着民主德國正式開始向社會主義過渡。其主要內容包括：鞏固社會主義的國家政權，建立武裝力量，促進農業合作化，加強國民經濟的計劃性，限制資本主義商品生產等。[3] 這實際就是對民主德國正式開始全盤蘇維埃化的一次公開宣示。

　　於是，德國統一社會黨便在民主德國內開始推行一系列激進的社會主義政策：加速農業集體化，大肆投資重工業，忽視輕工業和農業生產，這些政策的後果便是導致民主德國食品和日常生活用品的供應極度

---

1　《斯大林同志同德國統一社會黨領導人威·皮克、奧·格羅提渥和瓦·烏布利希的談話記錄》（1952 年 4 月 7 日），高曉惠譯，《馬克思恩格斯列寧斯大林研究》2004 年第 3 期，第 62-63 頁。

2　德國統一社會黨的代表會議（Parteikonferenz）不同於黨的代表大會（Parteitag），代表會議一般在兩屆代表大會之間舉行，歷史上德國統一社會黨共召開過三屆代表會議，時間分別為 1949 年 1 月 25 — 28 日、1952 年 7 月 9 — 12 日、1956 年 3 月 30 日 — 4 月 6 日。

3　德國統一社會黨中央馬列主義研究所編寫組編：《德國統一社會黨簡史》，陸仁譯，北京：人民出版社，1990 年，第 303-306 頁。

匱乏，國內社會危機頻出，民主德國的民眾開始大規模地逃往聯邦德國。[1]
1953 年 3 月 5 日，斯大林去世，他的繼任者們面對民主德國社會的惡劣
局面，一致認為需要調整蘇聯的對德政策。5 月 6 日，蘇聯部長會議第一
副主席、內務部部長拉夫連季‧貝利亞（Lavrentiy Beria）向蘇共中央主
席團提交了一份關於民主德國人口外逃的形勢報告，並建議制定「能夠
加強民主德國有關機構工作和阻止人口西逃的措施」。[2] 5 月 27 日，蘇聯
部長會議召開主席團會議，主要討論民主德國局勢，雖然對於民主德國
的未來前途問題，蘇聯新的領導層內部存在分歧，但他們都一致認為，
德國統一社會黨不應該在民主德國繼續推行過於激進的社會主義政策。
6 月 2 日，蘇聯部長會議通過了一份名為《關於改善民主德國政治形勢的
措施》的決議。該決議承認「在當前條件下，在民主德國執行加快建設

---

1　自 1951 年 1 月至 1953 年 4 月，從民主德國逃往到西德的人數共計約為 44.7 萬人，僅 1953
　　年前 4 個月出走了約 12 萬人，其中德國統一社會黨黨員或預備黨員 2718 人，青年團員
　　2610 人。數據參見 Über die Maßnahmen zur Gesundung der politischen Lage in der Deutschen
　　Demokartischen Republik, SAPMO-BArch, DY 30/J IV 2/2/286, Bl. 4. 而根據當時蘇聯的統計，1951
　　年從民主德國離境的總人數為 160560 人，其中合法離境 60763 人，非法離境 99797 人；1952
　　年從民主德國離境的總人數為 165571 人，其中合法離境 29506 人，非法離境 136065 人。雖
　　然這兩年的離境人數總體上變化不大，但是 1952 年非法離境人數增加明顯。這表明即便在
　　民主德國政府開始對出境進行管控的情況下，仍有大批民眾堅持要離開民主德國。1953 年的
　　離境形勢則更為惡化，前四個月的離境人數就已經達到了 120531 人，其中合法離境的只有
　　422 人，非法離境人數躍升至 120109 人。數據參見 "Memorandum from General Vasilii Chuikov,
　　Pavel Yudin, and Ivan Il'chev to Georgii Malenkov Critically Assessing the Situation in the GDR, 18
　　May 1953," in Christian F. Ostermann, ed., *Uprising in East Germany 1953: The Cold War, the German
　　Question, and the First Major Upheaval behind the Iron Curtain*, Budapest: Central European University
　　Press, 2001, p. 100.
2　Mark Kramer, "The Early Post-Stalin Succession Struggle and Upheavals in East-Central Europe: Internal-
　　External Linkages in Soviet Policy Making (Part I)," *Journal of Cold War Studies*, Vol. 1, No. 1, 1999, p. 23.

社會主義的方針是錯誤的」，並為此提出一系列改善措施。[1]

　　然而，蘇聯領導人在當時都主要關注於解決民主德國民眾的出逃問題，卻沒有能及時注意到，在此之前，德國統一社會黨中央曾作出了關於提高工人勞動定額的決定，也引起了工人的強烈不滿。[2] 1953 年 6 月 9 日，德國統一社會黨政治局召開特別會議，決定採取一系列改革措施的「新方針」。[3]「新方針」實際上是向民主德國各階層民眾的妥協，整頓農業集體化，修改重工業計劃，並採取發放短期貸款、廢止欠稅、加速住房建設、恢復養老保險和休假等優惠政策。但唯獨在提高勞動定額問題上沒有進行調整，這直接成為引發「東柏林事件」的導火線。

　　1953 年 6 月 17 日，在民主德國首都東柏林以及其他一些重要城市，

---

1　目前蘇聯部長會議 5 月 27 日討論民主德國局勢的會議記錄尚未解密公開，只能通過後人的回憶和描述了解當時的情況，蘇聯領導層內部就民主德國的未來前途上出現了分歧，貝利亞認為，民主德國建設社會主義的方針是錯誤的，如果德國能統一起來，即使是在資本主義原則基礎上的統一，對於蘇聯也就足夠了，統一的德國可以同美國在西歐的影響相抗衡。但外交部長維切斯拉夫·莫洛托夫（Vyacheslav Molotov）則反對放棄在德國建設社會主義國家的想法。與會者當中除了格奧爾基·馬林科夫（Georgy Malenkov）支持貝利亞外，而其他 5 名領導人則都支持莫洛托夫的意見。因此，在 6 月 2 日的決議文本中保留了「加快」一詞便是莫洛托夫的意見佔據上風的最好證明。參見斯塔爾科夫：《「盧比揚卡元帥」的一百天》，載沈志華主編：《蘇聯歷史檔案選編》第 28 卷，北京：社會科學文獻出版社，2002 年，第 79-80 頁；Über die Maßnahmen zur Gesundung der politischen Lage in der Deutschen Demokratischen Republik, SAPMO-BArch, DY 30/J IV 2/2/286, Bl. 4-9.

2　1953 年 5 月 14 日，德國統一社會黨中央通過《關於提高勞動生產率以及厲行節約》的決議，決定在 6 月 1 日以前將勞動定額平均提高至少 10%，5 月 28 日，民主德國部長會議決定，所有國營企業在 6 月 30 日以前將勞動定額提高至少 10%。參見 The Raising of the Quotas: Resolution of the Central Committee of the SED of May 14, 1953; "On the Raising of Productivity and the Introduction of Strict Economy," in Arnulf Baring, *Uprising in East Germany: June 17, 1953*, London: Cornell University Press, 1972, pp. 117-123. 提高勞動定額等於工人實際的工資收入相對降低了，然而有的企業領導不與工人商量，便通過行政命令強制予以執行，甚至使用不提高定額就降低工資的辦法。參見 Baring, *Uprising in East Germany*, pp. 21-22; 吳旭東：《「東柏林危機」：1953 年民主德國 6·17 事件》，載余偉民主編：《冷戰是這樣開始的：冷戰起源專題研究》，上海：學林出版社，2015 年，第 288 頁；柏林斯大林大街建築工人罷工情況報告（1953 年 6 月 17 日），中國外交部檔案館，109-00303-01，第 1-2 頁。

3　Kommuniqué des Politbüros des Zentralkomitees der SED vom 9. Juni 1953, in Wilfried Otto, hrsg., *Die SED im Juni 1953. Interne Dokumente*, Berlin: Dietz Verlag, 2003, S. 96-99; Protokoll Nr. 34/53 der ausserordentlichen Sitzung des Politbüros des Zentralkomitees am 9. Juni 1953, SAPMO-BArch, DY 30/J IV 2/2/288, Bl. 1-3; 6-22.

發生了工人罷工、羣眾上街遊行反對德國統一社會黨政權的羣體性事件。事件發生後，民主德國政府一度失去了對局勢的控制，最後不得不依靠蘇聯軍隊進行武力鎮壓以穩定局面。[1] 雖然「東柏林事件」以被蘇軍迅速平息而告終，但此事件的發生對於蘇聯領導人的德國政策可謂是予以了沉痛一擊，他們原先為德國統一而準備開展的宣傳攻勢頓時化為泡影，如今必須首先考慮如何穩定民主德國國內形勢的問題。[2]

此外，從德國統一社會黨 6 月 6 日的政治局會議開始，政治局內部對烏布利希獨裁專斷的批評之聲就愈發強烈，反對派得到蘇聯的支持，要求削弱烏布利希之前過於強勢的領導權，以便進行全面的改革。「東柏林事件」發生之後，民主德國國家安全部部長威廉・蔡塞爾（Wilhelm Zaisser）直接提出剝奪烏布利希領導權的要求，政治局內堅定支持烏布利希的只有馬特恩和昂納克。就在這個緊要關頭，貝利亞於 6 月 26 日突然被捕，之後蘇聯領導人對於烏布利希的態度發生了轉變，烏布利希立即抓住這一有利時機，打倒黨內對手，最終維護了自己的領導地位。[3]

經過此番波折之後，蘇聯領導人們發現，民主德國的政治形勢並

1　有關「東柏林事件」發生的具體經過，可參見 Ostermann, ed., *Uprising in East Germany 1953*, pp. 163-316; Roger Engelmann, *Die DDR im Blick der Stasi 1953: Die geheimen Berichte an die SED-Führung*, Göttingen: Vandenhoeck & Ruprecht, 2013; 劉家奎編譯：《東柏林「6・17」騷亂問題檔案》，《冷戰國際史研究》2011 年夏季號，第 307-397 頁；沈志華主編：《蘇聯歷史檔案選編》第 27 卷，北京：社會科學文獻出版社，2002 年，第 2-19 頁。

2　Gerhard Wettig, *Sowjetische Deutschland-Politik 1953 bis 1958: Korrekturen an Stalins Erbe, Chruschtschows Aufstieg und der Weg zum Berlin-Ultimatum*, München: Oldenbourg, 2011, S. 28.

3　Wettig, *Sowjetische Deutschland-Politik 1953 bis 1958*, S. 28-29; Andreas Malycha und Peter Jochen Winters, *Die SED: Geschichte einer deutschen Partei*, München: Verlag C. H. Beck, 2009, S. 119-120; Norbert Podewin, *Walter Ulbricht: Eine neue Biographie*, Berlin: Dietz Verlag, 1995, S. 259-276; Hope M. Harrison, *Driving the Soviets up the Wall: Soviet-East German Relation, 1953-1961*, Princeton: Princeton University Press, 2003, pp. 38-43. 蔡塞爾由於其所擔任的職務緣故，被認為是直接聽命於貝利亞的叛徒幫兇，而貝利亞被控訴的一大罪狀就是「讓民主德國放棄社會主義建設，向西方讓步。」即便到了 1958 年，赫魯曉夫對此仍念念不忘。參見《赫魯曉夫在七月全會上關於貝利亞問題的發言（摘錄）》（1953 年 7 月 2 日），載沈志華主編：《蘇聯歷史檔案選編》第 28 卷，第 65 頁；《波蘇領導人會談紀要》（1958 年 11 月 10 日），載沈志華主編：《蘇聯歷史檔案選編》第 27 卷，第 180 頁。

沒有他們想像當中來得那樣穩定，需要蘇聯在政治、經濟、軍事各方面施以援手去鞏固德國統一社會黨的政權，於是德國統一問題就再次被封印起來。當赫魯曉夫掌握了蘇共黨內的最高權力以後，他也清楚地認識到，不應該像貝利亞那樣輕易拋棄民主德國。[1]

## 二、中國的援助：對德貿易補充協定

民主德國發生「東柏林事件」後，中國領導層也對此事保持高度關注。中國外交部要求駐德使團將民主德國當前各方面所發生的問題，德國統一社會黨所採取的改正措施，並聯繫工人罷工問題的具體情況，加以綜合研究，進行報告。這些報告的基本結論是，此事件是帝國主義利用部分工人對提高定額不滿所策動騷亂，蘇軍所採取的措施是完全必要的，並且詢問是否需要在國內黨報上發表社論，以表達對民主德國的支持。[2]

對於德國統一社會黨內發生的權力鬥爭，中共也同樣十分重視。差不多正在同一時期，中共黨內也發生了「高崗、饒漱石事件」，到 1954 年 3 月，揭發批判高、饒二人的座談會已經結束。而差不多就在這個時候，《人民日報》社送來一份新聞稿予以送審，內容有關 1954 年 1 月的德國統一社會黨中央十七中全會決定將蔡塞爾以及在「東柏林事件」前夕撰文抨擊黨的領導政策的《新德意志報》（*Neues Deutschland*）主編魯

---

1　Harrison, *Driving the Soviets up the Wall*, pp. 45-47.

2　研究最近德國情況報部（1953 年 6 月 20 日），中國外交部檔案館，109-00303-01，第 12 頁；對柏林事件我黨報是否亦應有所表示（1953 年 6 月 29 日），中國外交部檔案館，109-00303-01，第 18 頁。中國之後確實發表了支持民主德國對「東柏林事件」處理的社論，參見《德國人民維護和平的偉大勝利》，《人民日報》1953 年 7 月 3 日，第 4 版。中國駐德使團就有關「東柏林事件」向外交部所發報告參見柏林斯大林大街建築工人罷工情況報告（1953 年 6 月 17 日）、柏林事件情況報道（1953 年 6 月 18 日）、柏林工人罷工情況及各方反映（1953 年 6 月 18 日）、關於柏林事件的報告（1953 年 6 月 19 日）、柏林事件情況報道（1953 年 6 月 20 日）、柏林情況續報（1953 年 6 月 23 日），中國外交部檔案館，109-00303-01，第 1-2、4-11、13-14、16-17 頁。

道夫・赫恩施塔特（Rudolf Herrnstadt）開除出黨。對於這件新聞稿是否可以在《人民日報》上刊登的問題，毛澤東批示道：「此件可在《人民日報》發表，並寫一社論，稱讚德國黨的正確措施，我們大家應提高警惕性。」[1]

事實上，早在 1953 年 7 月德國統一社會黨十五中全會之後，烏布利希就已經鞏固了自己在黨內的權力地位，並重新調整了政治局內的人事安排。[2] 但是「東柏林事件」的後續影響，使得德國統一社會黨無法再像 1952 年那樣在國內推行激進的社會主義政策，而是必須繼續貫徹「新方針」。這就要求加大對民主德國人民在食品和生活必需品上的供應力度，而這單憑民主德國的一己之力是難以實現的，自然需要尋求外援。為了幫助民主德國克服困難，蘇聯決定給予了大力援助，徹底取消對民主德國的賠款要求，然後把本屬於戰後賠付蘇聯的 33 個大企業無償歸還給了民主德國。與此同時，蘇聯還向民主德國提供了 4.85 億盧布的貸款，93 萬多噸糧食、5 萬多噸黃油、近 3 萬噸植物油、2.5 萬噸肉以及 1500 噸奶酪等食品援助，解決了德國統一社會黨的燃眉之急。[3]

除了蘇聯外，中國也成為民主德國主要的求援對象。1953 年 7 月 21 日，駐華使團長柯尼希與周恩來會談。首先他轉交了格羅提渥的一封

---

1　《關於發表德國統一社會黨將反黨反人民分子開除出党的新聞稿的批語》（1954 年 3 月 19 日），載中共中央文獻研究室、中央檔案館編：《建國以來劉少奇文稿》第 6 冊，北京：中央文獻出版社，2008 年，第 155-156 頁；《關於發表德國統一社會黨將反黨反人民分子開除出党的新聞稿的批語》（1954 年 3 月 28 日），載中共中央黨史和文獻研究院編：《建國以來毛澤東文稿》第 9 冊，第 104 頁；《德國統一社會黨捍衛黨的團結和統一的成就》，《人民日報》1954 年 4 月 9 日，第 1 版。

2　Malycha und Winters, *Die SED*, S. 121; 有關政治局成員的具體分工安排，參見 Geschäftsordnung des Zentralkomitees und seines Apparates, 15. 9. 1953, SAPMO-BArch, DY 30/4549, Bl. 50-51, 53-54.

3　王桂香：《貝利亞與 1953 年 6 月東德危機》，載余偉民主編：《俄羅斯道路：歷史與現實 —— 中國學者的研究視角》，上海：上海三聯書店，2013 年，第 284 頁。蘇聯在「東柏林事件」前後對民主德國的援助情況，可參見 Dierk Hoffmann, *Otto Grotewohl (1894-1964): Eine politische Biographie*, München: Oldenbourg, 2009, S. 478-480; André Steiner, *Von Plan zu Plan: Eine Wirtschaftsgeschichte DDR*, München: Deutsche Verlagsanstalt, 2004, S. 80-81.

信，其中說明，由於當前民主德國發生嚴重的政治經濟困難，德國統一社會黨為此採取了「新方針」，需要盡一切力量解決「新方針」當中所提出的提高人民生活水平的任務，但是單靠民主德國自己的力量無法解決所有這些任務，因此對於國內目前國內急需大量糧食供應的問題，希望得到中國的幫助。此外，柯尼希還向周恩來遞交了一張貨物清單，其中列有他們希望中國予以提供的物資種類及數量。但對於這些貨物的償付工作，柯尼希表示，民主德國政府無法在 1953 年內完成，需要放到第二年才能補交。柯尼希還告訴周恩來，民主德國還無法完全履行在此之前已經締結的貿易協定中所承擔的出口義務，可以完成 1951 年度和 1952 年度 [1] 貿易協定中 1.05 億盧布的欠賬，1953 年度的貿易協定只能先完成 1.75 億盧布的出口，還欠出口 5500 萬盧布。

當周恩來詢問是什麼原因造成民主德國糧食及農產品供應形勢的緊張時，柯尼希只是根據民主德國報紙公開報道的觀點作了一番解釋。反而是周恩來更加一針見血，他以自我批評的方式指出：

> 我們建設中也有些冒進的毛病。雖然程度不同，亦有這種趨向。在建設社會主義中，貪圖過渡得快些，而不是根據勞動人民特別是農民的自願。聽說東歐其他兄弟國家也存在這種情況，德意志民主共和國工業化早一些，你們的教訓也是我們的教訓。

對於民主德國的所提出的具體援助請求，周恩來表示會報告毛澤東與政府，並在研究格羅提渥的來信以及民主德國所提出的貨單之後，盡

---

1　在這個時間表達上，中德雙方的檔案記錄存在不同，中方的檔案記錄為「一九五一與一九五二年」，而德方的檔案記錄為「1952/53 年」。正文以中方的記錄為準。

一切可能予以幫助。[1] 與柯尼希會談後，周恩來作出進一步批示：「德方要求物資，約值五千三百餘萬盧布，已告外貿與德使團長一談。如他同意我們提出的供應種類（數量與德方要求數相同，糧食超過），即將按照主席指示，立即撥貨。合同以後再談，何時還貸，更不忙提。」[2]

7 月 30 日，葉季壯與柯尼希舉行會談，表示中國將會提供 1.2 萬噸食用油（包括芝麻油、菜油、豆油），對於民主德國提出 6000 噸大米的供貨要求，中方只能給 2000 噸，但是會另外提供 1.5 萬噸小麥；關於雞蛋供貨，葉季壯認為新鮮雞蛋在運輸上存在困難，提出是否可以用冷凍雞蛋來代替，另外，民主德國所要求的新鮮雞肉也無法供應，但可以提供 2000 噸的雞肉罐頭；此外中國還將提供約 4 萬張牛皮，1 萬桶豬腸。柯尼希對此表示感謝，認為中國基本上已經完全滿足了德方的要求。[3]

8 月 8 日，兩國代表在北京簽訂了 1953 年中德貿易補充協定，對於民主德國所提出的援助要求，中國予以積極響應，並全力配合完成。在周恩來給格羅提渥的覆信中，他將幫助德國人民視為中國的責任，並表示引以為榮，而毛澤東更是在之後加上「只是我們感覺幫助的數目太小，這是因為目前中國的情況還有許多困難，不能以更大的數目幫助你們的緣故」這樣的謙虛之辭。[4] 這也使得民主德國的領導人由衷地對中國產生

1　這次會談的中方檔案可參見周總理與柯尼希團長談話記錄（1953 年 7 月），中國外交部檔案館，109-00286-01，第 56-59 頁；《與民主德國駐中國使團團長柯尼希談話記錄及批語》（1953 年 7 月 21 日、29 日），載中共中央文獻研究室、中央檔案館編：《建國以來周恩來文稿》第 9 冊，北京：中央文獻出版社，2018 年，第 30-33 頁。德方檔案見 Aktenvermerk über eine Unterredung mit dem Premier-Minister Tschou En-lai, 21. Juli 1953, PA AA, Bestand MfAA, A 15.639, Bl. 198-204.

2　《與民主德國駐中國使團團長柯尼希談話記錄及批語》（1953 年 7 月 21 日、29 日），載中共中央文獻研究室、中央檔案館編：《建國以來周恩來文稿》第 9 冊，第 33 頁。

3　Aktenvermerk, 30. Juli 1953, PA AA, Bestand MfAA, A 15.639, Bl. 204-207;

4　Dok. 5: Schreiben des Ministerpräsidenten Zhou Enlai an Ministerpräsident Otto Grotewohl, in Meißner, hrsg., Die DDR und China 1949 bis 1990, S. 71-72;《對周恩來關於中德貿易問題複格羅提渥的信稿的批語和修改》（1953 年 8 月 10 日），載中共中央黨史和文獻研究院編：《建國以來毛澤東文稿》第 8 冊，第 399 頁。關於當時中國國內糧食供應困難的情況可見《關於國內大米、生仁、食油供應困難情況給葉季壯等的電報》（1953 年 5 月 9 日），載中共中央文獻研究室、中央檔案館編：《建國以來周恩來文稿》第 8 冊，第 298-300 頁。

了感激與欽佩之情。[1]

「東柏林事件」的發生，導致中國對於民主德國的認識也產生了微妙的改變。毛澤東對於民主德國國內形勢的判斷比較嚴峻，他甚至認為，民主德國「比我們苦得多，我們不能不管」。他將民主德國與朝鮮視為同類國家，認為「德國和朝鮮一樣處在對敵鬥爭的最前線。在民主陣營內只有這兩個國家是被分割為二的」，它們的差別僅僅在於「德國未打仗」。除了簽訂 1953 年度貿易補充協定外，中國還決定通過增加出口的方式對民主德國進行援助。為此毛澤東決定在對民主德國的外貿工作中，不適用之前已經確立的「1954 年的對外貿易額不高於 1953 年」的規定，指示應當全力幫助民主德國，1954 年可以答應向其出口 3.2 億盧布，若當年上半年辦不到，下半年則用一切努力滿足民主德國的要求，並做好對方可能欠賬的準備，而且中國還單方面承擔了用於中德貿易的租船費用。[2]毛澤東的這個決定再次呈現出明顯的「政治決定經濟」的現象。

## 三、民主德國平衡對華貿易的努力

在民主德國發生「東柏林事件」之後，中國在糧食農產品方面提供了約 5300 萬盧布的援助。但這些援助並非像中國對朝鮮的援助那樣，是直接

---

1　1953 年 9 月 15 日，格羅提渥覆信周恩來，對中國向民主德國給予的幫助，表示深切的感謝。此信可見於：德意志民主共和國總理格羅提渥九月十五日寫給周總理的信（1953 年 10 月 15 日），中國外交部檔案館，109-00286-03，第 116-117 頁。讓民主德國領導人感到欽佩的原因在於，在他們看來，當時中國自己的供應狀況也十分緊張，人民的生活水平遠遠在民主德國之下，却仍然盡全力向他們提供援助；1953 年中國政府已經宣佈由於氣候原因，將不會提高與兄弟國家的貿易額度，但對民主德國却仍然施以特殊的幫助。König, „Die ersten Jahre in Peking" in Krüger, hrsg., *Beiträge zur Geschichte der Beziehungen der DDR und der VR China*, S. 28; Entwicklung des Handelsverkehrs zwischen der DDR und der VRC, 27. November 1954, SAPMO-BArch, DY30/J IV 2/2J/76, Bl. 5.

2　《關於重要土產和副食品的經營問題給陳雲、鄧小平的信》（1953 年 10 月 16 日），載中共中央黨史和文獻研究院編：《建國以來毛澤東文稿》第 8 冊，第 487 頁；Information über den gegenwärtigen Stand der Beziehungen zwischen der DDR und der VR China, 29. August 1956, SAPMO-BArch, DY 30/IV 2/20/115, Bl. 19; Entwicklung des Handelsverkehrs zwischen der DDR und der VRC, 27. November 1954, SAPMO-BArch, DY30/J IV 2/2J/76, Bl. 3.

的無償贈送，而是需要民主德國通過對華出口來進行償付的。因此，在與中國簽訂 1953 年貿易補充協定後，民主德國在對華貿易上仍然承受着總計約 1.8 億盧布的出口欠賬。為了實現兩國貿易平衡的目標，民主德國政府需要付出更大的努力（1951 — 1955 年民主德國的對華貿易額可參見表 4）。

### 表 4　1951 — 1955 年度民主德國對華貿易額（單位：百萬盧布）

| 年份 | 協定額 | | 合同額 | | 執行額 | |
|------|------|------|------|------|------|------|
| | 進口 | 出口 | 進口 | 出口 | 進口 | 出口 |
| 1951 | 126.1 | 186.7 | 128.8 | 94.0 | 109.0 | 57.4 |
| 1952 | 163.0 | 214.3 | 155.0 | 197.0 | 158.0 | 107.2 |
| 1953 | 246.2 | 230.6 | 245.0 | 214.5 | 246.0 | 164.0 |
| 1954 | 332.3 | 364.9 | 320.0 | 373.7 | 300.0 | 316.3 |
| 1955 | 320.2 | 334.3 | 320.3 | 303.6 | 357.7 | 356.3 |

資料來源：Dok. 114: Die Entwicklung des Außenhaldels zwischen der Deutschen Demokratischen Republik und der Volksrepublik China 1951 bis 1956, in Meißner, hrsg., *Die DDR und China 1949 bis 1990*, S. 250-251.

從民主德國與中國簽訂 1951 年度貿易協定開始，一直到 1954 年為止的這四年中，民主德國的對華出口都存在欠賬情況。例如，兩國 1952 年度的貿易協定，到了 1952 年年底，民主德國對華出口實際執行額才只有協定額的 52.5%，而中國在此時則已經完成了其對民主德國出口協定額的 80%。[1] 因此，民主德國需要在 1953 年對前一年年度的出口欠賬進行償

---

[1]　Bericht über die Beziehungen zwischen der Deutschen Demokratischen Republik und a) der Volksrepublik China b) der Koreanischen Volksdemokratischen Republik c) der Demokratischen Repulibk Viet-Nam im Jahre 1952, PA AA, Bestand MfAA, A 6,696, Bl. 85. 需要注意的是，兩國 1952 年貿易協定的正式簽訂日期是 1952 年 5 月 28 日，民主德國部長會議於 6 月 12 日予以批准，中國政務院則於 7 月 27 日予以批准。參見 An den Chef der Diplomatischen Mission der Volksrepublik China Außerordentlicher und bevollmächtigter Botschafter Herr Tschi Peng Fei, PA AA, Bestand MfAA, A 15,341, Bl. 22; Handelsabkommen zwischen der DDR und der Volksrepublik China, 5. 8. 1952, PA AA, Bestand MfAA, A 15,341, Bl. 23.

付，與此同時又還會產生新的欠賬，直到 1955 年底才第一次決定性完成了它的出口義務。[1] 如果想要儘快地彌補之前的欠賬，達成兩國在貿易上的均衡，為此只能通過加緊對華出口，想辦法讓對方加大進口數額，可事實上要儘快做到這些也絕非易事。

　　首先，民主德國向中國出口的產品存在一定的質量缺陷，時任民主德國對外與德國內部貿易部長庫特・格雷戈爾（Kurt Gregor）在北京逗留時，柯尼希就曾向他指出對華出口的設備出現包括生鏽在內的各種不符規格的馬虎情形，並且認為這將會影響到中國對民主德國產品的繼續訂貨，甚至連烏布利希都曾直接致信相關企業黨委，要求他們對出口到中國的產品缺陷予以重視和改進。[2] 其次，中國的外貿進口遠遠超過了中國自身的經濟發展節奏。而在民主德國所願意向中國大量提供的機器設備中，有一些並不見得是中國所急需的，甚至連毛澤東也曾直接表示過，希望「德國貨多給我們需要的日用品（他們有的，或能產的），少給我們暫時不能用的機器。」[3] 最後，由於中國自身的工業化發展，一些本來需要依靠進口的產品，也開始逐漸依靠自己生產。在 1951 年和 1952

1　Dok. 114, in Meißner, hrsg., *Die DDR und China 1949 bis 1990*, S. 250. 對於那些仍未能交付的西德貨物，如前所述，中國外貿部於 1953 年 3 月決定中止這些合同，民主德國的「中國出口公司」不再承擔出口的義務。參見 An den Vorsitzenden Gen. Hans König, 21. März 1953, PA AA, Bestand MfAA, A 15,639, Bl. 148. 到了 1954 年 4 月 8 日，民主德國與中國則在柏林分別簽訂了關於兩國關於 1951 年度貿易協定以及 1952 年度貿易協定的債務清償協議。參見 Beziehungen zwischen der Volksrepublik China und der Deutschen Demokratischen Republik, PA AA, Bestand MfAA, A 6,661, Bl. 99.

2　König, „Die ersten Jahre in Peking," in Kürger, hrsg., *Beiträge zur Geschichte der Beziehungen der DDR und der VR China*, S. 29; Dok. 115: Information über den gegenwärtigen Stand der Beziehungen zwischen der DDR und der VR China; Dok. 116: Schreiben des stellvertretenden Ministerpräsidenten Lothar Bolz an den Ministerpräsident Otto Grotewohl, 17. September 1954; Dok. 119: Schreiben des Ersten Sekretärs des ZK der SED, Walter Ulbricht, an den VEB Elektrokohle Lichtenberg; Dok. 120: Schreiben des Ersten Sekretärs des ZK der SED, Walter Ulbricht, an den VEB Feinstmaschinenbau Dresden, 18. 11. 1955, in Meißner, hrsg., *Die DDR und China 1949 bis 1990*, S. 254-255, 258-259.

3　Entwicklung des Handelsverkehrs zwischen der DDR und der VRC, 27. November 1954, SAPMO-BArch, DY30/J IV 2/2J/76, Bl. 12;《關於重要土產和副食品的經營問題給陳雲、鄧小平的信》（1953 年 10 月 16 日），載中共中央黨史和文獻研究院編：《建國以來毛澤東文稿》第 8 冊，第 487 頁。

年這兩年中，中國向民主德國進口了大量的小型機牀，但是當自己也能生產這類機牀後，對德進口就大量縮減。[1] 因此，從經濟利益考慮，中國實際上並不見得急於擴大與民主德國的貿易額。

但即便如此，中國仍然出於政治上的考慮，最終將 1955 年度對民主德國的進口貿易額從原來計劃的 2.7 億盧布提高到 3.3 億盧布。同時，民主德國方面也開始思考自身在對華貿易上的缺陷不足，為了在 1955 年的貿易協定談判中有所改進。政府要求相關各部門定期協商採取具體措施以彌補欠款；要求談判代表有責任縮短價格談判的時間，準備好所有出口產品的說明資料和定價，並事先準備好在不同經濟領域內的比較價格，以這些具體的價格為基礎，力求儘快簽訂貿易合同。同時採取措施保證有適合的運輸船用於運輸，確保運輸速度；把相應的產品專家和買主派往中國，這樣便為進口中國產品的質量要求做好準備，同時為了宣傳自己的產品，民主德國還計劃派更多的代表團到中國去。[2] 總而言之，經過一番努力後，民主德國與中國的貿易關係從 1955 年開始實現了平衡，貿易總額在之後幾年實現了逐步增長。

中國在「東柏林事件」後對民主德國的慷慨援助，為自己在兩國關係當中樹立了良好的政治形象。1954 年 4 月 19 日，周恩來從北京出發出席日內瓦會議，飛機中途將在柏林停留一小時，為此，民主德國派出了龐大的歡迎團到機場迎接，包括總理格羅提渥、德國統一社會黨政治局委員弗雷德·厄斯納（Fred Oelßner）、外交部長洛塔爾·博爾茨（Lothar Bolz）以及政府各部門首長等重要領導人。[3] 日內瓦會議結束後，周恩來受邀於 7 月 23 — 26 日對德意志民主共和國進行了正式訪問，拜訪了民

---

1　Dok. 115, in Meißner, hrsg., *Die DDR und China 1949 bis 1990*, S. 253.

2　Entwicklung des Handelsverkehrs zwischen der DDR und der VRC, 27. November 1954, SAPMO-BArch, DY30/J IV 2/2J/76, Bl. 7-14.

3　駐德使館：《關於周總理經柏林情況的報告》（1954 年 5 月 5 日），中國外交部檔案館，109-00397-01，第 3-5 頁。

主德國各個黨派的領導人，接受了柏林洪堡大學授予他的名譽法學博士學位，並與格羅提渥舉行了會談，在德方的要求下，雙方發表了《中德兩國總理會談公報》。[1] 在公報中，以下兩段話值得注意：

> 在談話中，奧托‧格羅提渥總理指出，西德廣泛的經濟界人士對於建立與中華人民共和國的貿易關係非常關心；他們不贊成西德聯邦與美國壟斷利益片面經濟聯繫。奧托‧格羅提渥總理希望，中華人民共和國照顧到德國人民的利益會支持這一擴大對中華人民共和國貿易的努力。
>
> 周恩來總理答稱，中華人民共和國政府願在平等互利的基礎上與任何國家建立貿易關係；無疑的，中華人民共和國政府對於奧托‧格羅提渥總理有關西德經濟界人士的願望的建議當予以極大的注意。[2]

這裏明確傳達的意思是，民主德國希望中國能夠與聯邦德國直接建立貿易聯繫，這意味它決定放棄成為中國與聯邦德國貿易「中間商」的角色，而是以代表德國人民利益的名義，建議中國加強與聯邦德國的貿易聯繫。此前，為了幫助中國從聯邦德國進口物資，民主德國外貿部曾專門在柏林設立「中國出口公司」，但是由於西方的貿易管制政策，以及聯邦德國政府拒絕民主德國成為其對華貿易「中間商」的立場，導致1951 年度貿易協定的完成情況不容樂觀，公司出現巨大的虧損。到 1953年，「中國出口公司」基本無法再發揮其作用，只能撤銷並結束工作。民主德國建議中國直接在柏林建立一個中國進口公司駐柏林機構，並通過德國統一社會黨中央介紹，吸收前「中國出口公司」內的一部分人成為

---

1　《關於訪問民主德國情況給毛澤東等的電報》（1954 年 7 月 26 日），載中共中央文獻研究室、中央檔案館編：《建國以來周恩來文稿》第 11 冊，北京：中央文獻出版社，2018 年，第 157-158 頁；中共中央文獻研究室編：《周恩來年譜：1949 — 1976》（上卷），北京：中央文獻出版社，1997 年，第 404 頁。

2　《中德兩國總理會談公報》，《人民日報》1954 年 7 月 27 日，第 1 版。

新機構的職員，與聯邦德國直接進行貿易。[1] 於是中國開始獨自與聯邦德國直接展開貿易工作上的接觸，而不再把民主德國當作中間環節。

　　從 1953 年開始，中國便與聯邦德國通過民間貿易機構進行了接觸，在日內瓦會議期間，聯邦德國駐日內瓦的代表同當時中國外交部歐洲司司長宦鄉進行了接觸，宦鄉向對方表達了加強兩國貿易關係的願望，並希望能夠儘快達成協議。[2] 而聯邦德國具有半官方性質的德國東方經濟委員會（Ost-Ausschuss der Deutschen Wirtschaft）成員也多次拜訪中國代表團的外貿代表，意圖就發展中國和聯邦德國之間的直接貿易進行接觸。雙方最終決定，準備為一個各自完成 2 億聯邦德國馬克的貿易協定進行談判。[3]

　　出於當時既定的德國政策，民主德國對於中國開展與聯邦德國的貿易活動是積極配合的。在它看來，當前的「政治形勢要求盡一切努力，擴大並加強東西方貿易，引導人民走向和平共處，並以此加強對戰爭販子的鬥爭」。但中國與聯邦德國貿易代表的接觸渠道很多，民主德國也想在這方面儘量採取主動。1954 年底，民主德國決定組織一個小型的聯邦德國貿易代表團前往北京，其中包括了四名聯邦德國工業部門的代表，他們根據中國在萊比錫（Leipzig）展覽會上的展品貨單，與中國簽訂貿易合同，並討論中國與聯邦德國貿易協定的草案。但民主德國也十分注

---

1　《關於在對德貿易中虧損處理問題給毛澤東等的報告》（1953 年 3 月 5 日、4 月 12 日），載中共中央文獻研究室、中央檔案館編：《建國以來周恩來文稿》第 8 冊，第 160 頁；Aktenvermerk am Sonntag, dem 3. Mai 1953, SAPMO-BArch, DY 30/IV 2/20/119, Bl. 4-5.

2　Dok. 9: Bericht des Gesandten Fischer, Genf, an das AA, 21. Juni 1954, in Leutner, hrsg., *Bundesrepublik Deutschland und China 1949 bis 1995*, S. 57.

3　《我國同意西德工商界派貿易訪問團來我國》，《人民日報》1954 年 9 月 5 日，第 4 版；Dok. 10: Meldung der chinesischen Nachrichtenagentur Xinhua, 3. 9. 1954, in Leutner, hrsg., *Bundesrepublik Deutschland und China 1949 bis 1995*, S. 58.

意向中方強調，雙方只應討論有關中國與聯邦德國的貿易問題。[1]

民主德國原先所設想的在中國與聯邦德國之間扮演貿易「中間商」願望如今已黯然褪去，這也就意味着德國統一社會黨放棄了為恢復德國統一而向聯邦德國社會進行統戰的策略。同時，隨着蘇聯德國政策的變化以及華約的成立，民主德國開始走上尋求外交獨立主權的道路。而在對華關係上的結果就是兩國最終於 1955 年底簽訂了《中德友好合作條約》，在此之後的兩國關係便邁入了一個新階段。

## 第三節　承認「兩個德國」與《中德友好合作條約》

「東柏林事件」之後，蘇聯認為有必要採取措施，加強自己對兩個德國的影響力，並且提升民主德國的主權地位。如果說蘇聯這樣做的目的還是為了使兩德能在熱愛和平與民主的基礎上實現重新統一，那麼，比較其之前的德國統一政策就可以發現：加強並鞏固德國統一社會黨的政權，成為未來德國統一當中必不可少的前提條件。[2] 然而，在與西方的具體談判過程中，由於雙方在德國統一的方式和歐洲集體安全問題上各執己見，使得蘇聯最終決定放棄對德國重新統一的要求，轉而開始要求西方承認「兩個德國」的客觀存在。

---

1　Vormerk über zwei mit den chinesischen Freuden durchgeführte Besprechungen in der Zeit vom 15. bis 24. 12. 54 in Fragen des Ost-West-Handels, 25. 1. 1955, BArch, DL 2/1471, Bl. 3. 當時聯邦德國與中國幾乎沒有任何的政治聯繫，根據聯邦德國首任駐日大使漢斯·克羅爾（Hans Kroll）回憶，他在即將就任駐日大使前曾和聯邦德國總理康拉德·阿登納（Konrad Adenauer）有過一次談話，阿登納十分關心中國的情況，但又非常煩惱於長時間無法得到有關中國的確切情報，因此他希望克羅爾能夠通過日本積極獲得關於中國的確切情報。參見田嶋信雄「冷戰からデタントへ　一九四九 — 一九七三年」，工藤章、田嶋信雄編『戰後日獨關係史』，東京：東京大學出版會，2014 年，34 頁。

2　Wettig, *Sowjetische Deutschland-Politik 1953 bis 1958*, S. 31.

## 一、蘇聯決定承認「兩個德國」

斯大林去世之後，蘇聯領導人希望能一如既往地保持自己德國統一捍衛者的形象，同時又要阻止聯邦德國加入針對蘇聯的歐洲防務共同體，於是便向西方提出了就德國問題進行談判的要求。1954 年 1 月 25 日至 2 月 18 日，美、英、法、蘇四國外長在柏林舉行會議，就德國問題和歐洲安全問題進行談判。但是從東西方各自所提出的政策建議中就已經可以看出，此次會談注定將會無果而終。

在德國統一的方式上，蘇聯的計劃是與西方針鋒相對的。英國外交大臣安東尼·艾登（Anthony Eden）代表美、英、法為德國統一提出的計劃是：先舉行自由選舉，根據選舉結果組成議會，再由議會進行擬訂憲法和準備締結和約的談判，不允許存在諸如禁止結盟這樣的外部限制條件。莫洛托夫提出的計劃則基本上還是 1952 年 3 月「斯大林照會」的翻版：提議由民主德國和聯邦德國的議會先共同組建一個統一的全德臨時政府，臨時政府的任務是起草一份全德選舉法草案，為全德選舉做準備。但同時繼續保留民主德國與聯邦德國的政府。[1] 蘇聯所提計劃的意圖十分明顯，就是要保證德國統一社會黨能夠在德國統一過程中發揮政治作用。

眼看德國統一的問題暫時無法解決，各方談判的焦點就轉向有關建立歐洲防務共同體的問題上，1954 年 2 月 10 日，莫洛托夫在柏林會議上提出了一個泛歐洲集體安全條約的建議，即在德國尚未統一的情況下，所有的歐洲國家，包括民主德國和聯邦德國在內，組成一個共同的安全組織，但四國軍隊繼續維持對德國的佔領權。這意味着要將歐洲防務共

---

[1]  于振起：《冷戰縮影》，第 82-84 頁；Soviet Foreign Ministry Memorandum, "Regarding Further Measures of the Soviet Government on the German Question," 28 April 1953, in Ostermann, ed., *Uprising in East Germany 1953*, pp. 71-73.

同體與北約進行分割，以此來煽動北約盟國間的分裂。[1]

但美國出於自己的既定戰略，根本不會同意這樣的建議。根據 1953 年 8 月 4 日，美國國家安全委員會提出的 NSC160 文件可以看出，美國對德政策目標在於：支持歐洲一體化進程，使德國能夠參加西方防務，防止蘇聯控制整個德國，削弱蘇聯在民主德國的力量，通過和平方式重新實現德國的統一，統一後的德國要具備抵制共產主義的能力，但在統一以前，要維護西方在柏林的地位。為此，要在歐洲防務共同體的框架內，促進聯邦德國參加隸屬於北大西洋公約組織的西方防務體系。[2] 於是，柏林會議最終沒有達成任何協議。莫洛托夫從柏林回國之後，蘇聯便開始公開指責西方分裂德國並且要恢復聯邦德國軍國主義的惡劣行徑，但同時也並未完全放棄自己關於歐洲集體安全的建議，把希望寄託在了法國身上。蘇聯還決定從此開始，必須要繼續全方位地加強民主德國的國際地位，將此當作自己的首要任務，而對於德國統一的要求則被降至次要的地位。

1954 年 3 月 25 日，民主德國黨政代表團訪問莫斯科，蘇聯政府表示已經開始將民主德國當作一個主權國家並以此來處理兩國之間的關係。[3] 此時蘇聯的對德政策已經從堅持德國統一的立場向着承認「兩個德國」開始過渡，但尚未予以明確宣示。在宣傳上，仍然繼續堅持統一口號，可這個統一必須是在與民主德國談判的基礎上，即在與德國統一社會黨政權協商一致的基礎上方可實現。蘇聯之後把更多的精力放在了解決歐洲集體安全以及與北約關係的問題上，目標轉向阻止聯邦德國融入西方

---

1 Wettig, *Sowjetische Deutschland-Politik 1953 bis 1958*, S. 31, 34-35; 梅爾文·萊弗勒：《人心之爭：美國、蘇聯與冷戰》，孫閔欣等譯，上海：華東師範大學出版社，2010 年，第 111 頁。

2 崔丕：《艾森豪威爾政府對聯邦德國政策新探（1953 — 1960）》，《歐洲研究》2005 年第 2 期，第 3 頁。

3 Geoffrey Roberts, "A Chance for Peace? The Soviet Campaign to End the Cold War, 1953-1955," *CWIHP Working Paper*, No. 57, 2008, pp. 27-28; Wettig, *Sowjetische Deutschland-Politik 1953 bis 1958*, S. 37-38.

並實現重新武裝。[1]

　　8月30日，法國國會否決了《歐洲防務共同體條約》，這被蘇聯看作是一個有利時機加以利用。[2] 但蘇聯似乎嚴重低估了美國對重新武裝聯邦德國的決心，在此之前，美國國家安全委員會早已確定了多種政策，堅決要將聯邦德國納入北約組織和《布魯塞爾條約》組織的雙重框架下，甚至做好準備，「如果法國退出北大西洋公約組織並採取各種措施干涉，在不公開與法國敵對的情況下，美國和英國將單獨重新武裝聯邦德國。」10月23日，在美國的爭取下，西方國家簽訂了《巴黎協定》，接納聯邦德國為北約的新成員，聯邦德國正式成為西方軍事集團中的一員。因此，蘇聯不得不採取與之相對應的新政策，主要內容包括三個方面：給依賴於蘇聯的人民民主國家以最大限度地支持；在兩個對立的軍事集團之間建立一個中立的緩衝區；與北約國家逐漸建立經濟上的聯繫和其他正常形式的合作。為此蘇聯準備組建華沙條約組織，保證自己在東歐軍事存在的合法性；改善與南斯拉夫的關係，阻止北約的進一步擴張。[3]

---

1　Wettig, *Sowjetische Deutschland-Politik 1953 bis 1958*, S. 40; 在柏林會議上，蘇聯的建議仍是試圖阻止美國參與歐洲集體安全組織，當莫洛托夫回到莫斯科後，要求副外長安德烈‧葛羅米柯（Andrei Gromyko）制定新的政策，最終提出的解決方案是：美國可以加入歐洲集體安全組織，而蘇聯可以加入北約。對此，莫洛托夫的考慮是，西方三國很大可能將會拒絕蘇聯加入北約的要求，如此一來，就會再次暴露他們作為軍事集團的組織者反對其他國家的本性，這樣可以加強反對歐洲防務共同體的社會力量。假如蘇聯的建議得到對方的積極反饋，那便將是蘇聯外交的一大勝利。在蘇聯領導人內部，馬林科夫和莫洛托夫主要強調對歐洲防務共同體開展鬥爭的重要性，而赫魯曉夫則略有不同，更加強調在社會主義陣營內部加強影響力作為蘇聯外交政策的重點。參見 Roberts, "A Chance for Peace?" *CWIHP Working Paper*, No. 57, 2008, pp. 29-32.

2　于振起：《冷戰縮影》，第84-85頁；Roberts, "A Chance for Peace?" *CWIHP Working Paper*, No. 57, 2008, p. 36.

3　崔丕：《艾森豪威爾政府對聯邦德國政策新探（1953 — 1960）》，《歐洲研究》2005年第2期，第5-6頁。Zubok, *A Failed Empire*, pp. 102-103; 在改善與南斯拉夫關係的問題上，赫魯曉夫和莫洛托夫之間有着不同的意見，莫洛托夫不反對在政治外交層面上與南斯拉夫和解，但反對恢復蘇共同南斯拉夫黨的關係。參見 Roberts, "A Chance for Peace?" *CWIHP Working Paper*, No. 57, 2008, pp. 40-41.

1955 年 5 月 5 日，聯邦德國正式加入北約。5 月 14 日，蘇聯便與東歐七國共同組建華沙條約組織。兩大軍事集團在歐洲的對峙局面正式形成，而德國長期分裂的局面則已無法挽回。在 7 月的日內瓦首腦會議上，蘇聯提出在承認兩個德國的基礎上，就歐洲集體安全做進一步的嘗試，具體就是讓兩個德國同時參加蘇聯所主張的歐洲集體安全組織；但西方對此提出，需要先討論使德國統一的自由選舉問題，蘇聯則堅持要先討論歐洲集體安全問題，要求將它和德國問題進行分離。雙方都堅持各自的原有立場，又只好把問題拖到之後的外長會議再做討論。[1]

就在赫魯曉夫結束日內瓦首腦會議的回國途中，他造訪了柏林並與德國統一社會黨領導人舉行了會談。在最後的會談公報中，蘇聯聲明它解決德國問題的方式考慮到了兩個德國的實際情況，即民主德國和聯邦德國是兩個擁有不同的經濟社會制度的國家。在此之前，蘇聯也已經開始考慮與聯邦德國實現關係正常化，面對民主德國的擔心，赫魯曉夫的解釋是，蘇聯與聯邦德國政府的發展關係將會削弱它對於美國的依賴。[2]

到了 9 月 13 日，蘇聯與聯邦德國正式建交，之後又與民主德國簽訂了兩國關係條約，這就基本完成了蘇聯對「兩個德國」的承認。對於民主德國來說，蘇聯承認「兩個德國」，就是對鞏固德國統一社會黨在民主德國政權的一大保障，而且解決德國問題不會以損害民主德國的利

---

1　Roberts, "A Chance for Peace?" *CWIHP Working Paper*, No. 57, 2008, p. 47; 于振起：《冷戰縮影》，第 87、90-93 頁；尼基塔·赫魯曉夫：《赫魯曉夫回憶錄》（全譯本），述弢等譯，北京：社會科學文獻出版社，2006 年，第 1855-1856、1863-1864 頁。

2　Wettig, *Sowjetische Deutschland-Politik 1953 bis 1958*, S. 49-51; Roberts, "A Chance for Peace?" *CWIHP Working Paper*, No. 57, 2008, p. 49.

益為代價。[1] 從此，民主德國的首要外交任務就是在國際社會內獲得主權承認。

## 二、中國對「兩個德國」的態度

蘇聯承認「兩個德國」的政策，可以被視作為赫魯曉夫加強社會主義陣營內部團結戰略的一部分。而在這一整套戰略中，中國的地位舉足輕重。自從赫魯曉夫成為蘇共第一書記以來，他就開始強調中蘇同盟在社會主義陣營中的重要性，並努力促進對華方針的調整，中蘇關係從此進入了一個「蜜月期」。[2] 赫魯曉夫把中蘇關係的加強視為整個社會主義陣營加強團結的一部分，「蘇聯、中華人民共和國以及其他人民民主國家，必須繼續從工人階級與一切勞動者的共同利益出發，為共產主義的勝利而鬥爭。因此，我們必須注意利用一切物質上和精神上的可能性，加強我們的社會主義陣營。」[3]

因此，有必要把中國是否承認「兩個德國」的態度，放到當時蘇聯意圖加強社會主義陣營團結的歷史背景下予以觀察。對於處在兩國關係「蜜月期」的中國與蘇聯而言，它們一定會在對外政策上相互配合、協調一致，並促進與西方關係和國際局勢的緩和。就在 1954 年主要討論德國

---

1　Harrison, *Driving the Soviets up the Wall*, pp. 54-55. 莫洛托夫曾反對讓民主德國加入華約組織，但是赫魯曉夫認為，這就等於是告訴西方，你們可以吞併東德。相比莫洛托夫強調歐洲集體安全，赫魯曉夫則更加強調整個社會主義陣營內部的團結：「拋棄民主德國的社會主義，意味著拋棄東德，把它送給西方。有人說，這樣在蘇聯和資本主義世界之間，就會有一個統一的德國，一個中立的國家 …… 在現在的條件下，德國會保持中立嗎？…… 以為放棄了東德，我們就可以立刻同英國人和美國人建立友好關係，有這樣的想法就是幼稚。這可能嗎？不，這是不可能的。你敬敵人一尺，他就會奪你一丈。你給他東德，他就會說：離開波蘭和捷克斯洛伐克。」參見 Roberts, "A Chance for Peace?", *CWIHP Working Paper*, No. 57, 2008, p. 39. 霍普‧哈里森（Hope Harrison）認為，赫魯曉夫持有這一立場的原因，除了不想重蹈貝利亞德國政策的覆轍外，他還將德國視作為社會主義與資本主義之間和平競賽的試驗場，希望能幫助民主德國獲得勝利。參見 Harrison, *Driving the Soviets up the Wall*, pp. 56-57.

2　關於中蘇關係如何進入「蜜月期」，參見 Chen Jian, *Mao's China and Cold War*, Chapel Hill: The University of North Carolina Press, 2001, pp. 61-64; 沈志華：《無奈的選擇》，第 291-354 頁。

3　Roberts, "A Chance for Peace?" *CWIHP Working Paper*, No. 57, 2008, p. 44.

問題的柏林會議上，美、英、法、蘇四國外長所達成的唯一成果，便是同意召開日內瓦會議，討論解決朝鮮半島的政治問題和在印度支那地區恢復和平，蘇聯則堅持要求中國參加。[1] 而中國決定參加日內瓦會議，並決心推動在印度支那停戰問題上達成協議，反映出中國的安全戰略和對外政策正在發生重要變化。在日內瓦會議上，中蘇相互之間也進行了緊密的配合。[2]

在歐洲，美國謀求建立隸屬於北約之下的防務共同體，並將聯邦德國納入旗下，這直接威脅到蘇聯的安全；在東南亞，美國也在加緊建立東南亞防務集團，並可能同台灣簽訂軍事條約，這直接威脅到的是中國的安全。於是，中國對東南亞戰略的設想與蘇聯對歐洲戰略的設想幾乎完全一致，都是要爭取實現地區的集體安全，阻止台灣和聯邦德國加入美國所主導的軍事集團。1954 年 8 月 24 日，毛澤東會見英國工黨領袖、前首相克萊門特·艾德禮（Clement Attlee）時就說：

> 我們希望工黨朋友們勸勸美國人：一、把第七艦隊拿走，不要管台灣的事，因為台灣是中國的地方；二、不要搞東南亞條約，這也是違反歷史的，要搞就搞集體和平公約；三、不要武裝日本，武裝日本的目的是反對中國和蘇聯，最後會害自己和西南太平洋各國，這是搬石頭打自己的腳，這種可能性是有的；四、不要武裝西德，武裝結果不是好事，也是搬石頭打自己的腳。[3]

毛澤東在這裏所提出的幾點要求，幾乎完全就是蘇聯的歐洲戰略設想在東南亞的翻版，而最後提出不要武裝聯邦德國的要求，則是更加明確地響應了當時蘇聯的德國政策。因此，在這一時期，無論是德國問題

---

1　牛軍：《冷戰與新中國外交的緣起：1949 — 1955》（修訂版），北京：社會科學文獻出版社，2013 年，第 368-370 頁。

2　牛軍：《中華人民共和國對外關係史概論：1949 — 2000》，北京：北京大學出版社，2010 年，第 77 頁；Chen Jian, *Mao's China and Cold War*, p. 62.

3　中共中央文獻研究室編：《毛澤東年譜：1949 — 1976》第 2 卷，第 273 頁。

還是台灣問題，中、蘇兩國領導人都把它們視作是與美帝國主義鬥爭過程中的一個環節，並且相互予以關注、呼應與支持。毛澤東 1954 年底曾就西德問題與陳毅進行過詳談。[1] 而蘇共中央在為日內瓦首腦會議準備的文件中，對台灣問題也提出了具體的建議，並且向中國領導人徵求意見。1955 年 2 月 9 日，蘇聯部長會議主席尼古拉・布爾加寧（Nikolai Bulganin）在最高蘇維埃會議上發表講話時就說，蘇聯政府支持中國的政策，中國可以指望得到偉大的蘇聯人民的援助。3 月 19 日，布爾加寧在會見中國駐蘇聯大使劉曉時，更主動提到台灣問題，並且明確表示，蘇聯對外政策中「最重大的問題是：在西方的德國問題，在東方的台灣問題」，蘇聯的政策「永遠是積極和攻勢」，「在遠東的政策也是攻勢的」。[2]

可是，這樣的一些表述似乎是中國領導人所不願意看到的，他們反對有人把台灣問題直接拿來同德國問題進行類比。中國對於台灣問題和德國問題之間關係的態度，就如周恩來所說的那樣簡單明瞭：「我們東西方的鬥爭是共同的，是要相互支持的。」[3] 可是一旦蘇聯開始考慮承認「兩個德國」的時候，中國就需要對任何把德國問題和台灣問題拿來進行類比的言論保持警惕了，絕對不能允許由「兩個德國」而類比出「兩個中國」來。毛澤東曾向赫魯曉夫提出，蘇聯和中國在「兩個中國」問題上絕不能讓步，「我們寧可讓美國人在一個時期內事實上佔領台灣而不去進攻台灣，但不能承認美國的佔領合法化，不能放棄解放台灣的口號，不能承認『兩個中國』。」[4]

毛澤東從來就沒有過將德國問題和台灣問題歸於一類的想法，雖然

---

1　劉樹發主編：《陳毅年譜》，北京：人民出版社，1995 年，第 668 頁。

2　牛軍：《冷戰與新中國外交的緣起》，第 435-436 頁。

3　周恩來接見德意志民主共和國大使柯尼希同志談話紀要（1955 年 7 月 26 日），中國外交部檔案館，109-00606-02，第 33 頁。

4　《關於台海形勢和不能承認「兩個中國」問題給赫魯曉夫的信》（1955 年 3 月 5 日），載中共中央黨史和文獻研究院編：《建國以來毛澤東文稿》第 9 冊，第 389 頁。

他在 1949 年時仍稱，「人民的德國和人民的中國同處在反對帝國主義的偉大鬥爭的最前線」。[1] 不過到了 1953 年，他就已經明確地將德國與朝鮮歸為一類，認為它們是處在對敵鬥爭的最前線。他還曾說過：「東西德兩個國家制度不同，我想不出辦法，如何能統一，正如南北朝鮮的統一問題一樣。」在他的觀念當中，「在民主陣營內只有這兩個國家是被分割為二的」。[2] 毛澤東卻從未用這種視角來看待中國大陸與台灣地區的分裂現狀，所以在他的心目中，德國問題與台灣問題有着根本性質上的不同。

　　只要能把德國問題和台灣問題作涇渭分明的切割，只要社會主義陣營內的各國能堅持不承認「兩個中國」，中國對於蘇聯承認「兩個德國」的政策則將不存在任何的牴觸情緒。這也就是為什麼當民主德國在莫斯科同蘇聯簽訂好兩國關係條約之後，就能很快地再與中國也簽訂友好合作條約的原因了。

## 三、《中德友好合作條約》

　　1955 年 1 月 25 日，蘇聯宣佈結束與德國之間的戰爭狀態，同年 4 月 7 日，毛澤東也宣佈了結束同德國戰爭狀態的命令，其中明確：「中華人民共和國堅決支持德意志民主共和國和全德人民以及蘇聯和所有愛好和平的國家和人民爭取德國和平統一、促進對德和約的締結、保障歐洲集體安全和維護世界和平的鬥爭 …… 中華人民共和國同德國之間的戰爭狀態從此結束。兩國之間的和平關係應當建立起來。」[3] 蘇聯和中國宣佈與

---

1 《祝賀德意志民主共和國成立給皮克、格羅提渥的電報》（1949 年 10 月 16 日），載中共中央黨史和文獻研究院編：《建國以來毛澤東文稿》第 1 冊，第 105 頁。

2 《關於重要土產和副食品的經營問題給陳雲、鄧小平的信》（1953 年 10 月 16 日），載中共中央黨史和文獻研究院編：《建國以來毛澤東文稿》第 8 冊，第 487 頁；毛主席同民主德國駐華大使普納談話紀要（1955 年 12 月 3 日），中國外交部檔案館，109-00561-03，第 33 頁。

3 《關於結束中華人民共和國同德國之間的戰爭狀態的命令》（1955 年 4 月 7 日），載中共中央黨史和文獻研究院編：《建國以來毛澤東文稿》第 9 冊，第 430 頁。

德國停止戰爭狀態，為民主德國與這兩個國家建立和平關係創造了條件。1955 年 9 月 20 日，德意志民主共和國與蘇聯簽訂了兩國關係條約，蘇聯確認與民主德國的關係是主權國家間的關係。再加上之前 5 月 14 日加入華沙條約組織，民主德國已經正式成為社會主義陣營內的一個獨立國家。[1]

　　10 月 24 — 27 日，德國統一社會黨召開二十五中全會，提出確保和平已經成為民主德國的主要任務：「在十年艱苦的階級鬥爭之後，形成了兩個互相獨立的德意志國家。從現在起，存在着一個社會主義的德意志國家 —— 民主德國和一個帝國主義的德意志國家 —— 聯邦德國。」民主德國同聯邦德國關係中的主要問題，就是在歐洲社會主義和帝國主義之間的邊界上確保和平。雖然德國統一社會黨此時尚未否認東、西德之間仍然存在着統一的可能性，但是這一觀點已經具有明確的階級內容，認為德國重新統一的前提是，剝奪聯邦德國壟斷資本和軍國主義的權力，消除聯邦德國同北約的聯繫。[2]

　　對民主德國來說，德國的統一已經成了一個要「從長遠來看」的問題；而迫在眉睫的問題已經變成了國際社會對德國統一社會黨自身執政合法性的承認，即承認民主德國是一個擁有獨立主權的社會主義國家。[3]這項工作首先需要在社會主義陣營內開展，而在蘇聯與民主德國締結關係條約之後，中國是同民主德國締結具有重要意義條約的第二個國家。[4]

---

1　Stefan Doernberg, hrsg., *Außenpolitik der DDR: Drei Jahrzehnte sozialistische deutsche Friedenspolitik*, Berlin: Staatsverlag der DDR, 1979, S. 68; 鄧紅英：《民主德國德國政策的演變（1949—1990）》，第 83 頁。

2　德國統一社會黨中央馬列主義研究所編寫組編：《德國統一社會黨簡史》，第 365、368 頁。

3　布雷德利·沙爾夫：《民主德國的政治與變革》，秦剛等譯，北京：春秋出版社，1988 年，第 184 頁。

4　《博爾茨副總理談中德友好合作條約重要意義》，《人民日報》1955 年 12 月 27 日，第 4 版。除蘇聯以外，同樣類型的友好條約，中國同捷克斯洛伐克於 1957 年簽訂，同匈牙利是於 1959 年簽訂的，而與蒙古和朝鮮的簽訂時間則要等到 1960 年和 1961 年。因此，相比較其他的社會主義國家，中國在宣佈結束戰爭狀態之後就與民主德國簽訂友好條約，在時間上已不可謂不早。Siegfried Bock, „Der Freundschaftsvertrag von 1955" in Kürger, hrsg., *Beiträge zur Geschichte der Beziehungen der DDR und der VR China*, S. 37.

這一任務是由格羅提渥率領的民主德國政府代表團於 1955 年 12 月底訪問北京後予以正式完成的。

早在 1955 年初，作為對 1954 年 7 月周恩來訪問的回訪，民主德國就開始籌劃派遣一個由總理格羅提渥率領的政府代表團訪問中國，時間大致定於 1955 年的 3 — 5 月。[1] 但在這一時期，蘇聯與西方就歐洲集體安全問題和德國問題仍在進行着外交博弈，塵埃尚未落定。因此，民主德國外交部認為，把簽訂一個友好合作條約作為政府代表團訪華的目標並不合適。[2] 此次的訪華目標僅僅被設定為，就雙方所關切外交問題與中國達成一個共同聲明，表達民主德國自身的立場，並強調中德人民鬥爭中的共性；擴大雙方貿易以及中國與西德的貿易；加強兩國建設合作等一般目標。[3] 但是，等到民主德國加入華約，並與蘇聯簽訂關係條約之後，情況發生了變化。民主德國出於獲得主權承認的外交目的，便希望在訪華期間向中國提出簽訂友好條約的建議。

1955 年 11 月 17 日，莫洛托夫在柏林同格羅提渥舉行會談，了解並同意了民主德國訪華的具體計劃。格羅提渥在會談中表示，想建議中國政府與其簽訂友好條約，並將會與蘇聯方面就談判過程保持聯繫。莫洛托夫對此表示了讚許。之後，格羅提渥又利用在訪問中途逗留莫斯科的機會，再次同蘇聯領導層磋商此次訪華的動機和意圖。在會談中，蘇聯的代表認為，蘇聯和民主德國之間的關係條約，已經為民主德國打算與中國簽訂的條約預設好了一個框架。對蘇方而言，重要且需要注意的問

1 Beschluss über die Entsendung einer repräsentativen Regierungsdelegation der Deutschen Demokratischen Republik in die Volksrepubik China, PA AA, Bestand MfAA, A 6.618, Bl. 181.

2 Bock, „Der Freundschaftsvertrag von 1955," in Kürger, hrsg., Beiträge zur Geschichte der Beziehungen der DDR und der VR China, S. 36.

3 Beschluß über Maßnahmen zur Verbesserung der Beziehungen zwischen der Deutschen Demokratischen Republik und der Volksrepublik China, PA AA, Bestand MfAA, A 14.764, Bl. 4; Beschluss über die Entsendung einer repräsentativen Regierungsdelegation der Deutschen Demokratischen Republik in die Volksrepubik China, PA AA, Bestand MfAA, A 6.618, Bl. 182.

題僅僅是，在民主德國與中國的談判過程中，雙方都不要提及有關軍事援助的問題即可。[1]

　　但直到最後，民主德國仍然十分小心謹慎，擔心中國會拒絕簽訂友好條約的請求。事實上，中國此時除了與蘇聯簽訂過《中蘇友好同盟互助條約》以外，還沒有與其他任何社會主義國家簽訂過具有類似同盟合作性質的友好條約。因此在準備訪問計劃的過程中，民主德國外交部根本沒有把簽訂友好合作條約當作一項亟待完成的任務，[2] 而只是想作為一個建議在訪華期間向中方提出。然而出乎他們意料的是，中國對於民主德國的這個提議，竟沒有表現出任何的猶豫，而且立即開始着手準備條約草案。[3] 在格羅提渥首次訪華期間，他與毛澤東、周恩來等中國領導人進行了會談。而民主德國外交部長博爾茨與中國外交部進行了三次談判，就兩國的友好條約和聯合聲明的文本進行了討論和修改。[4]

　　從談判雙方提出的一些具體修改意見當中，可以找到兩國各自最關切的問題。中方起初所提條約草案的名稱為「友好合作協定」，由於與蘇聯簽訂的是「條約」（Vertrag），可能考慮到等級秩序的問題而用了「協定」（Abkommen）一詞。[5] 民主德國出於國際法效力和國家之間的平等考

1　Bock, „Der Freundschaftsvertrag von 1955," in Kürger, hrsg., *Beiträge zur Geschichte der Beziehungen der DDR und der VR China*, S. 36.

2　這在民主德國外交部當時對於訪華計劃的決定中有所反映。這項決定的形成時間不明，但它對訪華的時間已經作了與實際日程相一致的準確確定；並且在這份決定中，對於中德代表會談之後，所要發布的政府聯合聲明中的內容，相比較於所見到的其他的幾份訪華計劃來，都做了更加詳細的準備和設計，從這兩點似乎可以推斷，這份決定幾乎就應該是最後的正式決定了。然而，在有關與中國簽訂的協定方面，這份決定仍然只提及了中德文化合作協定、中德關於植物檢疫和防治農作物病蟲害合作協定，並沒有列入中德友好合作條約。該份決定的文本可見於 Beschluss über die Entsendung einer repräsentativen Regierungsdelega-tion der Deutschen Demokratischen Republik in die Volksrepublik China, PA AA, Bestand MfAA, A 14.682, Bl. 1-7.

3　Bock, „Der Freundschaftsvertrag von 1955," in Kürger, hrsg., *Beiträge zur Geschichte der Beziehungen der DDR und der VR China*, S. 37-38.

4　中共中央黨史研究室張聞天選集傳記組編：《張聞天年譜》（修訂本），北京：中共黨史出版社，2010 年，第 701 頁。

5　《中華人民共和國德意志民主共和國友好合作協定》（草案），PA AA, Bestand MfAA, A 5.728, Bl. 78-79.

慮認為，若用「協定」一詞，則自身的地位被貶低了，因此建議改用「條約」一詞，中方接受了這一建議。同時，中方也提出自己的修改意見，要求在前言部分，對發展兩國關係加上「親密而友好的」形容詞，並且要求列舉「和平共處五項原則」的內容作為兩國關係的基礎。

關於德國問題，雙方在會談中基本取得了一致意見，承認「兩個德國」，但同時也要表達出要求德國統一的願望，民主德國代表團對於周恩來批評聯邦德國加入北約的立場也感到滿意，同時還請求中國能夠與聯邦德國也建立外交關係。民主德國還要求在前言部分加上關於解決德國問題可能性的內容，中方對此卻表示拒絕。民主德國還建議在前言中提及兩國有責任，為解決攸關德國人民和中國人民的民族重大問題作出貢獻。但中方認為，台灣問題是中國的內政問題，若作這樣的表述，就有干涉內政之嫌。[1]可以看出，中國對於德國問題和台灣問題不能相提並論的態度是十分明確的。

1955 年 12 月 25 日，格羅提渥與周恩來簽訂了《中德友好合作條約》，這標誌着兩國關係邁入了一個新的階段。在民主德國看來，與中國建立某種同盟關係的意義不僅在於增強兩國之間的聯合。更加重要的是，中國作為一個亞洲大國，它的影響力對民主德國在第三世界的政策也具有重大的意義。[2]對於民主德國而言，北京是一個與亞洲國家代表建立聯繫的最佳地點，而且在發展對亞洲國家關係方面，民主德國也確實得到了中國的支持。比如，當獲悉印度總理賈瓦哈拉爾·尼赫魯（Jawaharlal Nehru）即將訪問聯邦德國的消息後，中國外交部亞洲司司長陳家康就向印度駐華使館參贊表示，民主德國政府希望尼赫魯總理同時也能訪問民主德國。雖然在事先並未告知民主德國的情況下，中方就以

1　Bock, „Der Freundschaftsvertrag von 1955,“ in Kürger, hrsg., *Beiträge zur Geschichte der Beziehungen der DDR und der VR China*, S. 40-43.

2　Hoffmann, *Otto Grotewohl (1894-1964)*, S. 633.

民主德國的名義向印度提出建議，引起了德方的一些不滿，但是，卻也真實反映出中國在外交上願意積極支持民主德國的態度和立場。[1]

# 第四節　小結

　　從 1949 年 10 月 27 日中華人民共和國與德意志民主共和國正式建交開始，到 1955 年 12 月 25 日兩國簽訂《中德友好合作條約》為止，這個階段基本可以被視作中國與民主德國關係發展的第一個階段。在這一時期，兩國關係基本處於相互接觸、了解的初識階段，由於都是剛剛建立新政權不久的國家，相互之間還比較陌生。但由於兩國都是由馬列主義意識形態的政黨執政，使得這兩個黨和國家將對方天然地視作「兄弟黨」和「兄弟國家」。在民主德國與中國友好關係的初步建立過程中，民主德國更多表現為積極主動地尋求中國的幫助，而中國則更多表現為支持和照顧民主德國的訴求。

　　這種「照顧」表現在如下這些事實當中：在 1951 年度中國與民主德國貿易協定談判過程中，為了支持民主德國針對聯邦德國社會的統戰策略，中國在原則上同意民主德國擔任自己與聯邦德國貿易的唯一「中間商」，最後兩國都承受了巨大的外貿損失。在 1953 年「東柏林事件」發生後，民主德國政府為了解決國內食品供應緊張的困境，向中國提出了簽訂 1953 年度貿易補充協定的請求，於是中國在國內情況並不樂觀的情況下向民主德國提供了價值 5300 萬盧布農副產品。在 1955 年民主德國同蘇聯簽訂兩國關係條約之後，它為了進一步獲得在外交上的主權承認，向中國提出了簽訂《中德友好合作條約》的請求，對此中國很快在

---

1　Information über den gegenwärtigen Stand der Beziehungen zwischen der DDR und der VR China, 29. August 1956, SAPMO-BArch, DY 30/IV 2/20/115, Bl. 18-19, 24.

這一年的年底就同意與民主德國簽訂這個條約，使得中國與民主德國的關係邁上了一個新的台階。

在上述這些重大事件的背後，發揮決定性作用的其實是民主德國在有關德國問題上的立場變動。但民主德國對於德國問題的立場，事實上又是隨着蘇聯的德國政策的變化而變化的。毋庸置疑，蘇聯對於民主德國的政策構成了這一時期中國與民主德國關係的結構性背景，並在其中扮演着極其重要的角色。一方面，蘇聯的德國政策直接決定了民主德國外交政策走向，另一方面，它的外交戰略也影響着中國的外交戰略取向，在這一時期中國與蘇聯相互之間保持了協調一致。

從民主德國為努力爭取德國統一採取了一些具體的措施，到德國統一社會黨決定在民主德國進行社會主義建設；再到斯大林死後，蘇聯的新任領導集團試圖改變他們的對德政策時，卻又因「東柏林事件」被中斷，轉而又決心堅持保衛德國統一社會黨的政權；直到最終蘇聯決定承認「兩個德國」的實存，民主德國開始謀求國際社會對自己的外交承認。這些有關德國問題的政策變化無不影響到了民主德國與中國之間的諸多細枝末節的問題，可以說 20 世紀 50 年代初期民主德國和中國在外貿上的經濟損失，中國 1953 年對民主德國的農副產品援助，1955 年兩國簽訂《中德友好合作條約》，都是由德國政策的變化所直接或間接導致的，而中國始終是民主德國堅定的支持者。這種支持無疑是中國作為「社會主義大家庭一分子」的身份認同之下才得以實現的，因此，即便此時的中華人民共和國和德意志民主共和國在國際政治舞台上剛剛初次相會，彼此陌生，但依靠馬列主義的意識形態它們卻將彼此構建為天然的兄弟。但這就會掩蓋掉一些在具體問題上的矛盾和分歧。

比如，在貿易問題上，從 1953 年中國外貿部在對德虧損問題的檢討上可以看出，起初他們並不認為自己應該承擔責任，雖然自身在工作上

確實存在經驗不足導致訂貨失誤、混亂、浪費等情況。[1] 可是決定性的責任在於民主德國不按貿易協定以及書面確認的價格原則辦事，因此，如果根據單純的法律原則來看，民主德國應該負全部責任，但最終的結果卻是中方負擔了全部損失。[2] 在所謂的政治上相互支持的精神下，往往犧牲掉的是經濟上的利益以及照章辦事的規則精神。

又比如，在德國問題上，雖然中國願意承認「兩個德國」的實際存在，但在對於德國統一的態度上，中國和民主德國是存在分歧的。追求德國統一，在民主德國的德國政策中，已經開始逐步淪為宣傳的口號，它首先考慮的是自身作為獨立的主權國家在國際社會上獲得承認的問題、與聯邦德國實現和平共處的問題。而中國卻在德國統一問題上比民主德國擁有更加進取的心態。

1954 年 9 月 26 日，民主德國外長博爾茨訪華，就德國的統一前景，毛澤東向他提出了如下一連串耐人尋味的問題：對阿登納的倒台有過怎樣的展望？對西德未來的政府，民主德國有怎樣的計劃，是否尋求一個社會民主黨的政府？為在西德出現一個社會民主黨的政府，民主德國將會創造哪些有利條件？[3] 可見，對於當時德國統一的前景，比起蘇聯和民主德國的領導人，毛澤東似乎顯得更具信心。

1955 年底，民主德國新任駐華大使理查德・居普特納（Richard Gyptner）在與周恩來會談時曾表示：「有些思想簡單的德國人僅知道要統一，但他們不知道統一是應該建立在民主和和平的基礎上的。」這其實是在暗示，德國統一已經不再是民主德國外交的首要任務，民主德國追

---

1　中國在對德貿易上的工作經驗不足，除了在本章第一節中所提到的事件外，還反映在中科院在向民主德國購置儀器設備時出現胡亂購買的情況。參見竺可楨：《竺可楨全集》（第 12 卷），上海：上海科技教育出版社，2007 年，第 631 頁。

2　《關於在對德貿易中虧損處理問題給毛澤東等的報告》（1953 年 3 月 5 日、4 月 12 日），載中共中央文獻研究室、中央檔案館編：《建國以來周恩來文稿》第 8 冊，第 159-161 頁。

3　Bericht über die Reise einer Delegation in die Volksrepublik China, 26. 9. 1954, SAPMO-BArch, DY30/J IV 2/2J/82, Bl. 1.

求的是兩個德國的和平共處以及對民主德國主權的承認。然而周恩來卻認為：「人民當然是希望統一的 …… 最後德國一定會統一的，西方國家現在不承認民主德國，但總有一天會承認的。如有些西方國家不承認我們，但中國人民照常生存下去，不承認反而可自由一些。」[1]

而當毛澤東會見居普特納時，他所說的一番話就更能反映出中國對德國統一的積極態度。毛澤東首先對德國統一作了自己的一番設計，即在東、西德各自獨立的情況下，能否通過建立一個聯合委員會以實現某種程度的統一？但更加重要的是，毛澤東對居普特納表示，民主德國要作好軍事上的準備，作好打仗的準備，一旦戰爭爆發，德國的統一也就指日可待了：

> 　主席：現在德國分裂成兩部分，說來也有好處。有一個民主德國，要打仗就不容易了。但對打仗要有準備。你們武裝力量搞得怎麼樣了？
>
> 　大使：已經搞了一些。
>
> 　主席：多搞一些，使他們不敢動。
>
> 　大使：我們要多搞一些社會主義的基礎。
>
> 　主席：你們工業，農業，武裝都要搞，我們大家一起搞它八年十年，那時帝國主義的野心也許會縮小些。
>
> 　大使：西德也在搞。
>
> 　主席：如果大戰爆發，那麼德國就統一了。……
>
> 　大使：我們不一定要通過戰爭。
>
> 　主席：但要做好準備，以便他們打我們時，我們能反擊。當然我們不先打，但他們要打，也只好打。同資本家講道理是不行的。打或不打，兩種可能都有。但我們要做好打的準備，否則打

---

1　周恩來同德新任駐華大使紀普納談話紀要（1955 年 12 月 2 日），中國外交部檔案館，109-00606-02，第 39 頁。

*起來就沒有辦法。……*[1]

事實上，毛澤東一貫保持着這樣旺盛的革命鬥爭精神，但對德國統一前景的不同看法卻作為中國與民主德國在各自對外戰略上的分歧長期隱而不現。直到兩黨兩國間的關係真正出現裂痕時，在德國問題上的矛盾分歧才被正式地揭露出來，成為德國統一社會黨批判中共的一大理由。但這些分歧在中國和民主德國的最初的關係階段被淹沒在了彼此相互認同為兄弟的感情中，而且之後也沒有立刻顯露出來。因為對於這兩個國家來說，它們接下來首先將迎來的，是雙方關係的一段「蜜月」期。

---

1　毛主席同民主德國駐華大使紀普納談話紀要（1955 年 12 月 3 日），中國外交部檔案館，109-00561-03，第 33、36-37 頁。

# 第二章 熟絡 —— 親密同盟的形成（1956 — 1958）

　　中華人民共和國與德意志民主共和國於 1955 年 12 月 25 日所簽訂的《中德友好合作條約》，標誌着兩國關係正式步入了進一步加強合作，從而形成更加緊密的同盟合作關係的新階段。然而，1956 年 2 月召開的蘇共二十大使得整個社會主義陣營內部在思想意識形態乃至於國家社會層面都經歷了一次巨大的動盪，對此德國統一社會黨與中國共產黨都從自身的關切出發，對蘇共二十大，尤其是赫魯曉夫祕密報告中所傳遞的觀點和立場作出了應對。在應對的過程中，德國統一社會黨發現，中國共產黨在馬列主義理論以及選擇怎樣的社會主義發展道路的這些意識形態的問題上的思考具有很高的參考價值。而隨着波匈事件的爆發與平息，中共以及毛澤東個人的形象在社會主義陣營內東歐各國共產黨的心目中急劇上升。德國統一社會黨一方面在理論思想上努力向中共學習靠攏，但另一方面又受到了毛澤東所提出的「百花齊放、百家爭鳴」的口號的困擾。直到中國開展反右運動之後，雙方最終意識形態上達成了高度的一致，甚至在西方學者眼中，在社會主義陣營內部似乎出現了一個「北京 — 潘科夫軸心」。

　　與此同時，隨着 1958 年中國開始「大躍進」以及民主德國制定七年計劃後，兩國在經濟建設和貿易往來上的合作得到了進一步的加強。相應的，在外交層面上，由於雙方各自都存在着事關國家主權並亟待解決的台灣問題和柏林問題，如此相似的外交境遇也自然增強了兩國在同美國鬥爭過程中的相互聲援。可以認為，此時的中國與民主德國邁入了兩

國關係的「蜜月」期。

# 第一節　蘇共二十大後中德兩黨的應對與交流

　　1956 年 2 月 14 — 25 日召開的蘇共二十大在蘇共歷史上具有極為重大的意義。它是在斯大林去世之後，以赫魯曉夫為首的蘇共領導集團重新確立未來政治發展走向的一次會議。蘇共二十大提出了一系列非斯大林化的新方針：在國際方面，它完整提出了「和平共處、和平過渡、和平競賽」的總路線；在國內方面，它提出了一些旨在改變經濟發展及管理體制的措施；在黨內方面，赫魯曉夫發表了《關於個人崇拜及其後果》的祕密報告，批判對斯大林的個人崇拜，從而提出加強黨內的集體領導。[1]因此，蘇共二十大對於當時的國際共運以及整個社會主義陣營內部各個國家的執政黨都產生了重大影響，動搖了東歐各共產黨國家的政治觀念及其意識形態基礎。[2]

　　對於德國統一社會黨和中共而言，蘇共二十大對於這兩個黨所帶來思想和政治衝擊同樣也是十分巨大的。中德兩黨分別對於蘇共二十大做出了怎樣的應對？它對於中蘇關係和蘇德關係造成了怎樣的影響？對於這些問題的考察將直接有助於理解中德兩黨之後為何會在意識形態領域取得某種共識。對於毛澤東和中共中央對於蘇共二十大的反應，過去曾有過不一樣的看法，而到目前已基本上可以接受這樣的一個判斷：蘇共

---

1　沈志華：《蘇共二十大、非斯大林化及其對中蘇關係的影響 —— 根據俄國最近披露的檔案文獻》，載沈志華：《冷戰中的盟友》，第 114-119 頁。

2　Malycha und Winters, *Die SED*, S. 126.

二十大之後中蘇關係事實上得到了加強。[1] 但就德國統一社會黨方面而言，關於烏布利希對蘇共二十大的最初反應及其應對方式，至今仍存在着兩種截然不同的觀點。[2] 需要對此進行一番更詳細的考察和梳理。

## 一、烏布利希對蘇共二十大的應對

蘇共二十大所提出的新方針，特別是赫魯曉夫批判斯大林、反對個人崇拜的祕密報告，對德國統一社會黨領導層造成了巨大的思想衝擊。1956 年 2 月 26 日凌晨 3 點，當時參加蘇共二十大的德國統一社會黨代表團成員們在睡夢中被喚醒，要求派代表前去聆聽有關「祕密報告」的通報，當時的政治局委員卡爾·席爾德萬（Karl Schirdewan）受委派作為代表前去聽取了「祕密報告」的內容並作了記錄。當他返回代表團駐地向他的同事們報告了相關內容之後，德國統一社會黨的與會代表們就已經在如何看待和評價赫魯曉夫「祕密報告」這個問題上出現了分歧。[3]

德國統一社會黨代表團回到柏林後，政治局成員於 2 月 29 日在黨主席皮克的住所內召開了一次特別會議，烏布利希在會上就蘇共二十大的情況作了報告。從當天的政治局會議記錄來看，這次會議決定將對蘇共

---

1 以前曾一度佔據主導地位的觀點認為，毛澤東和中共中央對蘇共二十大一開始就持基本否定的立場。因此，蘇共二十大成為中蘇兩黨分裂的歷史轉折點。但通過沈志華的研究可以發現，中共隨後召開的八大與蘇共二十大不僅在時間上是銜接的，而且在思想認識、方針政策以及發展路線等各方面，也都是一致的。所以，此時的中蘇關係並沒有被削弱，而是得到了加強。參見沈志華：《無奈的選擇》，第 355-415 頁。

2 一種觀點認為，蘇共二十大結束之後，烏布利希就迫不及待地公開發表文章讚揚和吹捧蘇共的新精神。參見沈志華：《蘇共二十大、非斯大林化及其對中蘇關係的影響》，載沈志華：《冷戰中的盟友》，第 139 頁，註釋 3。而另一種觀點却認為，烏布利希對蘇共二十大，尤其是祕密報告的內容並不積極，並且有意拖延黨內就有關蘇共二十大新精神的傳達與討論。參見 Harrison, *Driving the Soviets up the Wall*, pp. 67-68; Wettig, *Sowjetische Deutschland-Politik 1953 bis 1958*, S. 67-68.

3 Harrison, *Driving the Soviets up the Wall*, pp. 66-67, 258-259, n. 84. 席爾德萬於 1956 年 2 月 26 日早餐時向烏布利希詢問，關於向在蘇聯黨校學習的民主德國學生的講話中，就有關赫魯曉夫「祕密報告」應該說些什麼；烏布利希表示，「你可以明確地說，斯大林並不是一位經典作家。」在席爾德萬看來，烏布利希這是把深刻問題極度簡單化的處理方式。

二十大的評價與即將召開的第三屆代表會議的準備工作聯繫起來，發表有關蘇共二十大的指導性文章，同時在各項會議上作有關蘇共二十大的報告。[1] 這份記錄並沒有直接反映政治局內部的分歧，但根據席爾德萬的描述，與會的領導人在對待赫魯曉夫批判「個人崇拜」的態度上產生了分歧，主要集中在這樣一個問題上，即究竟應該把斯大林的錯誤歸咎於他的個人秉性，還是應該歸咎於社會主義的制度缺陷？[2]

1956 年 3 月 4 日，烏布利希在《新德意志報》上發表了一篇署名文章，高度評價蘇共二十大的重要性，不過在批判斯大林個人崇拜的問題上繼續作淡化處理，仍然只是堅稱「斯大林不能被算作為馬克思主義的經典作家」。可見，烏布利希個人似乎並不希望在德國統一社會黨內和民主德國社會內開展對斯大林以往所犯的錯誤以及個人崇拜問題的討論，關於蘇共二十大具體的細節與內容，甚至連黨內的中央委員都不甚了解，烏布利希似乎存在着故意拖延向黨內傳達蘇共二十大精神的嫌疑。[3]

即便烏布利希想要在文章中淡化大家對批判斯大林的關注，但是在文章發表後仍然激發了民主德國的普通羣眾的熱烈討論，無一例外地都集中在斯大林的問題上。因為對於普通羣眾而言，那位迄今為止一直都說斯大林好話的瓦爾特·烏布利希同志，現在卻表達出了完全不同的看法，這件事本身就很值得注意。對此，普通羣眾表達出了各種各樣的觀點：有人質疑，為什麼對斯大林的批判會在他死後才出現？有人提出，如果說斯大林算不上經典作家，但是他寫了那麼多馬克思主義的經典著作又算什麼呢？有人表示，必須發表一個徹底批判斯大林的聲明，是時

1　Protokoll Nr. 7/56 der außerordentlichen Sitzung des Politbüros des Zentralkomitees am 29. Februar 1956 im Amtssitz des Genossen Pieck, SAPMO-BArch, DY 30/J IV 2/2/461, Bl. 1.

2　Harrison, *Driving the Soviets up the Wall*, pp. 66; 258 n. 81.

3　Harrison, *Driving the Soviets up the Wall*, p. 67; Malycha und Winters, *Die SED*, S. 127; Dietrich Staritz, *Geschichte der DDR 1949-1990*, Frankfurt am Main: Suhrkamp Verlag, 1996, S. 147.

候在民主德國貫徹集體領導原則並清除個人崇拜了。[1] 面對普通黨員和羣眾風起雲湧的大討論，黨內領導層對於蘇共二十大和「祕密報告」卻仍然諱莫如深，這種情況自然引發了黨內中層領導的不滿。

3 月 7 日，德國統一社會黨中央委員奧托・文策爾（Otto Winzer）直接致信烏布利希，表示包括他在內的一些中央委員都希望能夠召開一次中央全會，對蘇共二十大的情況作徹底全面的了解，並以其結論為指導，對即將召開的第三屆代表會議的主要問題作徹底的討論。[2] 值得注意的是，文策爾對於自己即將前往蘇爾（Suhl）參加區委會議，但卻尚未全面了解蘇共二十大的情況感到十分擔憂，他在信中這樣寫道：

> 我明天還將去蘇爾參加區委會議，在那裏可能還會作為中央委員會的代表講話，因而我會感到尷尬，或許區委的領導同志以及與會的黨中央機關的工作人員都比我知道得更多。許多中央委員都處於同樣尷尬的境地，本來這些天他們在各自部委及企業的黨小組會議之前，都應該談談有關蘇共二十大的情況。或許並不能夠說，這種情況符合列寧標準下的黨的生活。[3]

次日，烏布利希予以回信，表示會儘快向所有同志公開蘇共二十大的講話稿。代表團從蘇共中央主席團處得到的全部會議材料，會在第三屆代表會議之前分發給所有中央委員以及候補委員。烏布利希也同時承認，在蘇共二十大作出一系列的結論之後，德國統一社會黨有必要在代表會議上對此進行討論。他告訴文策爾，政治局已經開始着手第三屆代表會議的準備工作，並且會在此之前召開中央全會，代表會議的所有文件都將提交中央全會討論，並保證這不會只是一次例行公事的走過場，

---

1　Stimmung zur Veröffentlichung des Genossen Walter Ulbricht über den XX. Parteitag, 6. März 1956, BStU, MfS, AS 89/59, Bl. 139–142.

2　Betr.: Einberufung der Tagung des Zentralkomitees, 7. März 1956, SAPMO-BArch, DY 30/3289, Bl. 23.

3　Betr.: Einberufung der Tagung des Zentralkomitees, 7. März 1956, SAPMO-BArch, DY 30/3289, Bl. 23–24.

而將會是一次十分重要的會議。[1] 烏布利希將他的這封回信與文策爾的來信抄送所有政治局委員及候補委員，建議在政治局內對文策爾的信進行表態。[2]

如果仔細琢磨烏布利希的回信內容，確實可以認為，他對於是否在黨內公開赫魯曉夫「祕密報告」內容的這個問題仍然有所保留，因為「祕密報告」的內容是蘇共中央向德國統一社會黨代表團進行口授的，並不在分發給與會代表團的會議材料之列。因此即便在之後召開的中央全會上公開所有關於蘇共二十大的會議材料，其中也並不會有赫魯曉夫的「祕密報告」。

可是紙終究包不住火。1956 年 3 月 17 日，倫敦（London）以及西柏林的報紙開始相繼出現有關赫魯曉夫「祕密報告」的報道，還刊登了報告的部分內容。德國統一社會黨政治局對此立即進行應對，決定讓烏布利希在柏林區委代表會議上對祕密報告中的一些問題進行回應和解釋。在這次會議上，烏布利希提到了斯大林的個人崇拜問題以及由此造成的錯誤，並強調德國統一社會黨也必須剪除由個人崇拜所引發的錯誤。[3]

然而在《真理報》（Pravda）尚未正式表態之前，由烏布利希率先評價斯大林問題並予以公開報道，這件事對習慣於唯蘇共馬首是瞻的德國統一社會黨來說，將會感到特別不合時宜。因此，它需要馬上就這個問題同蘇共中央進行溝通。3 月 19 日，烏布利希致電赫魯曉夫，向他說明了以下的情況：

> 我們必須想到，敵人會基於倫敦發表的東西，繼續通過廣播擴大其活動。出於這一原因，參加柏林區委代表會議的德國統一社會黨政治局委員一致同意，認為我在討論會上所持的立場，尤

---

1　Genossen Staatssekretär Otto Winzer, 8. März 1956, SAPMO-BArch, DY 30/3289, Bl. 25-26.

2　An die Mitglieder und Kandidaten des Politbüros, 10. 3. 1956, SAPMO-BArch, DY 30/3289, Bl. 22.

3　Harrison, *Driving the Soviets up the Wall*, p. 67, 218-219 n. 90.

其涉及斯大林問題的立場，在黨內起到了很大的作用。按規定，這些討論發言應該馬上予以發表。而在《真理報》表態之前，我們就對蘇共的問題公開表達立場，這並不讓人高興。但在這種形勢下，我們別無選擇。

我建議，《真理報》發表一篇社論，就一些問題表達立場。……[1]

到此為止，似乎仍然不可妄加揣測烏布利希內心的真實想法，他是否真的將祕密報告當成了潘多拉的魔盒？可是一切都木已成舟，西方媒體率先公佈了祕密報告的內容，使他不得不去直面它。最終的結果便是，德國統一社會黨領導層得到了蘇共的正式許可，允許他們將「祕密報告」的文本分發黨內。烏布利希也遵守了他在給文策爾回信中作出的承諾，3 月 22 日，德國統一社會黨中央召開二十六中全會，席爾德萬在會議上向全體中央委員報告了有關赫魯曉夫祕密報告的內容。[2]

烏布利希在對全體中央委員的講話中，正式表達了自己對蘇共二十大的看法，至少從這個講話中可以反映出，他對於蘇共二十大的態度是有所取捨的。首先他批評了一些黨內的領導同志並沒有認真閱讀赫魯曉夫的報告以及蘇共二十大的決議，就只關心阿納斯塔斯·米高揚

---

[1] Telegramm an das Präsidium des Zentrelkomitees der KPdSU Genossen N. S. Chruschtschow, 19. 3. 1956, SAPMO-BArch, DY 30/3532, Bl. 4.

[2] Harrison, *Driving the Soviets up the Wall*, p. 67. 對於祕密報告，最初莫斯科希望能對國外最大限度地保密，但這個界限很快取消了。3 月 24 日，蘇共中央聯絡部建議，各人民民主國家，可以向黨團中央及各地區部門主管幹部介紹祕密報告。3 月 28 日，聯絡部又建議，向在蘇聯學習和工作的各兄弟黨的黨員和預備黨員宣講祕密報告。當天，《真理報》發表了編輯文章《為什麼個人崇拜與馬克思列寧主義的精神實質格格不入？》，第一次正式地指出所謂批判個人崇拜，就是批判對斯大林的個人崇拜。參見沈志華：《蘇共二十大、非斯大林化及其對中蘇關係的影響》，載沈志華：《冷戰中的盟友》，第 137 頁。蘇共這一系列的決定，是否與烏布利希 1956 年 3 月 19 日致赫魯曉夫電報之間存在直接性的關聯，仍有待核實；但從時間上看，烏布利希確實在黨內先於 3 月 24 日蘇共中央聯絡部的建議，已經向德國統一社會黨中央委員會介紹了祕密報告的內容。

（Anastas Mikoyan）的發言[1]，卻不關心會議本身所回答的新的理論問題及其對於德國統一社會黨當前工作的重要意義，把目光過於集中在批判斯大林的個人錯誤上。烏布利希認為對於斯大林的問題，德國統一社會黨現在無法討論和回答，因為「我們對於斯大林同志的事情並不完全了解」。同時，烏布利希對黨內的宣傳幹部進行了嚴厲地批評，對《新德意志報》至今沒有對蘇共二十大嚴厲批判教條主義、本本主義的內容作任何的響應表達了不滿。[2]

　　在此可以得出一個初步的結論是，蘇共二十大後，烏布利希對於赫魯曉夫批判斯大林的個人崇拜響應得十分有限。在德國統一社會黨內，他有意識地把的討論焦點從對斯大林錯誤的具體討論，轉移到蘇共二十大決議對今後工作的指導意義，以及對「教條主義」的批判這類較為抽象的議題上來。然而事與願違，烏布利希本人就被視為黨內「教條主義」的重要代表，一場不利於烏布利希維護他黨內領導地位的大討論似乎已經難以避免。

---

1　1956 年 2 月 16 日，米高揚率先在蘇共二十大上的發言中點名批評了斯大林，認為斯大林在《蘇聯社會主義經濟問題》中，在分析資本主義經濟情況中的一些論點，「對我們未必有所幫助，未必是正確的。」這引來了不少與會者的反對，認為米高揚的講話是對斯大林光輝形象的一種褻瀆。客觀上，米高揚的講話為後來赫魯曉夫的祕密報告作了火力偵察。參見《米高揚在蘇共第二十次代表大會上的發言》，《人民日報》1956 年 2 月 22 日，第 5 版；徐元宮：《赫魯曉夫「祕密報告」若干問題考證》，《當代世界社會主義問題》2011 年第 1 期，第26-27 頁。

2　烏布利希 1956 年 3 月 22 日在德國統一社會黨二十六中全會上的發言詳見：Berichterstattung von Walter Ulbricht auf der 26. Tagung des SED-Zentralkomitees am 22. März 1956 (Auszug), in Herbst, Stephan und Winkler, hrsg., *Die SED*, S. 629-634. 實際上，烏布利希在蘇共二十大後對於「教條主義」進行批判的態度算是比較積極的。自從 3 月 4 日烏布利希在《新德意志報》上發表評論以來，一些立場保守且毫無思想準備的黨員，對於文章中「斯大林不能被算作為馬克思主義的經典作家」的立場就已經頗有微詞。烏布利希在 3 月 17 日柏林區黨委會上，對這類固守「教條主義」的黨員進行了批評。他說：「我們了解，有很多年輕同志是 1945 年之後參加工人運動的，他們不像我們 45 歲以上的人參加過政黨鬥爭和黨內鬥爭，只是在黨員學習其間背了一些特定的教條，然而他們現在體會到，一些教條與實際生活不相適應。但現在有些人並不將其歸咎於教條主義，反倒是在說實際生活中的一些不是。」參見 Staritz, *Geschichte der DDR 1949-1990*, S. 147.

## 二、參加中共八大及尋求共識

　　無論烏布利希如何努力，都無法抵消蘇共二十大，尤其是「祕密報告」對德國統一社會黨內的影響與衝擊。其實自 1953 年以來，德國統一社會黨內的部分黨員就已經對烏布利希專斷的領導風格頗為不滿，蘇共二十大的新方針與批判斯大林個人崇拜的「祕密報告」，促使德國統一社會黨內形成了反對烏布利希的派別。特別是在知識分子和青年黨員中要求烏布利希下台的呼聲更加強烈，在他們眼中，烏布利希就是黨內維繫斯大林模式、搞個人崇拜的代表人物。[1]

　　在 1956 年 3 月 22 日召開的德國統一社會黨二十六中全會上，以國家計委副主席格蕾特‧維特科夫斯基為代表的一批中央委員就已經提出要徹底反思政治局與書記處的工作方式。[2] 烏布利希也無力阻止黨內大多數領導人要求實行改革的呼聲，4 月 17 日，政治局會議決定改善工作，加強黨內工作的「集體領導」，對每位政治局成員進行的職責分工，同時反對搞個人崇拜，對於像領導人看戲這類事明確不應予以報道。[3] 於是在整個德國統一社會黨內，反思過去錯誤，批判個人崇拜的輿論氛圍便瀰漫開來。

　　在德國統一社會黨的基層，普遍對烏布利希的領導作風感到不滿，對政治局成員的信任逐步喪失，對他們的領導能力愈發表示懷疑，要求公開交流政治見解的呼聲愈發高漲。在黨內高層，政治局委員厄斯納更

---

1　Bernd Schaefer, "The GDR, the FRG and the Polish October 1956," in Jan Rowiński, ed., *The Polish October 1956 in World Politics*, Warsaw: The Polish Institute of International Affairs, 2007, p. 200.

2　面對維特科夫斯基等人對政治局為何向中央委員隱瞞祕密報告內容而提出的質疑，烏布利希在當天的講話中仍試圖進行解釋：「我們沒有得到可以傳達的許可。我們只能對自己負責，將此告知第一書記 …… 這絕不意味着輕視中央委員會，絕對不是。」參見 Malycha und Winters, *Die SED*, S. 139; Berichterstattung von Walter Ulbricht auf der 26. Tagung des SED-Zentral-Komitees am 22. März 1956（Auszug）, in Herbst, Stephan und Winkler, hrsg, *Die SED*, S. 631.

3　Verbesserung der Arbeit des Politbüros, SAPMO-BArch, DY 30/J IV 2/2/472, Bl. 9-12.

是直截了當地批判第一書記的官僚作風，[1] 到了 7 月 27 日召開二十八中全會時，德國統一社會黨中央委員會聯繫對個人崇拜的批判，決定撤銷在 20 世紀 50 年代初期做出的一系列決議，這些決議曾對黨內一些幹部提出的指控，而現在被證明是沒有根據的，因此一些黨員幹部得到了平反。[2] 對於一些問題的爭論持續不斷，主要涉及黨內的民主自由化，為過去錯誤逮捕的黨內同志恢復名譽，以及在各項政治、經濟政策領域內的非斯大林化等。[3]

　　面對德國統一社會黨內部因蘇共二十大而引起的大討論，面對黨內以席爾德萬和厄斯納為代表的「改革派」對自己領導地位所形成的衝擊，烏布利希急需讓黨員和領導幹部統一思想，鞏固自己在黨內的地位。此時，他所能依靠的思想資源只能來自於中國共產黨和毛澤東。蘇共二十大後，中共和毛澤東的意見越來越受到東歐各兄弟黨的重視，[4] 對烏布利希本人來說，能夠獲得中共和毛澤東的支持顯得尤為重要。美國學者哈里森認為，中共對蘇共二十大的態度與烏布利希的立場相似，毛澤東對赫魯曉夫在批判斯大林以及對在內外政策改革上的指責，對烏布利希努力抵禦赫魯曉夫的改革呼聲起着很大的幫助作用。[5] 但對此觀點可能需要進行更加細緻的辨別。

　　首先，烏布利希並不完全反對蘇共二十大提出的新方針，他明確要求將蘇共二十大的新方針作為今後德國統一社會黨工作的指導，也贊成批判固守成規的「教條主義」。他所反對的僅僅是「祕密報告」當中

1　1956 年 7 月 3 日，厄斯納向德國統一社會黨政治局遞交了一份聲明，以特別具有攻擊性的方式痛斥烏布利希的「私人政權」。他表示，「在德國統一社會黨內存在個人崇拜嗎？是的，存在個人崇拜並且同一個私人政權有關，它主要是由烏布利希同志所行使的。」參見 Malycha und Winters, *Die SED*, S. 139.

2　德國統一社會黨中央馬列主義研究所編寫組編：《德國統一社會黨簡史》，第 389 頁。

3　Malycha und Winters, *Die SED*, S. 140-141.

4　沈志華：《無奈的選擇》，第 424 頁。

5　Harrison, *Driving the Soviets up the Wall*, p. 78.

對斯大林個人崇拜的批判，以及由此引申出對他個人在黨內領導地位的
挑戰。同樣，毛澤東一開始也並沒有就對蘇共二十大持否定態度。蘇共
二十大提出的所謂「三和路線」在中共高層得到了廣泛共鳴，在這個問
題上，毛澤東內心除了對和平過渡的提法不滿外，也沒有其他更為不同
的看法，因此中蘇之間並不存在政策性分歧。毛澤東本人對蘇共二十大
的非斯大林化傾向是贊成的，也並不反對赫魯曉夫批判對斯大林的個人
崇拜，只是認為蘇共批判斯大林在原則上和方法上存在嚴重錯誤，並強
調對個人崇拜要有正確的認識。因此，就總體而言，蘇共二十大的路線
與中共的主張並沒有根本性的分歧。[1]

　　所以烏布利希與毛澤東在對待蘇共二十大的立場上確實存在着基本
的共識，但不是如哈里森認為的那樣，共同反對蘇共二十大，他們反而
都贊成會議提出的新方針。烏布利希和毛澤東都是在批判斯大林個人崇
拜的問題上保留自己的看法，但並不能因此就認為他們反對整個會議。
更何況赫魯曉夫「祕密報告」也並沒有全盤否定斯大林，而且赫魯曉夫
本人在面對蘇共二十大造成的國內意識形態的混亂局面時，也十分仰仗
中共的意見，很快就與毛澤東的保持一致了。因此，隨後召開的中共八
大，在思想認識、方針政策以及發展路線等各方面，都是與蘇共二十大
的精神是一致的。[2]

　　在毛澤東看來，中共應從蘇共二十大那裏獲得的最重要的教訓是：
「要獨立思考，把馬列主義的基本原理同中國革命和建設的具體實際相結
合 …… 應該從各方面考慮如何按照中國的情況辦事，不要再像過去那樣
迷信了 …… 更要努力找到中國建設社會主義的具體道路。」[3] 如果因此認

---

1　沈志華：《無奈的選擇》，第 395-397 頁；沈志華：《蘇共二十大、非斯大林化及其對中蘇關
　　係的影響》，載沈志華：《冷戰中的盟友》，第 148、151 頁。
2　沈志華：《無奈的選擇》，第 389、392、415 頁。
3　中共中央文獻研究室編：《毛澤東年譜：1949 — 1976》第 2 卷，第 557 頁。

為這就是中共擺脫蘇共走獨立發展道路的表現，那麼則是大錯特錯了，這恰恰就是蘇共二十大本就想要傳達的新精神。此後的毛澤東的《論十大關係》以及中共八大的召開都可以被認作是這一精神的接續。因此，蘇共二十大之後，「聯繫實際」「走符合自身國情的社會主義道路」成為社會主義陣營內各國的基本共識。在民主德國，厄斯納根據蘇共二十大的新精神，修改並再版了他的《德意志民主共和國從資本主義到社會主義的過渡時期》一文，指出民主德國在向社會主義過渡時期，有着不同於蘇聯的特點，並且刪除了文章第一版中的一個錯誤論點，即過渡時期的階級鬥爭必然尖銳化的論點。[1]

　　烏布利希本人對於民主德國的這種特殊性也有着自己的認識。因此，當他和席爾德萬一起作為德國統一社會黨代表團的成員參加中共八大期間，在社會主義道路的選擇問題上，烏布利希是完全欣賞並贊同毛澤東的意見。[2] 1956 年 9 月 23 日，他和席爾德萬同毛澤東進行了會談，主要內容涉及民主德國社會主義道路以及東西德關係問題，會談最後他們一致向毛澤東表達了對中共八大對德國統一社會黨的政策路線具有的重要指導意義：

---

1　厄斯納在此文中特別指出：「由於德國分裂這一事實，德意志民主共和國比其他人民共和國有一個較長的過渡時期，各種經濟形式並存的時期也要長些 …… 正是由於德國被分裂這一事實，在德意志民主共和國過渡時期經濟措施的執行中，產生了許多重大的困難。」參見弗·厄斯納：《德意志民主共和國從資本主義向社會主義的過渡時期》，張載揚、孫懷萱譯，北京：生活·讀書·新知三聯書店，1957 年，第 8-17 頁；第二版前言。

2　烏布利希在德國統一社會黨二十一中全會上也同樣表示：「由於我們祖國被分裂，在我們國內就產生了政治上和經濟上的特殊困難 …… 過渡時期的特點是同時存在各種形式的生產資料所有制。…… 黨的經濟政策是從這些經濟成分長期並存這一點出發的。」參見厄斯納：《德意志民主共和國從資本主義向社會主義的過渡時期》，第 16 頁。另一方面，烏布利希也同樣強調，「德國民族問題的特點是統一鬥爭與世界兩大經濟體制的競爭相聯繫。」因此，他內心仍然是從與資本主義陣營競爭出發，有加速民主德國社會主義建設的願望，在這一點上，其實是同毛澤東有些不謀而合的。毛澤東提出以蘇為鑑的方針，從根本上講，就是不願意在跟從蘇聯的步驟，而是想要超到蘇聯前面去，用一種多快好省的辦法建設社會主義。參見 Harrison, *Driving the Soviets up the Wall*, p. 74; 沈志華：《無奈的選擇》，第 406 頁。

　　烏布利希同志：我們感謝毛澤東同志和政治局的同志。這次黨代會對我們來說非常富有教育意義。它對我們的工作提出了許多建議。我們不僅對經濟上的問題感興趣，也對哲學問題感興趣。

　　席爾德萬同志：這是一所學校。

　　毛澤東同志：我們的經驗僅供參考。我們的條件不同。以前我們照搬所有的蘇聯經驗。但是這並不適應於我們的具體條件。

　　烏布利希同志：我們從一開始就在走另一條道路。

　　毛澤東同志：方向是一致的，方式各有不同。民族的形式和一個社會主義的方向。我們都是人，但看上去不完全一樣。比如我們的外貌就有不同。

　　烏布利希同志：傳統有不同。[1]

　　烏布利希在這裏提到的「另一條道路」，可以理解為一條「符合民主德國實際」的社會主義道路，並且他強調德國統一社會黨從一開始就在走這條道路。這無疑是想要證明，1956 年 7 月德國統一社會黨第二屆代表會議上關於社會主義建設的決議是完全正確的，完全契合毛澤東「以蘇為鑒」「獨立自主」的精神。同樣，毛澤東對於民主德國反對教條主義的態度也同樣十分關注與讚賞。[2] 在與烏布利希的會面中，毛澤東依舊批評了過去共產國際和現在共產黨情報局內存在的教條主義，但同時，他也十分注意維護蘇聯的領導地位，表示社會主義陣營的「中心是蘇聯。

---

1　Dok. 16: Aufzeichnungen über eine Unterredung zwischen den Genossen Mao Tse-tung, Liu Schao-tschi und Wang Tschia-hsiang (Leiter der Abt. Außenpolitik im ZK der KP China) mit der Delegation des ZK der SED, die am VIII. Parteitag der Kommunistischen Partei Chinas teilnahm, in Meißner, hrsg., *Die DDR und China 1949 bis 1990*, S. 90.

2　1956 年 3 月 3 日，德國統一社會黨中央宣傳部部長庫爾特‧哈格爾（Kurt Hager）就民主德國科學、哲學界內存在的教條主義的講話中提到，不能將蘇聯科學界的每句話都認為是神聖的，哲學上也要重新研究，與某些蘇聯哲學家一樣對黑格爾採取完全否定的態度，是錯誤的。毛澤東見此報後，要求中宣部邀請科學院等負責機關同志討論如何對待蘇聯科學的教條主義態度問題。參見《關於請中宣部討論對待蘇聯科學的教條主義態度問題的批語》（1956 年 4 月 18 日），載中共中央黨史和文獻研究院編：《建國以來毛澤東文稿》第 10 冊，第 499-500 頁。

一個人只有一個腦袋。在我們的陣營內，只有一個首領 ── 那就是蘇聯」。[1]

　　毛澤東和烏布利希對於蘇共二十大後如何繼續堅持社會主義道路的問題達成了共識，但並不是像哈里森所指出的那樣，他們都持反對蘇共二十大的立場，一起對抗非斯大林化的方針。他們兩人都強調要走結合本國實際的社會主義道路，其實完全契合蘇共二十大的新精神。真正困擾烏布利希的，並非是蘇共二十大上的新方針，而是由赫魯曉夫批判斯大林而引起的德國統一社會黨領導層內部提出的反對個人崇拜，以及要求黨內民主自由化的呼聲。然而在這方面，毛澤東提出的「百花齊放、百家爭鳴」的口號給烏布利希帶來很大的困擾，它成為德國統一社會黨內改革派重要的理論依據，尤其隨着波匈事件的爆發，烏布利希個人的領導地位將要承受更大的衝擊和挑戰。

## 三、「雙百」方針與波匈事件的挑戰

　　應當說，相比於烏布利希，德國統一社會黨內部的改革派領導人對中共在蘇共二十大之後的一系列表態以及中共八大的政策更為歡呼雀躍，其中他們尤其重視毛澤東所提出「百花齊放、百家爭鳴」的口號。毛澤東 1956 年 4 月底提出了這一口號，並向黨外人士作了宣佈，時任中央宣傳部部長的陸定一在貫徹「雙百」方針的過程中，將它歸結為文化科學工作內的一系列的「自由」。[2] 當時這個方針在中共黨內還尚未立即得到積極的響應，但在像波蘭和匈牙利這樣的東歐國家當中，「百花齊放、百家爭鳴」這一口號得到了他們的知識分子和幹部的極大讚賞。[3]

---

1　Dok. 16, in Meißner, hrsg., *Die DDR und China 1949 bis 1990*, S. 90.
2　關於「百花齊放、百家爭鳴」方針的提出與貫徹，參見沈志華：《思考與選擇 ── 從知識分子會議到反右運動（1956 — 1957）》，香港：中文大學出版社，2009 年，第 214-232 頁；陳清泉、宋廣渭：《陸定一傳》，北京：中共黨史出版社，1999 年，第 413-430 頁。
3　沈志華：《無奈的選擇》，第 425、428 頁。

　　中國的「雙百」方針在民主德國也並沒有立刻獲得明確的響應。當中共八大閉幕，德國統一社會黨代表團回到國內以後，烏布利希在 1956 年 10 月 16 日的政治局會議上建議準備一系列有關中共八大的宣傳計劃，並提交下次政治局會議審議。在這個初步的決定中，並沒有着重提及有關「百花齊放、百家爭鳴」的內容，倒是特別責成昂納克以及國防部長斯多夫討論以怎樣的形式發表中共關於軍隊工作的討論。[1] 然而，黨內的改革派領導和民主德國的知識分子對於「雙百」方針表現出極高的熱情，例如，席爾德萬在為《統一》（ *Einheit* ）雜誌撰文時，就對中共的這個口號進行解釋：

> 　　中共發起的「百花齊放」政策意味着在文學、藝術和科學工作內完全可以有獨立的思想。黨維護意識形態的活動並不是在所有方面對研究活動的自由加以限制，相反，黨給予所有這些活動以充分發展的可能性，並幫助這些領域以一種更好的方式來進行發展。這樣的發展仍舊是在馬列主義思想指引之下 …… [2]

　　席爾德萬無疑是借用毛澤東的「雙百」方針為民主德國各領域內的自由民主化改革搖旗吶喊。這勢必對以烏布利希為首的黨內保守派構成了挑戰，因此，烏布利希對於「雙百」方針的態度明顯有所保留，雖然他也承認「百花齊放的口號意味着思想、爭論、批評上的自由，也意味着文學與藝術創作上的自由」，但他同時也強調「這種自由化不同於資本

---

1　Protokoll Nr. 49/56 der Sitzung des Politbüros des Zentralkomitees am 16. Oktober 1956 bis 14.15 Uhr im Amtssitz des Genossen Pieck, SAPMO-BArch, DY 30/J IV 2/2/503, Bl. 1-2. 但在之後的幾次政治局會議的記錄內，並沒有反映出對中共八大宣傳的這個計劃的討論，從 10 月 19 日開始，德國統一社會黨會黨一連召開了 4 次政治局特別會議，此時波匈事件已經成為德國統一社會黨領導人所關心的核心問題。參見 Protokoll Nr. 50/56 der Sitzung des Politbüros des Zentralkomitees am 19. Oktober 1956 von 12.00 - 14.30 Uhr im Zentralhaus der Einheit, Großer Sitzungssaal, SAPMO-BArch, DY 30/J IV 2/2/504, Bl. 1-3.

2　Stuber, *East German China Policy in the Face of the Sino-Soviet Conflict 1956-1966*, Ph.D. dissertation, Université de Genève, 2004, p. 72.

主義的資產階級自由。」[1]於是面對黨內、國內早已不絕於耳的自由化呼
聲，烏布利希急需穩固他在德國統一社會黨內的領導地位。恰在此時，
波匈事件爆發了，這使得烏布利希的領導地位遭受更大的衝擊，但有趣
的是，正是中共在匈牙利事件的最終表態間接地幫助了烏布利希，從而
使他得以鞏固自己的權力。

　　1956 年 6 月 28 日，波蘭的波茲南地區爆發工人罷工、遊行以及流血
事件，這很容易讓烏布利希聯想到 1953 年發生在民主德國的「東柏林事
件」，在民主德國國家安全部部長恩斯特·沃爾韋伯（Ernst Wollweber）
看來，烏布利希此時已經明顯把「波茲南事件」與「東柏林事件」畫
上了等號，認為它們都屬於在外國「反革命煽動者試圖發動的法西斯政
變」。為此，烏布利希還命令國家安全部與國家警察做好準備，排查在工
廠和農場內可能發生的一切「反革命活動」。[2]

　　1956 年 10 月，瓦迪斯瓦夫·哥穆爾卡（Władysław Gomułka）被
推舉為波蘭統一工人黨中央第一書記，同時匈牙利開始爆發了大規模的
學生集會，此時的烏布利希也同樣面對着更加嚴峻的國內形勢。在民主
德國許多城市的大學，尤其是在柏林的大學內，一些大學生和教師開始
要求黨和政府結束對他們的思想管束，而社會上也出現了同樣的輿論氛
圍，並且得到廣泛的擴散。德國統一社會黨的地方領導因日漸喪失的羣
眾基礎而越發感到沮喪，國家安全部門則對於控制高校的形勢感到無能
為力，此外，工人們不滿於國內惡劣的供應狀況，使得在一些工廠又開
始發生了罷工和抗議的事件。[3]

　　11 月 6 日，烏布利希與格羅提渥聯合致電布爾加寧以及赫魯曉夫，

1　Stuber, *East German China Policy in the Face of the Sino-Soviet Conflict 1956-1966*, Ph.D. dissertation, Université de Genève, 2004, p. 72.

2　Schaefer, "The GDR, the FRG and the Polish October 1956," in Rowiński, ed., *The Polish October 1956 in World Politics*, p. 201.

3　Wettig, *Sowjetische Deutschland-Politik 1953 bis 1958*, S. 69-70.

請求蘇聯援助食品原料以保證民主德國的生活與生產供應，從這封電文可以看出，烏布利希本人對於當時的國內形勢感到非常不安：

> 當前的形勢是非常嚴峻的。
>
> …………
>
> 這一情況在政治上引起了非常惡劣的議論，尤其在目前局勢下，這讓敵人的工作變得輕鬆容易。
>
> 所以在本周內必須採取緊急措施，無論如何，都要避免我們的經濟與政治形勢進一步惡化。[1]

烏布利希發出這封電報的時機可謂是恰到好處的。因為正在前不久的 10 月 31 日，面對進一步惡化的匈牙利形勢，蘇共中央主席團決定再次出兵干涉，對匈牙利實行全面佔領，在這次決策過程中，毛澤東對匈牙利事件的態度，對蘇聯的這次出兵起到了決定性的影響。[2] 匈牙利事件自此在社會主義陣營內部被定性為一場「反革命暴動」，所以此時面對德國統一社會黨的求援電報，以及面對在民主德國同樣存在爆發類似匈牙利事件的可能，蘇聯領導人便不可能再像之前那樣等閒視之，也肯定不會再用一種緩和的態度來對待處理。這就意味着：蘇共將會全力支持烏布利希採取強制措施以穩定民主德國的國內形勢。[3] 因此似乎可以說，是中共和毛澤東對匈牙利事件的態度轉變間接地助了烏布利希一臂之力。

---

1　Protokoll Nr. 56/56 vom 6. November 1956, SAPMO-BArch, DY 30/J IV 2/2/510, Bl. 6-7.

2　有關蘇聯處理匈牙利事件的具體過程以及中共和毛澤東在其中做起到的作用和影響，參見沈志華：《無奈的選擇》，第 448-466 頁。

3　Wettig, *Sowjetische Deutschland-Politik 1953 bis 1958*, S. 70. 而作為東歐局勢的旁觀者，美國中央情報局也認為，即便在蘇聯衛星國普遍出現反蘇、反共情緒的惡劣情況下，民主德國之於蘇聯將會是個特例。因為「不論東德人懷有怎樣的願望，幾乎可以肯定的是，蘇聯不會允許自己對東德的控制受到任何嚴重的削弱，也不會允許民族主義對東德政府產生任何實質性影響。在蘇聯看來，東德對其自身安全至關重要。」從這一角度出發，蘇聯也必定會支持烏布利希採取強制措施來穩定形勢。參見《東歐局勢的可能走向及其對蘇聯政策的意義》（1956 年 10 月 30 日），載郭潔：《匈牙利事件：美國的政策與反應》，上海：上海人民出版社，2011 年，第 203-205 頁。

11 月 8 日，德國統一社會黨政治局通過《關於鎮壓反革命行動的措施》決議，決定成立了一個由烏布利希擔任主席的委員會，將工作重點轉向那些危害破壞工農政權的階級敵人，準備以三個階段的措施來實施鎮壓行動。[1] 同時，在獲得來自莫斯科物資援助的允諾後，[2] 烏布利希得以改善民主德國的經濟社會形勢，彌補了供應上的不足，在不減工資的前提下縮短工作時間，提高了對社會弱勢羣體的補助金。因此，到了 11 月中旬，普通羣眾對於官方政策的批評聲音便減弱了，雖然在大學和知識分子羣體中仍存在着敵對情緒，但是他們與羣眾之間已經缺乏共同利益的基礎，因此也就難以形成合力。[3]

雖然在穩定國內局勢，避免在民主德國發生類似匈牙利事件這個問題上，德國統一社會黨政治局內部達成了一致的意見，但是在這之後，對於應該從匈牙利事件當中吸取怎樣教訓的問題上，黨內又出現了兩派意見。作為黨內改革派的代表，席爾德萬在為 11 月 12 日召開的二十九中全會起草的報告中提出，要讓匈牙利事件不在民主德國重演，最好的辦法應當是允許對一切問題進行公開的討論，並且直面這些問題。然而，烏布利希和其他一些保守派反對這樣的處理辦法，而席爾德萬為自己辯護稱，他提出這個建議是想要保護烏布利希，目的是讓他別走匈牙利領導人拉科西‧馬加什（Rákosi Mátyás）的老路。[4]

自蘇共二十大結束以來，德國統一社會黨領導層內部傾向自由民主

---

1　Beschluß des Politbüros, Betr.: Maßnahmen zur Unterdrückung konterrevolutionärer Aktionen, 6. Nov. 1956, SAPMO-BArch, DY 30/J IV 2/2/511, Bl. 8-9.

2　根據中國駐蘇聯使館的了解，蘇聯對德國的援助體現在：將過去由德負擔開採鈾礦 50% 的費用，改為全部由蘇聯負擔，將蘇駐德軍隊以馬克計算的費用由德方負擔的 75% 減為 50%，並將 1956 年供給德國的黃金增為 75 噸（1955 年為 35 噸）以便德國購買資本主義貨物。參見最近蘇聯國內外和中蘇關係中的一些主要情況（1956 年 12 月 24 日），中國外交部檔案館，109-00788-01，第 1-8 頁。

3　Wettig, *Sowjetische Deutschland-Politik 1953 bis 1958*, S. 71-72.

4　Harrison, *Driving the Soviets up the Wall*, p. 82.

化，檢討以往錯誤的改革呼聲就一直此起彼伏，[1] 面對黨內的改革派，烏布利希一開始並沒有很好的辦法進行抑制，因為他們所提出的意見符合蘇共二十大的新精神，更以中共八大和毛澤東的「雙百」方針作為他們的旗幟，對此，烏布利希難以與之進行正面抗衡。不過，匈牙利事件的爆發，使得蘇共和中共對於東歐的政治形勢判斷已經發生了根本性的變化，這讓烏布利希有了採取壓制措施的條件，打擊反對派以鞏固自己在黨內的領導地位。

烏布利希首先決定對於社會上的自由化傾向予以嚴厲打擊，在二十九中全會結束後的一個星期，政治局就下令清除所有明顯存在於大學內的反動勢力，並且懲罰引起騷動的組織者。[2] 隨後，烏布利希又在黨內率先挑起對國家安全部部長沃爾韋伯的鬥爭，結果使得國家安全部部長的權力被大大削弱，而沃爾韋伯則與席爾德萬的關係十分緊密。1956年底，德國統一社會黨政治局的內部關係已緊張到了極點，[3] 以至於蘇共

---

1 在德國統一社會黨政治局內，席爾德萬和厄斯納可以被視為改革派的代表。此外，一些中層幹部對於德國統一社會黨以往在經濟政策上的錯誤提出了許多批評，布魯諾·洛伊施納（Bruno Leuschner）、埃里希·澤爾布曼（Erich Selbmann）、齊勒·維特科夫斯基這些負責經濟工作的領導人都曾質疑烏布利希的經濟計劃，認為它們是不切實際的。澤爾布曼甚至指出，這些不切實際的經濟計劃會在民主德國引發類似在匈牙利的政治事件。而負責文化科學教育工作的哈格爾、保羅·汪戴爾（Paul Wandel）也提出了要求更加自由開放的改革意見。參見 Harrison, *Driving the Soviets up the Wall*, pp. 83-84; Malycha und Winters, *Die SED*, S. 141-142.

2 1956 年 11 月 29 日、12 月 6 日，民主德國國家機關以「建立反國家反革命陰謀組織」的罪名分別逮捕了作家沃爾夫岡·哈里希（Wolfgang Harich）和出版家瓦爾特·揚卡（Walter Janka），前者最終被判入獄 10 年，後者則被判入獄 5 年。參見 Schaefer, "The GDR, the FRG and the Polish October 1956," in Rowiński, ed., *The Polish October 1956 in World Politics*, p. 203; Harrison, *Driving the Soviets up the Wall*, p. 85.

3 在德國統一社會黨 1956 年 12 月 29、30 日的兩次政治局會議上，兩派領導人發生了激烈的爭論。厄斯納向烏布利希發起正面追攻，他指責烏布利希是一名主觀主義的、傲慢自大的、自私自利的第一書記，極度地以自我為中心，不接受任何批評意見，還要圍攻每個批評者。席爾德萬則表示，政治局內部的氣圍令人害怕，阻礙了在黨內高層開展務實的批評工作，他和厄斯納都表達了要讓政治局真正實現「集體領導」的願望，恢復黨中央機關的工作能力。不同於厄斯納關注烏布利希的個人專制以及在其之下領導層的工作方式，席爾德萬更試圖讓自己取代烏布利希在未來成為黨的領袖。但是他們遭到其他政治局委員如馬特恩、阿爾弗雷德·諾曼（Alfred Neumann）、斯多夫、弗里德里希·艾伯特（Friedrich Ebert）以及昂納克等人的反對。斯多夫認為，用這樣的方式討論黨內領導人的錯誤和不足是完全錯誤的；馬特恩則將這些批評意見上綱上線為政治觀點上的分歧；艾伯特則認為這些有關烏布利希工作方式的討論是夾帶有私人感情的。因此，厄斯納和席爾德萬在政治局內進一步受到孤立。參見 Malycha und Winters, *Die SED*, S. 141-142.

中央派米高揚前往東柏林去了解情況。1957 年 1 月 4 日，德國統一社會黨領導層受邀訪問莫斯科，在那裏，席爾德曼對烏布利希進行了控訴，卻沒有得到蘇共領導人的支持，雖然他們對烏布利希的政策也有批評，不過仍然稱讚他為是「過硬的領導人」和「民主和社會主義的優秀戰士」。既然莫斯科態度如此明確，烏布利希可以放心大膽地接着幹，而席爾德曼與沃爾韋伯則只好徹底靠邊站。[1] 這場黨內鬥爭鹿死誰手，已再明顯不過。

　　在莫斯科，民主德國政府代表團也正好遇到了同時來訪的中國政府代表團，格羅提渥與周恩來在 1957 年 1 月 7 — 8 日舉行了兩次會談，會談結束後雙方發表了一份由民主德國方面起草的會談公報，主要內容在於表明堅決支持匈牙利的卡達爾・亞諾什（Kádár János）政府的立場，並且堅決反對旨在反對德意志民主共和國的顛覆活動。[2] 毋庸置疑，蘇共的態度對於德國統一社會黨內部的權力鬥爭的結果起到了決定性的影響，而中共對此則仍只扮演外部聲援者的角色。總而言之，蘇共二十大以及赫魯曉夫「祕密報告」對德國統一社會黨以及民主德國的影響尤其巨大，等到波匈事件爆發後，民主德國社會內部也出現了發生類似危機的可能。所幸烏布利希及時獲得了蘇聯的援助，穩定了危局並且進一步鞏固了自己的地位。

---

1　Wettig, *Sowjetische Deutschland-Politik 1953 bis 1958*, S. 73.

2　劉曉：《出使蘇聯八年》，北京：中共黨史資料出版社，1986 年，第 32 頁；中共中央文獻研究室編：《周恩來年譜：1949 — 1976》（中卷），第 5 頁；《中德兩國政府代表團發表會談公報》，《人民日報》1957 年 1 月 10 日，第 1 版；Disposition für den Bericht zu den Verhandlungen zwischen der Regierungsdelegation der Deutschen Demokratischen Republik und der UdSSR vom 3. bis 8. Januar 1957: III. Zu den Verhandlungen mit der Regierungsdelegation der Volksrepublik China, PA AA, Bestand MfAA, A 14.667, Bl. 12-13; 16-17; GEMEINSAME ERKLÄRUNG des Ministerpräsidenten der Deutschen Demokratischen Republik und des Ministerpräsidenten der Volksrepublik China, PA AA, Bestand MfAA, A 14.667, Bl. 56-60. 從事後來看，格羅提渥與烏布利希對於當時與周恩來的會談只達成了這樣的一個公報似乎並不滿足，他們在返回東柏林的途中就批評了民主德國外交部的工作，認為他們在與中國政府代表團的會談上並沒有做好充分的準備。參見 Hoffmann, *Otto Grotewohl (1894-1964)*, S. 637.

探討這一時期德國統一社會黨與中國共產黨之間在政治以及意識形態方面的關係，大致可以得到的結論是：其一，蘇共二十大後，中共和毛澤東的意見和看法，確實得到了德國統一社會黨的高度關注。一方面，毛澤東提出走符合本國實際的社會主義道路，這一觀點得到了烏布利希的贊同；另一方面，「百花齊放、百家爭鳴」的口號得到了德國統一社會黨內改革派以及知識分子的響應，但對於烏布利希的領導帶來了困擾。其二，毛澤東對匈牙利事件的態度變化以及對蘇聯再次出兵的決策起到了決定性的影響，這件事間接地對烏布利希穩定國內形勢起到了一定的幫助，但在這方面，中共也僅限於在匈牙利事件上與德國統一社會黨立場一致，而對於其內部權力鬥爭的結果起決定影響的仍是蘇共。

## 第二節 「北京 — 潘科夫軸心」的形成？

從蘇共二十大到波匈事件，德國統一社會黨開始逐漸重視中共與毛澤東的聲音，中德兩黨在社會主義道路的選擇以及之後對待匈牙利事件的態度上，也確實持有一致立場。但並非如有的學者所認為的那樣，烏布利希與毛澤東之所以立場相似，是因為他們對蘇共二十大的新方針以及對赫魯曉夫批判斯大林感到不滿。有學者提出，在蘇共二十大之後的許多年中，德國統一社會黨領導層在意識形態和政治上開始學習借鑒中共的經驗，特別想在繼續如何建設社會主義這個問題上尋求新的答案，由於烏布利希不想調整自己的固有路線，所以使得自身倒向了中國的經驗與方案。[1] 當時的觀察者還提出過這樣一種看法，認為在社會主義陣營內存在一個「北京 — 潘科夫軸心」。但是這些結論是否準確描繪了當時

---

1　Kürger, „Das China-Bild in der DDR der 50er Jahre," *Bochumer Jahrbuch zur Ostasienforschung*, Bd. 25, 2001, S. 269-270.

的真實情況，仍需要做一番更為細緻的考察。至少在進入 1957 年後，可以看到毛澤東關於需要在黨內開展整風運動的主張其實仍給烏布利希造成了不小的困擾，對於是否應該開放言論這個問題，中德兩黨的看法並不完全一致。

## 一、消除「誤會」：從「整風」到「反右」

波匈事件的發生使毛澤東和中共領導人意識到，要維護國家政權的穩定就需要處理好執政黨與人民羣眾的關係。在八屆二中全會上，毛澤東就已經提出，準備在黨內開展整風運動。到 1957 年初，毛澤東再次提出要開展整風運動，他的中心思想就是通過擴大民主，貫徹執行「百花齊放、百家爭鳴」和「長期共存、相互監督」的方針，目標在於克服黨內存在的主觀主義、宗派主義、官僚主義的作風問題，以化解社會矛盾。[1]

此時的烏布利希對毛澤東在黨內開展整風運動的想法是比較難以接受的。在莫斯科，他剛剛獲得了蘇聯的支持，維護了自己在德國統一社會黨內的領導地位。因此回國以後，烏布利希首先要做的就是批判德國統一社會黨內以及社會上傾向於民主自由化的思想觀點，其中自然也包括了一直以來被改革派和知識分子們所津津樂道的「百花齊放、百家爭鳴」。1957 年 1 月 30 日，在德國統一社會黨三十中全會上，烏布利希講道：

> 我們不能在反對資產階級意識形態的鬥爭中有絲毫鬆懈，也不能容忍在意識形態領域內的和平共處。眾所周知，在我們的經濟和文化建設上存在着一種傾向，以對黨內的「教條主義」開展鬥爭為藉口，容忍形形色色的資產階級意識形態。有一些同志……引用了一些在中國報紙上的文章……我們不能簡單地就套用文章

---

[1]　關於毛澤東發動整風運動的具體經過，參見沈志華：《思考與選擇》，第 461-522 頁。

中的某些適用於中國的公式，並把它搬到民主德國來。在我們這裏，主要的不是要讓「百花齊放」，而是要為了那些實際且有益的新選擇去正確地淘汰掉一些花，不能夠容忍把雜草叢生的毒草也當作所謂的「香花」。[1]

而「百花齊放、百家爭鳴」正是毛澤東此時所極力宣揚的思想主張，烏布利希不可能予以正面直接的批判，於是他便祭出了「不符合民主德國實際」這樣的「法寶」話術。為此他還需要對中共進行解釋，以消除中國同志可能的不滿。

1957 年 2 月 28 日，民主德國駐華使館的工作人員約見中共中央宣傳部文藝處處長林默涵，就「雙百」方針進行交流。針對德方人員提出是否認為中共的「百花齊放、百家爭鳴」政策對所有人民民主國家都普遍適用的問題，林默涵認為「這當然要聯繫每一個國家的具體情況。」隨後，德方人員又表示：人民民主國家很關注中共的「百花齊放」政策，這個問題在德國統一社會黨中央三十中全會上以及烏布利希同志的講話中都扮演着一定的角色。想請中國同志從他們的立場出發評價烏布利希的講話，林默涵表示：

> 德國是一個優秀的國家，它是馬克思主義的故鄉，但也是唯心主義的源頭。因為每個國家的情況各不相同，必須採取符合實際情況的措施。由於民主德國處在一個如此複雜的形勢下，而且唯心主義還在德國廣泛傳播，所以我們認為，當前在民主德國所執行的黨的政策是正確的。我們也同意瓦爾特·烏布利希同志的一些觀點。我們同樣反對披着馬克思主義外衣的敵對觀點。此外我們也同樣反對意識形態上的妥協。在中國，將允許唯心主

---

1　Dok. 18: Stenographische Niederschrift der 30. Tagung des Zentralkomitees der SED im Amtssitz des Präsiden- ten der DDR in Berlin-Niederschönhausen, vom 30. 1. bis 1. 2. 1957, in Meißner, hrsg., *Die DDR und China 1949 bis 1990*, S. 93.

義存在，因為我們認為，人們可以由此開展討論與批判。至於是
香花還是毒草的問題，我們認為，所有開放的花都是好花。當所
有的花一起開放時，人們必須看一看，其中是否還有毒草。我們
認為，也應該讓壞的東西到陽光下來，人們由此可以對其進行批
判。我們並不是要向壞的東西妥協。[1]

　　中德兩黨在對待「百花齊放」問題上存在着細微的差別，德國統一
社會黨認為，資產階級思想就是「毒草」，不應該讓它們發表出來，而中
共則認為，可以讓「毒草」放到陽光下來，人們可以對其進行批判。相
比較之下，此時的毛澤東比烏布利希更加自信，在他看來，「百花齊放」
會讓資產階級思想多起來，但資產階級思想並不是一無是處，讓許多資
產階級思想暴露出來是好事，才會有機會讓人對他們進行教育。所以毛
澤東當時說：「現在不是放多了，是少了，應該再放。當然在放之中任何
錯誤的東西都應該批評。現在放夠了嗎？鳴夠了嗎？不夠的。」[2]

　　因此，民主德國駐華使館的工作人員意識到，中國同志可能已經誤
解了烏布利希關於「毒草」的言論，他們擔心烏布利希不允許出現「毒草」
的表態會被中共誤解為是對「百花齊放、百家爭鳴」口號的批評，對此
他們再次解釋道：烏布利希的講話是與民主德國的具體情況相適應的，
應當阻止敵對分子在「百花齊放」口號的外衣下公開宣傳反革命和修正
主義的觀點，德國統一社會黨是贊成在所有領域開展學術觀點上的爭論。[3]

　　1957 年 3 月 7 日，民主德國駐華大使居普特納再次約見中國外交部
蘇歐司副司長陳伯清討論有關「百花齊放」的問題，居普特納表示，烏

---

1　Dok. 19: Aktenvermerk über eine Unterredung mit dem Leiter der Abteilung Literatur und Kunst in der
　　Propa- ganda-Abteilung des ZK der KP Chinas, Lin Mo-han, über die Politik „MÖGEN ALLE BLUMEN
　　GEMEINSAM BLÜHEN UND ALLE GELEHRTEN MITEINANDER STREITEN" am 28. Februar 1957
　　in der Zeit von 10.00 bis 12.00 Uhr im Gebäude der Propaganda-Abteilung des Zentralkomitees, in Meißner,
　　hrsg., Die DDR und China 1949 bis 1990, S. 95-96.
2　沈志華：《思考與選擇》，第 477 頁。
3　Dok. 19, in Meißner, hrsg., Die DDR und China 1949 bis 1990, S. 96.

布利希同志在三十中全會上的講話提出，首先不是要「百花齊放」，而是要進行正確的選擇淘汰。有些人表面上接受中國的宣傳口號，然後想要發表破壞民主德國國家秩序的敵對言論，這些就是修正主義的毒草，必須同它們進行最嚴厲的鬥爭。陳伯清表示，烏布利希同志的觀點是正確的，符合民主德國的複雜形勢。他繼續表示，這個宣傳口號是馬列主義在中國的具體化。「因此我們的原則是，讓毒草長出來，因為它們在世界上出來一次後，人們就不會再不予以重視了。」對此居普特納提問，哪些思想可以算作是「毒草」？陳伯清回答：

> 應該理解為這樣的一些人，他們的觀點和思想都是不正確的，這與哪些觀點是正確的，哪些觀點是不正確的有關。但是敵對的反革命觀點屬於另外一個範疇。對待敵對的反革命觀點只能進行生死鬥爭。這些敵人是革命的對象，在這點上，中國和民主德國的立場是一致的。但這一問題與觀點或意識形態正確與否沒有關係。[1]

從陳伯清的表述中可以發現，中德雙方的分歧主要集中於如何對「毒草」概念進行定義。在毛澤東看來，「毒草」可以算作是人民內部矛盾，在「鳴放」的過程中，如果能夠被把它們暴露出來則是件好事，能作為反面教材讓人民得到清楚的認識，並且通過批評教育來克服它們。在烏布利希看來，「毒草」就是敵對的、資產階級的、反革命的壞東西，要堅決地扼殺之。因此對於中共「百花齊放」的口號，德國統一社會黨堅持認為這只是「為中國的情況而特別提出的，生搬硬套會犯嚴重的政治錯

---

1　Dok. 20: Aktenvermerk über eine Unterredung im MfAA der VRCh am 7. 3. 1957 in der Zeit von 13.30 bis 14.30 Uhr, zwischen dem stellvertretenden HA-Leiter, Tschen Bo-tjin und dem Unterzeichneten. An der Unter- redung nahmen teil: Attaché G. Kahlenbach und als Dolmetscher Gen. Dshou vom MfAA, in Meißner, hrsg., *Die DDR und China 1949 bis 1990*, S. 97-98.

誤」。[1] 當然，中共也並沒有想將「整風」向其他兄弟黨強行推廣，自然也贊同烏布利希的觀點，承認民主德國有着自己的特殊性。

1957 年 5 月中旬，毛澤東開始感到「事情正在起變化」，擔心在中國也有爆發「匈牙利事件」的可能，所以，他從 5 月中下旬決定「引蛇出洞」，到 6 月初開始全面反擊「右派分子的猖狂進攻」。[2] 在此之前，德國統一社會黨總是擔心「百花齊放」會導致中共政策的右傾，直到此時他們才突然恍然大悟，發現自己過去可能是「誤解」了中共與毛澤東的意圖，「百花齊放、百家爭鳴」原來只是一個為了更好地與階級敵人開展鬥爭的「陽謀」而已。[3]

10 月 2 日，毛澤東會見由斯多夫率領的軍事代表團，他表示在中國大概有 1200 萬人，他們堅決反對社會主義，想搞資本主義復辟，「我們正在批評他們，進行思想教育。這便是整風和反右派，劃清社會主義和資本主義的界線」，「在匈牙利和其他國家，誰戰勝誰的問題尚未最後解決，中國也屬於這類國家，我們這些國家都要很注意這個問題，不要認為已勝利了，其實還沒有最後勝利。」[4] 言下之意就是中國和民主德國一樣，不能認為無產階級已經取得了勝利，事實上，同資產階級的鬥爭形勢仍然十分嚴峻。對於毛澤東這樣的表態，烏布利希自然將舉雙手贊成。此後，彭德懷在 1959 年訪問民主德國時也向烏布利希表示，德國統

---

1　Bericht über innenpolitische Entwicklung der Volksrepublik China seit dem VIII. Parteitag der Kommunistischen Partei Chinas, 4. April 1957, SAPMO-BArch, DY 30/IV 2/20/120, Bl. 47.

2　有關整風運動逐步轉變為反右運動的歷史過程，參見沈志華：《思考與選擇》，第 523-647 頁。

3　Helmut Liebermann, „Vom Dolmestscher zum Botschafter," in Kürger, hrsg., *Beiträge zur Geschichte der Beziehungen der DDR und der VR China*, S. 11. 1957 年 8 月初，民主德國的官員曾對當時中國駐德大使王國權表示：「經過反右派鬥爭，我們對中共的『百花齊放、百家爭鳴』政策的積極意義有了進一步的認識。」參見陳弢：《蘇共二十大後德國統社黨對中共經驗的引進》，《冷戰國際史研究》2016 年夏季號，第 168 頁。

4　毛澤東主席會見民主德國軍事代表團談話記錄（1957 年 10 月 2 日），中國外交部檔案館，109-01102-04，第 67-68 頁。

一社會黨當時沒有接受中國「百花齊放」的政策是完全正確的。[1]

中國的反右運動客觀上為烏布利希提供了有利的條件，使他更加可以順理成章地打擊黨內那些反對他的人。1957 年 12 月中旬，烏布利希抓住了一次偶然的事件，把它作為有人黨內在開展宗派活動的有力證據。在 12 月 13 日的政治局會議上，開始藉此向黨內的改革派成員發動政治進攻，對涉及此事的人員進行嚴厲的審問，[2] 烏布利希的反對派們對此則毫無招架之力。最後在 1958 年 2 月的三十五中全會上，昂納克宣讀了政治局的決議，認定席爾德萬、厄斯納、齊勒、澤爾布曼、維特科夫斯基等人兩年來在黨內組織宗派活動，反對黨的領導決議。席爾德萬被開除出中央委員會，厄斯納被解除政治局委員的職務，沃爾韋伯也因試圖抵制烏布利希對國家安全部的直接領導受到開除出中央委員會的處分。[3]

至此，德國統一社會黨內響應蘇共二十大新方針以及毛澤東「雙百」方針的改革派勢力，最終在政治上被烏布利希徹底擊垮。在客觀上，烏布利希抓住蘇聯對匈牙利事件的態度轉變以及毛澤東決定從「整風」轉

---

1 彭德懷 1959 年率領中國軍事代表團訪問民主德國，在 5 月 5 日與烏布利希的會談中提到：「百花齊放，大鳴大放，在中國能搞……在民主德國就不一定能搞，因情況不同……在民主德國只許烏布利希同志一家獨鳴。德國同志當時沒有受我們提出『百花齊放政策』的影響，這是對的。」參見駐德使館致外交部、國防部並報黨中央、國務院：烏布利希接見彭總談話紀要（1959 年 5 月 16 日），中國外交部檔案館，110-00846-06，第 88 頁。

2 1957 年 12 月中旬，在卡爾・馬克思市（Karl-Marx-Stadt）舉行蘇德聯合鈾金屬股份公司董事會會議。正式會議結束以後，在當晚兩國董事會成員非正式的社交聚會上，德國統一社會黨中央書記齊勒，酗酒後公開大聲指責烏布利希，表達對他的憤怒之情，而且預告，他要同厄斯納、席爾德萬、澤爾布曼以及維特科夫斯基一道，在下一次的中央全會上與烏布利希進行激烈的辯論。此事被烏布利希當作黨內有人搞宗派活動的證據後，齊勒於 12 月 14 日晚自殺。參見 Malycha und Winters, *Die SED*, S. 143-144; Protokoll Nr. 51/57 der außerordentlichen Sitzung des Politbüros des Zentralkomitees am Freitag, dem 13. Dezember und am Sonnabend, dem 14. Dezember 1957, SAPMO-BArch, DY 30/J IV 2/2/571, Bl. 1-2.

3 Malycha und Winters, *Die SED*, S. 144; 德國統一社會黨中央馬列主義研究所編寫組編：《德國統一社會黨簡史》，第 404-405 頁。有關中共對德國統一社會黨三十五中全會一系列決定的態度，陳毅在 1958 年 2 月 13 日與民主德國駐華使館大使居普特納的會談過程中曾表示：「我從報紙上看到德國統一社會黨中央開除幾個人的消息。這些人不好，他們響應西方，在社會主義國家中進行破壞，等於中國的右派。黨的這個措施是正確的。」參見周恩來、陳毅接見民主德國紀普納大使談話紀要（1958 年 2 月 13 日），中國外交部檔案館，109-00841-03，第 6 頁。

變為「反右」的兩個有利時機，鞏固了他個人在德國統一社會黨內的領導地位，使之變得難以動搖。可以說，反右運動消除了烏布利希對毛澤東「百花齊放」的「誤會」，從而使得德國統一社會黨與中共在意識形態上的某些共識更突顯了出來。

## 二、對中國經驗的學習和借鑒

20 世紀 50 年代末，德國統一社會黨領導層在意識形態和政治上開始學習並借鑒中共的經驗，而且此前學者們基本認為這一現象是從蘇共二十大之後就已經開始了。然而實際情況可能並非如此簡單，雖然在蘇共二十大後德國統一社會黨開始關注中共在意識形態上的新觀點，但並不是立刻就進行學習照搬。對於德國統一社會黨而言，真正在意識形態上消除與中共的隔閡最早也要等到 1957 年 6 月以後。而之所以選擇學習中國經驗，有學者認為是因為烏布利希不想調整自己的固有路線，也有學者認為是烏布利希為了避免在民主德國出現類似波蘭和匈牙利的混亂局面，從而系統學習中國的經驗。[1] 不過真正的原因可能是由於這一時期中國的社會主義建設取得了巨大的成功，而且更大程度上是烏布利希出於蘇共二十大非斯大林化後一種替代選擇。

民主德國從 1952 年開始按照斯大林模式建設社會主義，但很快在社會層面遭遇到了反彈，「東柏林事件」便是社會主義建設的斯大林模式在民主德國遭受重挫的標誌。當 1953 年 6 月德國統一社會黨決定應蘇聯的要求，執行改善國內社會形勢的「新方針」時，就意味着要放緩在民主德國建設社會主義制度的速度。這種狀況對烏布利希而言無疑是無法接受的，他想要擺脫「新方針」的束縛，進一步推動並加快國內的社會主

---

1　Kürger, „Das China-Bild in der DDR der 50er Jahre,“ *Bochumer Jahrbuch zur Ostasienforschung*, Bd. 25, 2001, S. 269-270; 陳弢：《蘇共二十大後德國統社黨對中共經驗的引進》，《冷戰國際史研究》2016 年第 1 期，第 160 頁。

義改造。但是蘇共二十大提出了非斯大林化的新方針，使得作為建設社會主義唯一的經驗模板 —— 斯大林模式失去了它的合法性。

　　蘇共二十大後，隨着毛澤東和中共在社會主義陣營內的威望急速上升，中國建設社會主義的經驗開始受到包括民主德國在內的東歐社會主義國家的密切關注。此時的中共和德國統一社會黨都需要依靠自身來面對如何根據本國具體實際來建設社會主義的問題。兩國各自都想走出一條符合本國實際的社會主義道路，但對於當時德國統一社會黨而言，它急需能夠找到一個快速建成社會主義的榜樣以論證民主德國自身加快建設社會主義的正當性與緊迫性。

　　因此，中國經驗之所以能對民主德國具有吸引力，本質上還是由於中國的「一五」計劃取得了巨大的成功。從 1953 年開始的第一個五年計劃中規定的對整體農業、手工業和資本主義工商業的社會主義改造任務，到 1956 年就已經提前完成。在經濟基礎落後的中國，能夠以如此之快的速度就完成經濟上的社會主義改造，確實是會讓德國統一社會黨以及烏布利希艷羨，所以，在民主德國，對於中國所取得的巨大成就往往會進行頻繁報道與宣傳。[1]

　　民主德國對中國建設社會主義的政策方針的關注是由來已久的。當 1953 年 6 月，毛澤東全面闡述過渡時期總路線的內容，全國隨後開始掀起學習總路線的浪潮時，德國統一社會黨剛剛在國內平息了「東柏林事件」，放棄加快建設社會主義的措施，開始執行帶有改革性質的「新方針」。但是對於烏布利希這樣一位堅定的馬列主義領導人而言，在民主德國建設社會主義基礎向社會主義過渡仍然是德國統一社會黨的核心任務。因此，當時中共的《為動員一切力量把我國建設成為一個偉大的社會主義國家而鬥爭 —— 過渡時期總路線宣傳提綱》也成為德國統一社會

---

1　Stuber, *East German China Policy in the Face of the Sino-Soviet Conflict 1956-1966*, Ph.D. dissertation, Université de Genève, 2004, pp. 50-52.

黨和烏布利希學習借鑒的重要文件。[1]

　　1955 年 10 月，德國統一社會黨二十五中全會決定借鑒中國在對工商業改造的方法，對於較大的私有制企業以國家資本參股 50% 的方法，先實現工商業的公私合營，中國的這一改造方式在民主德國被大肆宣傳。[2] 在蘇聯，社會主義所有制改造的真正完成，經歷了一個較長的歷史時期，因此，中國的這種初步的改造辦法確實對於民主德國來說確實是一條快速實現社會主義改造的捷徑。此後烏布利希也曾對彭德懷表示：「國家對私營工商業的改造，我們就利用了中國的經驗，但也不是機械的硬搬。」[3] 不過值得注意的是，1956 年烏布利希參加完中共八大後訪問了上海，主要的目的就是考察中國在對私改造方面的經驗。當烏布利希聽取一個私營工廠的老闆表示願意接受黨的領導，接受對私改造的講話後，曾私下裏對隨行翻譯表示：「不要聽他胡說八道，他怎麼能改造？」「不能信這一套，資本家是不會被改造的，他們是貪圖利潤的。」[4] 學習並借鑒中國當時對私營工商業的改造經驗對烏布利希或德國統一社會黨來說，更大程度上似乎是出於一種想要儘快實現社會主義化的無奈之舉。

　　1957 年 5 月 10 日，中共中央發出關於各級領導人員參加體力勞動的指示，其中要求包括黨的中央委員在內，凡是能夠參加體力勞動的，

---

1　Kämpft die Mobilisierung aller Kräfte zur Verandlung unseres Landes in einen grossen sozialistischen Staat, Thesen zum Studium und zur Propaganda der Generallinie der Partei in der Übergangsperiode, (Ausgearbeitet von der Abteilung Agitation und Propaganda des Zentralkomitees der Kommunistischen Partei Chinas und bestätigt vom ZK der KPCh im Dezember 1953), SAPMO-BArch, DY 30/3603, Bl. 1-62. 關於毛澤東提出過渡時期總路線及其內容可參見林蘊輝：《向社會主義過渡 —— 中國經濟與社會的轉型（1953 — 1955）》，香港：中文大學出版社，2008 年，第 57-73 頁。

2　Stern, "Relations between the DDR and the Chinese People's Republic, 1949-1965," in Griffith, ed., *Communism in Europe*, p. 101.

3　駐德使館致外交部、國防部並報黨中央、國務院：烏布利希接見彭總談話紀要（1959 年 5 月 16 日），中國外交部檔案館，110-00846-06，第 89 頁。

4　當時陪同烏布利希在上海訪問的翻譯是中國前駐奧地利大使楊成緒，烏布利希的這段話見於 2015 年 3 月 16 日作者採訪楊成緒的記錄。

都應該每年抽出一部分時間參加一部分體力勞動。[1] 民主德國駐華使館對此認為：「應該以中國的經驗為基礎，考察這種模式是否可能在民主德國變成一個固定不變的模式。」[2] 這表明德國統一社會黨中央非常認可中共的這項指示，並試圖付諸實施。之後於 9 月 21 日訪華的政治局委員厄斯納就曾在與周恩來的會談中談及：「我們那兒也搞運動，要讓領導同志參加體力勞動，但是組織得不好。」「我們想繼續從中國同志們這兒學點東西，得到更多幫助並且能緊密地與實踐相結合。過去我們這方面組織得很差。」[3] 中國開始「大躍進」以後，中共中央、國務院在 1958 年 9 月 25 日再次發佈決定，各級領導幹部每人每年必須用至少一個月的時間參加體力勞動。民主德國仍然繼續積極響應學習，其駐華使館的工作人員當年就參加了北京密雲水庫的建設工作。[4]

1957 年 11 月，世界各國共產黨和工人黨會議在莫斯科召開，毛澤東成為這次會議的中心，在其他各國共產黨的眼中，此時中共已經與蘇共平起平坐，並列成為社會主義陣營的領導者。[5] 這幾乎成了當時整個社會主義陣營內的共識，1957 年 9 月訪華的民主德國國防部長斯多夫在北京

---

1　《中共中央關於各級領導人員參加體力勞動的指示（一九五七年五月十日）》，《人民日報》1957 年 5 月 15 日，第 1 版。

2　Stuber, *East German China Policy in the Face of the Sino-Soviet Conflict 1956-1966*, Ph.D. dissertation, Université de Genève, 2004, p. 56.

3　周恩來接見民主德國政府代表團談話記錄（1957 年 9 月 21 日），中國外交部檔案館，109-01103-02，第 22 頁；Niederschrift über die Unterredung beim Ministerpräsidenten Tschou En-lai am 21. September 1957 von 13.30 bis 14.45 h, SAPMO-BArch, DY 30/IV 2/6.10/179, Bl. 10.

4　Information über eine Mitteilung des ZK der KP Chinas über die Entsendung von Kadern in das Dorf, in die Betriebe und unteren Verwaltungseinheiten bzw. Istitutionen, Januar 1958, SAPMO-BArch, DY 30/J IV 2/2J/3853, Bl. 1-12; Beschluß des ZK der KP Chinas und des Staatsrates der Volksrepublik China über die Teilnahme der Kaderfunk- tionäre an der körperlichen Arbeit (veröffentlicht 25. IX. 1958), SAPMO-BArch, DY 30/3603, Bl. 91-93；《中共中央和國務院發佈決定全體幹部每年體力勞動一個月》，《人民日報》1958 年 9 月 30 日，第 1 版；Liebermann, „Vom Dolmestscher zum Botschafter," in Kürger, hrsg., *Beiträge zur Geschichte der Beziehungen der DDR und der VR China*, S. 11.

5　有關毛澤東與 1957 年莫斯科會議，參見沈志華：《毛澤東、赫魯曉夫與一九五七年莫斯科會議》，載沈志華：《冷戰的再轉型：中蘇同盟的內在分歧及其結局》，北京：九州出版社 2012 年版，第 24-62 頁；沈志華：《無奈的選擇》，第 547-577 頁。

機場的講話中已經提及「社會主義陣營以蘇聯和中國為首」。[1] 不過，毛澤東仍然堅持要「以蘇聯為首」，拒絕讓中共成為社會主義陣營名義上的領導者，對此他提出的理由是中國的經濟還不夠強大。這一看法在他 1956 年與烏布利希的談話中就早有所流露：「我們的革命是在十月革命 33 年後。在二戰中我們國家還不是主要力量。我們是一個小國，還未實現工業化。因此領導在莫斯科。」[2]

言下之意，中國要成為社會主義陣營內名正言順的領導者，就必須迅速地提升自身的經濟實力，表面上是超英趕美，實質上則是要趕超蘇聯，這或許是毛澤東發動「大躍進」和人民公社化運動的主要動機之一。而毛澤東當時對國內社會主義經濟建設的構想也恰好非常契合烏布利希的口味，他於是在 1958 年初響應中國的口號，提出：「我們現在要在意識形態上向前大躍進。」到了 7 月份，烏布利希又在德國統一社會黨五大上表示：「我們向工人階級和人民大眾更好地說明了他們所要克服的現存矛盾以及所要走的道路。毛澤東同志以及中國的同志們在這方面已經給予了我們建議。」[3]

民主德國 1956 年就已經制定了第二個五年計劃，其中提出的建設目標要求，到 1960 年，工業生產總值至少增長 55%，並提出「現代化、機械化、自動化」的口號，在之後的一段時間內，民主德國經濟得到了相對健康的發展。[4] 當中國開始「大躍進」後，中共開始有意識地去帶動社會主義陣營內其他國家共同躍進，積極主動地向兄弟黨介紹自己在經濟建設上的目標。1958 年 4 月，劉少奇就曾對當時民主德國的新任駐華大

---

1　陳弢：《蘇共二十大後德國統社黨對中共經驗的引進》，《冷戰國際史研究》2016 年夏季號，第 187 頁。

2　Dok, 16, in Meißner, hrsg., *Die DDR und China 1949 bis 1990*, S. 90. 毛澤東對他不想急於在表面上接受領導者頭銜的考慮，參見沈志華：《無奈的選擇》，第 586-587 頁。

3　Kürger, „Das China-Bild in der DDR der 50er Jahre," *Bochumer Jahrbuch zur Ostasienforschung*, Bd. 25, 2001, S. 270.

4　Hermann Weber, *Die DDR 1945-1990*, München: Oldenbourg, 2012, S. 50.

使汪戴爾表示：

> 由於各方面工作的大躍進，我們過去擬定的計劃指標太低
> 了，需要大大修改。我們提出了十五年以後趕上英國的口號，按
> 目前情況來看，可能不需要那麼多的時間，估計十年時間就可趕
> 上。我們沒有公開宣傳，但是心裏是做了那樣的打算的。[1]

中國同志如此的雄心壯志，也促動民主德國的領導人們都不由自主
地想要大力推進自己國家的社會主義經濟建設。於是德國統一社會黨五
大決定大幅度提高 1959 年和 1960 年的經濟計劃指標，打算到 1961 年在
所有重要的食品和消費品方面「趕上並超過」聯邦德國的人均水平。[2] 這
個目標完全是一種空想，到 20 世紀 70 年代德國統一社會黨的官方黨史
對此也不得不承認：「在當時的國際條件下，由於經濟和技術上都受到限
制，這一主要經濟任務是一項要求很高的計劃，因而不可能在短期內完
成。」[3] 德國統一社會黨此時提出到 1961 年趕超聯邦德國的目標，意味着
要在民主德國也搞一場「大躍進」，這一方面是當時出於儘快解決柏林問
題的考慮，另一方面則更像是對中國提出「超英趕美」口號的一種模仿。

1958 年 10 月，烏布利希本人親自向當時中國駐民主德國大使王國權
強調，他很希望能經常比較系統地了解到中國革命的情況和經驗，特別
是毛澤東在黨內外的言論。[4] 而毛澤東此前對於德國統一社會黨向各基層
組織提出學習辯證唯物主義的要求也非常讚賞。[5] 民主德國這一階段學習

---

1 中共中央文獻研究室編：《劉少奇年譜：1898 — 1969》（下卷），北京：中央文獻出版社，
  1996 年，第 421 頁。
2 Malycha und Winters, *Die SED*, S. 149.
3 德國統一社會黨中央馬列主義研究所編寫組編：《德國統一社會黨簡史》，第 416 頁；Weber,
  *Die DDR 1945-1990*, S. 51.
4 駐德使館致外交部並中央聯絡部：王大使與烏布利希同志交談情況（1958 年 10 月 15 日），
  中國外交部檔案館，109-01223-08，第 53 頁。
5 《在董必武關於烏布利希與我黨代表團談話要點上的批語》（1958 年 7 月 20 日），載中共中央
  黨史和文獻研究院編：《建國以來毛澤東文稿》第 12 冊，第 481-482 頁；中共中央文獻研究
  室編：《毛澤東年譜：1949 — 1976》第 3 卷，第 388-389 頁。

中國經驗的熱情，從中國駐德使館 1958 年底發給中國外交部的報告中就
可以看出端倪：

> 自莫斯科宣言發表以來，社會主義國家更加團結一致，中
> 德兩國的友好合作、互助關係，也有了進一步的發展和加強。一
> 方面，表現在我國國際地位更加提高和對民主德國的影響日益增
> 大，特別是我國社會主義建設大躍進以後，這種表現更為明顯。
> 例如，民主德國不少措施的提法，有同我國類似之處（如緊張勞
> 動三年，幹部下放，幹部參加勞動，思想革命，整頓黨的工作作
> 風等等）；黨政領導幹部和一般幹部，對我黨的鬥爭經驗，社會主
> 義建設的總路線，毛主席的經典著作和言論，都更加重視；他們
> 對中國各方面的重大發展，特別對人民公社的發展，懷抱着很大
> 興趣；報刊上對中國的宣傳也日益增多，近來一些黨政領導人員
> 的公開講話，幾乎是言必稱中國。另一方面，表現在兩國更加及
> 時和有力地互相支持政治上和外交上的鬥爭。在交流情況，交流
> 思想、交流經驗方面，也做得更多和更加經常。[1]

　　從以上中國駐德使館的報告中可以發現，德國統一社會黨真正主動
在意識形態上向中共靠攏是要到 1957 年莫斯科會議之後，而 1958 年
中國開展「大躍進」運動之後，民主德國領導人「言必稱中國」的現象
才真正得以顯現，但同樣的情況也發生在當時其他東歐社會主義國家身
上，無非是程度各有不同。因此，與其說此時社會主義陣營內似乎形成
了一個所謂的「北京 — 潘科夫軸心」，還不如說是「莫斯科 — 北京軸心」
實現了最為緊密的結合。在經濟建設方面，由於中德兩國各自都制定了
過於激進的生產建設指標，就勢必要求雙方在經濟貿易上進行更加深入
的合作，但又由於同樣的原因，這種合作很快就遭遇到了諸多困擾。

---

1　駐德使館致外交部：對明年外交工作規劃的意見和建議（1958 年 11 月 30 日），中國外交部
　　檔案館，109-01361-01，第 1 頁。

## 三、經貿上的合作與困擾

　　隨着 1955 年中國與民主德國的進出口貿易最終實現基本平衡之後，兩國之間的經貿合作開始向着更為深入的方向發展。這首先反映在民主德國對華貿易出口結構上的變化發展，1952 年之前，民主德國僅僅對華出口一些純粹的商品，一開始主要是小型機牀，之後更多的是精密儀器，但隨着中國自身工業化的發展，逐漸減少了對民主德國小型機牀的進口，這導致 1956 年中國在此項上的進口額降低到了 1952 年的水平，原先計劃 1957 年在這方面的貿易額可以達到 5 千萬 — 6 千萬盧布，但實際上只能完成 3 千萬盧布。[1]

　　對民主德國而言，這就要求它儘快轉變對華出口的類型與形式。從 1954 年開始，根據與中國簽訂的專家計劃，民主德國有計劃地向中國派遣專家，其目的一來是為了交流經驗，二來也是為自己國家的設備做出口廣告。比如，民主德國橡膠專家在北京指導工作時介紹了德國硫化罐的設計方案，不同於當時中國普遍使用的排管加熱硫化，而採用高壓熱空氣循環加熱硫化，能夠保證罐內溫度一致，並自動記錄溫度。中方要求專家能把設計圖紙留下，但專家則提出中國目前還不能生產這種結構比較複雜的硫化罐，建議中方工廠從民主德國進口，價格約為 4 萬 — 5 萬盧布。[2]

　　與此同時，民主德國的國家領導人積極向中國領導人推銷儀器，而對於中國任何在工業設備上的需求，民主德國政府都給予高度重視。朱德參加蘇共二十大期間，曾向格羅提渥表示，他在訪問民主德國期間參

---

1　Information über den gegenwärtigen Stand der Beziehungen zwischen der DDR und der VR China, 29. August 1956, SAPMO-BArch, DY 30/IV 2/20/115, Bl. 20; Dok. 114, in Meißner, hrsg., *Die DDR und China 1949 bis 1990*, S. 253.

2　德國橡膠專家伏萊克先生在我廠工作的經過報告（1956 年 1 月 16 日），北京市檔案館，全宗號 17，目錄號 1，案卷號 119，第 2 頁。

觀了蔡司光學儀器製造廠，留下了很深的印象。想請德方幫助在中國建一個專門生產光學鏡片的車間。格羅提渥當時就十分認真地拿出小本子記下了這個要求。之後不久，民主德國就派遣技術專家來到中國，在河北保定建立了一家生產光學材料的專業工廠。[1]

　　所以，民主德國 1954 年後的對華出口就開始從一般的商品貨物轉變為成套工業設備，並且在中國幫助援建各類工業項目。1956 年前，民主德國在華已經完成以及計劃開展的援建項目 41 項，到了 1956 年 7 月，民主德國的重工業部又根據中方的意向準備再提供 40 個援建項目。[2] 截至是年 9 月，民主德國已經向中國派遣了超過 500 名技術專家，出口工業設備約 200 套。[3]

　　而中國對民主德國的出口同樣也在不斷擴大，1951 年出口商品種類僅為 45 項，到 1956 年就已達到 120 種，基本上仍以農副食品為主，佔其 1956 年向民主德國出口總額的 75%。[4] 民主德國在油脂、油料、蛋品和茶葉等農產品需求方面，對中國存在着很大程度的依賴；另外，在有色金屬方面，由於蘇聯和其他社會主義國家的資源都不多，民主德國也希

---

1　師哲回憶、李海文整理：《在歷史巨人身邊》，第 591 頁。彭德懷在 1955 年 11 月 26 日給毛澤東的報告中就曾提到，民主德國的領導人斯多夫當時來信，提及向中國供應光學、醫療儀器問題。彭德懷認為，看來信意思可能是德方在為這些產品在中國找市場。毛澤東看到這份報告後，對於朱德訪問民主德國一事做出批示，要求「在談話時請加注意，不要涉及具體事項的承諾，如對方涉及，應推出兩國外交部和對外貿易部去商談」。可見當時中方對於德方想要推銷的儀器設備並不是積極接納。因此，從某種程度上可以說，這個光學材料廠的項目是由朱德個人促成的。參見《關於朱德、聶榮臻訪問民主德國、蘇聯時應注意事項的批語》（1955 年 11 月 28 日），載中共中央黨史和文獻研究院編：《建國以來毛澤東文稿》第 10 冊，第 309 頁。

2　民主德國對華援建項目清單可參見 Dok. 4: Übersicht über die von der DDR gelieferten oder für die Lieferung vorgeschenen kompletten Anlagen und Großausrüstungen; Dok. 5: Chinesische Order für 40 Industrieobjekte, in Möller, *DDR und VR China*, S. 66-76.

3　Dok. 114, in Meißner, hrsg., *Die DDR und China 1949 bis 1990*, S. 253.

4　Der Handelsverkehr zwischen der Deutschen Demokratischen Republik und der Volksrepublik China, PA AA, Bestand MfAA, A 6.625, Bl. 30.

望能夠主要依靠從中國進口。[1]

　　1957 年厄斯納在訪華期間就向周恩來表示民主德國缺乏油籽、花生等，希望得到中國的幫助。但當時周恩來表示中國的油脂供應同樣也有困難，此時東北松花江流域正遭受洪災，各類農業作物歉收，不過周恩來向厄斯納保證，中國今後兩年對民主德國的大豆出口，將會繼續保持每年 17 萬噸。[2] 除了對中國農產品提出進口需求外，民主德國也提出了在工業原料上的進口請求。1957 年 10 月 6 日，厄斯納在與葉季壯的會談中就表示，民主德國在硼砂製造、石棉、松節油、汞和其他工業原料上有困難，希望中國能夠考慮到這些困難來開展 1958 年與民主德國的貿易。但是葉季壯告訴厄斯納，中國打算在整個 1958 年與所有國家的貿易額都下調 8%，但考慮到德方的困難，是否同民主德國也使用這個額度還未確定，可能減少的額度會減低一點，盡力不影響與民主德國的進出口貿易。[3]

　　此時，中國在經濟建設上仍然是以周恩來所主導的「反冒進」為主基調，在中共八屆二中全會上，1957 年的經濟計劃指標也被大幅壓縮。[4] 因此對於 1958 年的經濟計劃指標的制定，可以預見也將仍基本遵循「反冒進」的思路。但是形勢的發展很快就走向了另一面，幾乎就在厄斯納訪華的同時期，一直以來對「反冒進」心存不滿的毛澤東，在八屆三中全會上再次講到經濟工作上反右傾的方針，他表示中共的總方針應該是

1　對外貿易部第二局編寫：德意志民主共和國經濟貿易基本情況（1958 年 12 月），中國外交部檔案館，109-01362-01，第 22 頁。

2　周恩來接見民主德國政府代表團談話記錄（1957 年 9 月 21 日），中國外交部檔案館，109-01103-02，第 23 頁；周恩來接見民主德國政府代表團會談的主要內容（1957 年 10 月 10 日），中國外交部檔案館，109-01103-02，第 25 頁；中共中央文獻研究室編：《周恩來年譜：1949 — 1976》（中卷），第 86 頁。自 1954 年以來　中國每年都保證向民主德國出口 17 萬噸大豆，參見 Schwerpunkt-Positionen, PA AA, Bestand MfAA, A 6,625, Bl. 126.

3　Dok. 122, in Meißner, hrsg, *Die DDR und China 1949 bis 1990: Politik–Wirtschaft–Kultur; eine Quellensammlung* (Berlin: Akademie Verlag, 1995), S. 262.

4　關於 1956 年以來周恩來所主導的「反冒進」，以及對 1957 年經濟計劃指標的壓縮，參見薄一波：《若干重大決策與事件的回顧》，北京：中共黨史出版社，2008 年，第 367-394 頁。

促進而不是促退，甚至提出「中國要變成世界第一個高產的國家」。[1]

　　1957 年底，毛澤東從莫斯科回國後便決心發動「大躍進」，首先就在黨內開展反「反冒進」，周恩來、陳雲、薄一波等人都為此作了檢討。[2]進入 1958 年之後，中國的經濟計劃指標被不斷提高，導致對原料和設備的需求都大大增加，各部門、各地區都要求社會主義兄弟國家能夠多多供應工業設備和某些原材料，為此，外貿部門積極向外交涉。[3] 1958 年 5 月 6 日，毛澤東接見民主德國駐華大使汪戴爾時就表示，中國同民主德國本來應當更好地在貿易上互助合作，但 1956 年的「反冒進」直接影響了 1957 年的工作。「國內本來可以多做一些事，結果卻少做了，同樣，國際貿易上本來可以多做些買賣，結果也少做了，今後可以多做些。」[4]

　　民主德國是中國僅次於蘇聯的貿易夥伴，因此在「大躍進」開始之後，中德兩國之間的貿易計劃數額也必然會得到提升。1958 年，中國與民主德國進出口貿易總額的第一本賬的計劃數額為 8.4232 億盧布，第二本賬的計劃數額為 9.0766 億盧布，但最終進出口實績達到 10.0782 億盧布，而相比較之下，1957 年的進出口實績則只有 7.6687 億盧布，[5] 實際貿易額的增長幅度達到了 31.4%。同時，民主德國一直仰仗中國出口的油脂原料的生產計劃也得到了提高，毛澤東本人就在 1958 年 4 月初的武漢會議上要求，「今年要大搞油料，用各種辦法搞，千方百計搞。種花生、芝麻、黃豆、養豬、養雞。我們幾年來主要搞糧食，現在要把油料提高到

1　沈志華：《無奈的選擇》，第 588 頁；薄一波：《若干重大決策與事件的回顧》，第 477 頁。

2　有關毛澤東反「反冒進」的具體歷史過程，參見林蘊暉：《烏托邦運動 —— 從大躍進到大饑荒（1958 — 1961）》，香港：中文大學出版社 2008 年版，第 14-27、64-71 頁。

3　《對外貿易部黨組關於今後對外貿易發展趨勢、任務、方針政策和重要措施給中央的報告》（1958 年 5 月 11 日），載中國社會科學院、中央檔案館編：《1958 — 1965 中華人民共和國經濟檔案資料選編·對外貿易卷》，北京：中國財政經濟出版社，2011 年，第 15 頁。

4　毛澤東主席接受民主德國駐華大使汪德爾任拜會談話記錄（1958 年 5 月 6 日），中國外交部檔案館，109-00841-10，第 72 頁。

5　《一九五八年全國對外貿易統計年報說明》，載中國社會科學院、中央檔案館編：《1958 — 1965 中華人民共和國經濟檔案資料選編·對外貿易卷》，第 85 頁。

同糧食一樣的位置」。[1]

這些經濟政策上改變自然會讓民主德國的領導人欣喜萬分，因為這同樣會促動民主德國自身的經濟「躍進」。但是中國突然一下子擴大對民主德國進口計劃，也讓對方感到措手不及，並且對雙方的貿易關係造成諸多困擾。這一現象普遍存在於中國同社會主義國家的貿易關係當中，當時對外貿易部副部長李強就曾檢討：

> 過去二三年內我們國家曾經有過躍進、下馬和現在的大躍進，我們的躍進、下馬都波及了蘇聯和東歐各兄弟國家，要求他們也跟隨我們躍進、下馬……
>
> 現在我們正在大躍進，有些部門又直接要求蘇聯和東歐兄弟國家跟着我們躍進，過去已撤銷的現在有要求重新訂貨；原來確定推遲的，現在又要求提前 1 — 2 年交貨……
>
> …… 例如，鄭州砂輪廠要求提前交付設備的問題，德駐華商務專員表示：「民主德國政府已經研究了這一問題，認為不可能提前」，並說：
>
> 通過商務途徑已再無能為力了，這樣，我們就不應該再勉強對方了。
>
> 我們認為德方不能提前交貨的主要原因是：（1）1957 年下馬時，我們硬性地停簽合同。（2）工廠規模由年產 9000 噸擴大到 1.2 萬噸，打亂了德方原來的部署。（3）1958 年設備分交時，中國承擔自製 40% 設備，後因不能製造，又再次提請德方供應，因而拖遲了製造時間。[2]

這種經濟計劃中的混亂局面是由突然決定的「大躍進」直接引起的，

---

1　中共中央文獻研究室編：《毛澤東年譜：1949 — 1976》第 3 卷，第 331 頁。

2　《對外貿易部副部長李強在中國共產黨第八屆全國代表大會上的發言稿：建設大躍進與兄弟國家對我國的技術援助問題》（1958 年 5 月），載中國社會科學院、中央檔案館編：《1958 — 1965 中華人民共和國經濟檔案資料選編・對外貿易卷》，第 292-293 頁。

以至於影響到了整個社會主義經濟體系。為此周恩來指示，用外交部的名義給東歐各兄弟國家寫信，聲明 1958 年大量購入東歐兄弟國家的現貨是中國經濟躍進中一時的需要，隨着中國工業發展，有不少進口貨物今後將要減少或完全不要，因此，建議東歐各國不要為了中國而刻意擴大生產，以免造成生產和銷售上的困難。[1]

　　1958 年 8 月，外交部副部長羅貴波便依據上述精神向民主德國外交部致信表示，由於今年中國工農業生產建設的迅速發展，對於某些建設物資的需要大大增加，之前在與民主德國進行貿易談判時，沒有充分能夠估計到這一情況。之後中國方面又向民主德國補充訂購了一批貨物，而且要求交貨甚急，這就給對方造成了不少的困難。而德方儘量地滿足了中方的要求，「對於這種兄弟般的幫助，中國政府表示衷心的感謝。」又向對方說明：中國今年的補充訂貨只是為了滿足「大躍進」形勢出現後的暫時的緊急需要，明年就不再需要再訂購那麼多的貨物了。建議：「不要因為中國今年補充訂貨較多而改組生產，改建和擴建企業、擴大生產，以免造成德意志民主共和國將來在生產和銷售上的困難。」[2]

　　雖然中國向民主德國的補充訂貨看起來勢必將影響到民主德國國內 1958 年的經濟計劃安排，但也確實在很大程度緩解了民主德國在對華貿易上的擔心。一般而言，在社會主義國家間的貿易談判中的普遍原則是，各國政府的代表總是想要儘量獲得對方的「硬產品」，售出自己的「軟產品」。[3] 由於之前的「反冒進」，中國撤銷訂貨過多，民主德國自身一些工業設備出售受阻，這當然會讓它的外貿部門感到不快。「大躍進」開始後，這些訂貨又得以重新恢復，中國甚至向民主德國進行補充訂貨；

---

1　《葉季壯部長在全國對外貿易局長會議上的結論》（1958 年 7 月 19 日），載中國社會科學院、中央檔案館編：《1958 — 1965 中華人民共和國經濟檔案資料選編・對外貿易卷》，第 19-20 頁。

2　An das Ministerium für Auswärtige Angelegenheiten der DDR, Peking, den 29. August 1958, PA AA, Bestand MfAA, A 6.592, Bl. 18-19.

3　科爾奈：《社會主義體制》，第 333-334 頁。

同時中國大力發展農業生產的計劃，又確保了民主德國對於大豆之類「硬產品」的進口計劃。在 1956 年之前，民主德國的對華貿易都是入超，1956、1957 兩年保持基本平衡，而到 1958 年首次出現了出超的現象，這種貿易形勢會讓民主德國感到滿意。[1]

因此，進入到 1958 年後，無論是在政治意識形態領域，還是在經濟貿易領域，民主德國與中國的關係都開始呈現出了一個親密呼應、緊密合作的狀態，而與此同時，兩黨兩國在各自外交戰略上的某種一致性又更加為雙方的這層「蜜月」關係錦上添花。

## 第三節　中德在外交戰略上的互相助力

蘇共二十大之後，社會主義陣營對外戰略的主基調是要實現與西方的「和平共處」。在對德政策方面，蘇聯和中國都開始試圖增強與聯邦德國的聯繫。對民主德國來說，除了要與聯邦德國實現關係正常化以外，更要在國際社會中為自己贏得主權承認而努力，中國在這方面則被視為一個非常重要的幫手。自《中德友好合作條約》簽訂之後，民主德國對亞非國家以及對與殖民地、半殖民地民族解放運動的立場得到來自中國方面的特別重視與照顧，並且在試探東南亞和中東國家邀請格羅提渥前去訪問可能性的問題上，向民主德國提供力所能及的幫助。[2] 到了 1958 年兩國又由於台灣問題和柏林問題，在各自的對外政策上找到了相互支持的共同點。

---

1　駐德使館致外交部：對明年外交工作規劃的意見和建議（1958 年 11 月 30 日），中國外交部檔案館，109-01361-01，第 2-3 頁。

2　Analyse über die Beziehungen zwischen der Deutschen Demokratischen Republik und der Volksrepublik China, PA AA, Bestand MfAA, A 6,661, Bl. 432；《別爾烏辛與王國權會談紀要：中國駐歐洲各國大使會議情況》（1958 年 8 月 5 日），載沈志華主編：《俄羅斯解密檔案選編：中蘇關係》第 8 卷，上海：東方出版中心，2014 年，第 192 頁。

## 一、民主德國的外交戰略與目標

　　自從蘇聯採取承認「兩個德國」的政策後，它便致力於構建一個兩個德國同時參加的歐洲集體安全體系。赫魯曉夫決定與奧地利簽訂和平條約，並且不顧莫洛托夫的反對訪問南斯拉夫，都是想要博取西方主要國家對其集體安全構想的好感，但結果令人失望。同時蘇聯試圖以裁軍來作為對抗北約的利器，結果也收效甚微。於是一切的希望都只能寄希望於西方內部的改變，首當其衝的便是動員在聯邦德國內部的那些反對阿登納的政治勢力。[1]

　　1956 年初，赫魯曉夫向德國統一社會黨領導人保證，社會主義各國基於一致的「階級立場」，在國際舞台必須作為強有力的「統一戰線」出現。為此，蘇聯有義務與民主德國進行政治、經濟以及軍事上的全方位合作，並且在這些方面與烏布利希同志協調一致。同時，赫魯曉夫也要求德國統一社會黨盡一切阻止聯邦德國「對核戰爭的宣傳和準備」，並為「歐洲集體安全條約」而鬥爭，實現兩德關係的正常化。[2]

　　蘇聯希望兩個德國實現和平共處，但它的前提基礎則是必須承認兩個德國的現實存在，堅決確保並維繫德國統一社會黨的政權穩定，已經成為蘇聯對德政策中的應有之義。赫魯曉夫一直希望把民主德國從一個完全依附於它的衛星國變成一個充分獨立的盟友，因而堅持讓民主德國成為華約組織的一員。[3] 而爭取西方承認民主德國與聯邦德國的平等地位，則直接關係到民主德國作為一個國家的穩定，也關係到蘇聯在東歐地區的戰略穩定。[4]

---

1　于振起：《冷戰縮影》，第 89 頁；Wettig, *Sowjetische Deutschland-Politik 1953 bis 1958*, S. 79.

2　Wettig, *Sowjetische Deutschland-Politik 1953 bis 1958*, S. 80.

3　Vladislav M. Zubok, "The Case of Divided Germany, 1953-1964," in William Taubman, Sergei Khrushchev and Abbott Gleason, eds., *Nikita Khrushchev*, New Haven: Yale University Press, 2000, p. 281.

4　于振起：《冷戰縮影》，第 90 頁。

在之後的蘇共二十大上，赫魯曉夫所提出的「三和路線」構成了蘇聯的對德政策的基本原則。首先，蘇聯希望東西德之間實現和平共處；其次，希望德國統一社會黨加強與德國社會民主黨之間的聯繫，形成「統一戰線」，以此緩解聯邦德國對民主德國的壓力，鞏固德國統一社會黨自身政權；最後，蘇聯仍對還對民主德國能夠對聯邦德國施加一定的積極影響抱有奢望。同時，赫魯曉夫希望德國統一社會黨能夠遵循着他的腳步，通過反對「個人崇拜」、討論黨內所犯的錯誤等行動來穩定民主德國國內形勢，並解決民主德國民眾的出逃問題。[1]

但對於和平共處原則是否適用於兩個德國之間的關係，德國統一社會黨內部存在着不同的意見。爭取國際社會對民主德國的主權承認絕非易事，就在阿登納訪蘇回國之後，聯邦德國便提出了自己作為德意志國家的「唯一代表權」（Alleinvertretungsrecht），並在外交上開始奉行「哈爾斯坦主義」（Hallstein-Doktrin）。這無疑是對民主德國追求他國給予其主權承認的最大障礙。[2] 在 1956 年 7 月舉行的德國統一社會黨二十八中全會上，像烏布利希以及昂納克等人便認為，聯邦德國對民主德國採取的是一種侵略性的政策，而且還在民主德國國內搞顛覆活動，因此，階級鬥爭形勢仍然十分嚴峻，對聯邦德國的關係仍應保持高度警惕，和平共處的原則並不適用於民主德國與聯邦德國之間的關係。[3]

所以在蘇共二十大之後，民主德國的德國政策是既要實現與聯邦德國關係的正常化，同時又必須為反對聯邦德國的重新武裝而鬥爭。這並

---

1 Harrison, *Driving the Soviets up the Wall*, pp. 64-66.
2 「哈爾斯坦主義」是聯邦德國一項外交原則，簡單說來即除蘇聯外的任何國家，若與民主德國建立正式外交關係的，聯邦德國政府將不與其建交，若已建交的，則立即與其斷交。其產生的具體過程及內容，參見 Werner Kilian, *Die Hallstein-Doktrin: Der diplomatische Krieg zwischen der BRD und der DDR 1955-1973; aus den Akten der beiden deutschen Außenministerien*, Berlin: Duncker und Humblot, 2001, S. 13-30. 而蘇聯對此也並沒有提出反對，參見 Wettig, *Sowjetische Deutschland-Politik 1953 bis 1958*, S. 58. 「哈爾斯坦主義」對於民主德國外交的具體影響，參見 Wentker, *Außenpolitik in engen Grenzen*, S. 170-188.
3 Harrison, *Driving the Soviets up the Wall*, p. 77.

不意味着與蘇聯和平共處的方針相牴觸，因為烏布利希也十分清楚地知道，德國統一社會黨開展任何針對聯邦德國的鬥爭行動，都必須以不能引起兩大陣營之間的軍事安全衝突作為它的前提。所謂對聯邦德國的鬥爭，其主要目的僅限於「讓阿登納的黨在西德的議會選舉中遭受失敗」，為此，從 1956 年初開始，德國統一社會黨西方委員會就建議要充分利用對社會民主黨和基民盟的政策區別，促成一個「反對阿登納政權的聯盟」。同時在德國問題上，在已經明確兩個德國走完全不同的發展道路的前提下，提出了一個旨在解決民族問題的「邦聯計劃」。[1]

對於民主德國提出的這個統一德國的「邦聯計劃」，西方完全沒有接受的可能。在 1957 年 12 月 13 日美國國家安全委員會政策設計委員會提出的 NSC5727 文件中，就已經明確「美國不能接受包含涉及以下情況的德國統一：共產黨統治統一後的德國；聯邦制的德國允許德意志民主共和國長期存在；在沒有得到蘇聯及其衛星國的積極軍事補償以前，美國及其盟國軍隊撤出西德；德國在政治和軍事上實行中立化。」[2]

事實上，對民主德國而言，所謂「邦聯計劃」也只能作為一項對敵的宣傳策略，它要利用「德國統一」這個絕對正確的政治主張，開展對阿登納政府的鬥爭。而當要真正面對德國統一的問題時，烏布利希便拋出赫魯曉夫的話來進行解釋：由於現在兩個德意志國家內實行不同的社會制度，因此重新統一要求人們有着最大限度的忍耐，但這並不意味着就屈服與帝國主義者的要求。在烏布利希看來，「為了重新統一而鬥爭將

---

1　參見 Wentker, *Außenpolitik in engen Grenzen*, S. 139-144. 民主德國的「邦聯計劃」是於 1957 年年初，在德國統一社會黨三十中全會上正式提出的。這一計劃建議民主德國和聯邦德國組成某種形式的德意志邦聯，但同時為此附加了諸多條件；例如聯邦德國必須退出北約軍事集團，其議會和政府制度需要按照「人民民主的模式」進行改造。德國統一社會黨認為，只有在聯邦德國中產生堅決反帝的變化結果的情況下，邦聯才能形成。參見 Amos, *Die Westpolitik der SED 1948/49-1961*, S. 268-269; 德國統一社會黨中央馬列主義研究所編寫組編：《德國統一社會黨簡史》，第 398 頁。

2　崔丕：《艾森豪威爾政府對聯邦德國政策新探（1953 — 1960）》，《歐洲研究》2005 年第 2 期，第 7 頁。

會變得更加困難、更加緊張、更加複雜」。[1] 而民主德國自身外交的真正重心，則完全放在了努力獲得對其自身的主權承認上。

首先就是要切斷東、西德社會之間的聯絡與依賴，以抵禦西方對民主德國所可能施加的任何影響。1956 年底，由於波匈事件而在民主德國國內開展的「鎮壓反革命行動」也是部分出於這方面的考慮。在經濟領域，民主德國面臨的最大問題就是聯邦德國在工業產生、投資以及生活水平上持續保持領先，民主德國人永遠會拿自己的生活狀況同聯邦德國人進行比較，而德國統一社會黨就不得不一直承受着由此產生的對其執政合法性的質疑。從 1957 年開始，民主德國想要切斷雙方的聯絡通道，限制兩地之間的旅行交通。不斷指責納粹德國的大量前官員在聯邦德國政府內擔任職務，認為他們是負有道德責任和政治罪責的納粹分子，進行這些宣傳的首要目的就是想要阻斷東、西德之間的交流渠道。[2]

其次是要努力提高民主德國的國際地位。中東和東南亞國家成為這一階段民主德國外交政策的重點區域。1956 年的蘇伊士運河危機，使民主德國看到了從中獲利的可能，敍利亞就在 10 月 9 日表達了將會與民主德國互建領事館的可能。戰爭爆發後，民主德國也全力支持埃及對抗西方。為了能迅速、直接地援助埃及，於當年 12 月將駐開羅（Cairo）的貿易代表晉升為全權代表，成為它在阿拉伯和非洲區域開展外交的一個重要據點。[3] 到 1958 年為止，民主德國主要同與埃及、敍利亞、伊拉克、印度、緬甸等非社會主義國家建立了相應的聯繫，但都未能正式建交。所以在這一階段民主德國外交的真正成果唯有南斯拉夫，在蘇聯同南斯拉夫關係逐步緩和背景下，1957 年 10 月 10 日，民主德國與南斯拉夫正式

1　Harrison, *Driving the Soviets up the Wall*, p. 78.

2　參見 Wentker, *Außenpolitik in engen Grenzen*, S. 144-146.

3　參見 Wentker, *Außenpolitik in engen Grenzen*, S. 172-173; William Glenn Gray, *Germany's Cold War: The Global Campaign to Isolate East Germany, 1949-1969*, Chapel Hill: The University of North Carolina Press, 2003, p. 65.

締結了外交關係。[1]

## 二、中國對民主德國外交的助力

　　民主德國若要在外交承認上真正實現突破，仍需把希望放在身處第三世界的亞非國家身上，因此它非常需要得到在亞非地區具備一定影響力的夥伴的幫助，而中國就是這樣的一個夥伴。中國本來就是亞洲革命的領導者，再加上積極參與了萬隆會議，又極大地改善了與亞非國家的關係；將本來已存在於中共對外政策話語中的關於中國革命和非殖民化運動作用的相關表述，運用到了國際政治和外交的實踐中來。[2] 對於那些在非殖民化進程中的新興國家來說，中國具有毋庸置疑的影響力。

　　自從 1955 年底中德兩國簽訂友好合作條約之後，民主德國就非常看重中國對亞非國家的影響力，甚至將提升民主德國對亞非國家的影響力，作為在訪華期間政府代表團的重要任務之一。[3] 在 1957 年初民主德國駐華使館的報告中，又再一次強調了中共在亞非以及拉美的民族解放運動中扮演重要的角色，提出應當利用中國在亞非國家中的影響力，擴大民主德國同這些亞非國家的關係。[4] 蘇共二十大之後，對於如何處理社會

---

1　由於聯邦德國已經與南斯拉夫建立了外交關係，因此根據南斯拉夫領導人鐵托（Tito）和烏布利希的事先協商，對於雙方的建交將不做特別的宣傳，這一淡化處理的目的就是想要緩解聯邦德國對此的激烈反應。當時蘇聯和民主德國都在很大程度上認為，波恩政府雖然會進行抗議並施加經濟壓力，但不會與南斯拉夫斷交。但最終聯邦德國政府在 1957 年 10 月 19 日決定與南斯拉夫斷交，只保持經濟上往來，於是南斯拉夫也就成為第一個適用「哈爾斯坦主義」的國家。參見 Wentker, *Außenpolitik in engen Grenzen*, S. 161-165; Doernberg, hrsg., *Außenpolitik der DDR*, S. 73-74.

2　牛軍：《冷戰與新中國外交的緣起》，第 485 頁；陳兼：《將「革命」與「非殖民化」相連接 —— 中國對外政策中「萬隆話語」的興起與全球冷戰的主題變奏》，《冷戰國際史研究》2010 年夏季號，第 5 頁。

3　Entwurf Beschluß über die Aufgaben, die sich aus der Reihe der Regierungsdelegation in die Volksrepublik China, die Koreanische Volksdemokratische Republik und in die Mongolische Volksrepublik für des Ministerium für Auswärtige Angelegenheiten ergeben, PA AA, Bestand MfAA, LS-A 301, Bl. 28-29.

4　Bericht über die innenpolitische Entwicklung der Volksrepublik China seit dem VIII. Parteitag der Kommunis- tischen Partei Chinas, 4. April 1957, SAPMO-BArch, DY 30/IV 2/20/120, Bl. 48-49.

主義國家之間關係的問題，中國首次明確提出，「和平共處五項原則」對於社會主義國家間關係也是完全適用的。在中國看來，社會主義國家之間雖然存在着基本上的一致利益，並且建立了親密合作和兄弟友好的關係，但是每一個國家都是獨立的主權國家，獨立自主地執行着自己對內和對外政策，解決着自己革命和建設中的問題。其他國家只能從旁加以協助，不得進行直接干涉，把一個國家的意志強加於另一個國家，這個是絕對不容許的。[1]

中國在處理波匈事件過程中就充分體現出這樣的原則：一方面是強調社會主義國家關係中實行獨立平等的原則，並批判莫斯科的大國沙文主義；另一方面則強調社會主義陣營的統一、團結和穩定，堅決打擊一些可能背離社會主義道路的傾向。通過協助蘇聯處理波匈事件，更加使得中國開始正式介入東歐的事務，這標誌着中共在國際共運中的地位和聲望邁上了一個新的台階。[2] 中國強調每個社會主義陣營的成員國都是獨立的主權國家，這樣的提法必然非常契合民主德國的胃口，並且特別讓德國統一社會黨感到欣慰的是，中國將會一如既往地承認民主德國的特殊情況，並且將會儘可能地給予幫助和支持。[3] 隨着中國在社會主義陣營內地位的上升，也就確實提高了中國對民主德國的外交訴求給予相應支援的重要性。

進入 1956 年後，中國的對德政策，除了仍然繼續堅持之前對「兩個德國」客觀現實的承認以外，為了配合當時蘇聯希望東西德實現和平共處的主基調，在對聯邦德國的政策方面，中國的立場發生了一些變化。

---

1　中共中央黨史研究室張聞天選集傳記組編：《張聞天年譜》，第 719 頁；《論和平共處》（1956 年 8 月），載中共中央黨史研究室張聞天選集傳記組編：《張聞天文集》第 4 卷，北京：中共黨史出版社，2012 年，第 154-155 頁。

2　沈志華：《無奈的選擇》，第 494-495 頁。

3　Einschätzung der Ergebnisse der Reise des Ministerpräsidenten der VR China Tschou En-lai durch 11 asiatische und europäische Länder, 19. März 1957, SAPMO-BArch, DY 30/IV 2/20/120, Bl. 137.

毛澤東曾在 1955 年底時仍然提醒民主德國駐華大使居普特納，建議民主
德國要做好打仗的準備，如果大戰爆發，德國就能統一。但是到了 1956
年 9 月 22 日，毛澤東對前來參加中共八大的德國共產黨代表團成員表示
說：看起來戰爭很難打起來，要做統一戰線的工作，要做中間派的工作，
要做社會民主黨的工作，他們不過來就不能勝利。[1] 可見此時在德國問題
上，中國與蘇聯的立場是一致的，對德鬥爭主要方式就是試圖聯合德國
社會民主黨形成統一戰線，目的就是讓阿登納政府下台。毛澤東就曾對
印度尼西亞總統蘇加諾（Sukarno）說過，如果阿登納下台，西德變了，
並提出要與中國建交的話，那中國就沒有理由拒絕了。[2]

　　因此，加強與聯邦德國的關係，即創造條件爭取實現與聯邦德國關
係正常化，成為此時中國對德外交政策的一大特點，1956 年 1 月，周
恩來就曾在全國政協會議上表示中國歡迎同德意志聯邦共和國的關係正
常化。[3] 而在對待德國統一的問題上，中國一方面要求承認兩個德國的客
觀現實，另一方面對德國的統一仍然保持較為積極的態度。周恩來在接
見聯邦德國的訪華作家時，就曾向他們表示，目前客觀上存在着兩個德
國，中國願意和聯邦德國來往，願意同兩個德國建立外交關係，但是只
要有利於促進德國的和平統一事業，有利於和平的事情，中國都願意做。[4]
中國外交部在 1956 年 6 月 8 日就開展對聯邦德國的工作提出意見：

　　　　為了進一步和緩國際局勢、支持民主德國和配合兄弟國家進
　　　一步開展對西德的工作，不僅必要，而且可能。但由於西德當權
　　　派中親美勢力仍佔優勢，我同西德正式建交的條件，目前尚不成

---

1　中共中央文獻研究室編：《毛澤東年譜：1949 — 1976》第 2 卷，第 632 頁。
2　《關於恢復中國在聯合國的合法席位問題》（1956 年 9 月 30 日），載中華人民共和國外交部、
　　中共中央文獻研究室編：《毛澤東外交文選》，北京：中央文獻出版社、世界知識出版社，
　　1994 年，第 272 頁。
3　中國與西德關係，PA AA, Bestand MfAA, A 6,753, Bl. 172.
4　中共中央文獻研究室編：《周恩來年譜：1949 — 1976》（上卷），第 586 頁。

熟。因此，今後應利用一切有利時機，影響和爭取西德內部一切
可能爭取的社會力量，為兩國關係正常化創造條件。[1]

為此，外交部提出八項具體建議，從政治、經濟、文化交流等方面
入手，試圖以一種統戰的方式來影響聯邦德國社會，並且在這方面「注
意和民主德國以及其他人民民主國家取得密切聯繫」。中國計劃邀請德國
社會民主黨的左派領袖訪華，也是通過德國統一社會黨從中進行試探。[2]
所以，中國在這時試圖加強與聯邦德國的關係，並沒有引起民主德國的
不快，而是相互之間進行配合。可以明確的是，就民主德國駐華使館看
來，在整個 1956 年期間，中國在為提高民主德國的國際聲譽和加強它的
國際地位，傾盡了其所有的努力。[3]

經貿一直是中國對聯邦德國開展統戰工作的一項有力武器，當時中
國對聯邦德國的貿易主要是通過從英國和香港轉口的形式進行，兩國之
間的直接貿易額只佔 1954 年總貿易額的佔 19%，1955 年只佔 14.9%。
（1949 — 1956 年中國對聯邦德國的貿易額見表 5）為爭取逐步同聯邦德
國建立正常貿易關係，從 1953 年起中國就與其德國經濟東方委員會進行
接觸，從 1955 年 7 月開始，中國貿易促進委員會就與其開始在柏林開始
進行談判，到 1957 年 9 月 27 日，雙方最終簽訂了一個為期一年的民間
貿易協議。[4]

---

1　目前開展對西德工作的意見（1956 年 6 月 8 日），中國外交部檔案館，110-00315-02，第
　　27-28 頁。
2　目前開展對西德工作的意見（1956 年 6 月 8 日），中國外交部檔案館，110-00315-02，第
　　28-30 頁。
3　Bericht über die Beziehungen zwischen der Deutschen Demokratischen Republik und der Volksrepublik
　　China im Jahre 1956, PA AA, Bestand MfAA, A 6.661, Bl. 358.
4　中國與西德的關係，PA AA, Bestand MfAA, A 6.753, Bl. 174; 潘琪昌主編：《百年中德關係》，第
　　164-165 頁。

表5　1949 — 1956 年中國對聯邦德國貿易額（單位：百萬西德馬克）

| 年份 | 出口額 | 進口額 | 總額 |
|---|---|---|---|
| 1949 | 23.1 | 1.4 | 24.5 |
| 1950 | 61.7 | 47.8 | 109.5 |
| 1951 | 204.9 | 16.8 | 221.7 |
| 1952 | 73.9 | 11.7 | 85.6 |
| 1953 | 139.6 | 150.0 | 289.6 |
| 1954 | 151.5 | 90.2 | 241.7 |
| 1955 | 192.7 | 109.9 | 302.6 |
| 1956 | 222.9 | 155.8 | 378.7 |

資料來源：Dok. 102, in Leutner, hrsg., *Bundesrepublik Deutschland und China 1949 bis 1995*, S. 258.

　　1956 年 8 月，聯邦德國議會的自由民主黨議員赫爾曼・施萬（Hermann Schwann）自費訪華，成為聯邦德國第一位訪華的國會議員，此次訪華也是 20 世紀 50 年代中國與聯邦德國之間的最高層級的人員往來。在聯邦德國內部，自由民主黨就對華貿易問題一直持有比較積極的態度，曾向聯邦議會建議在北京設立一個固定的貿易代表處。中國決定邀請施萬訪華想必也正是看到了這一點，想要加以利用。但是這個建議並未得到實現，在聯邦德國看來，由於中美關係仍然非常緊張，倘若此時自作主張地在北京設立一個固定的貿易代表處，顯然會引起美國的不滿。就聯邦德國政府而言，由於中國明確地採取反對「西德軍國主義化」的立場，也使它認為中國政府沒有任何可能的理由會答應其在北京設立固定的貿易代表處。聯邦德國並非不願意擴大與中國的貿易，而是想要以一種不太具有政治意味的方式進行，所以，它認為通過德國經濟東方委員會派

遣訪華代表團的方式會顯得更為適宜。[1]

在中美的對立無法得到緩和的前提下，聯邦德國自身的對華政策很難出現根本性的改善；因而中國對於聯邦德國所開展得那些統戰工作，最終勢必將無法化為真正的外交業績。而且進入 1958 年之後，毛澤東的對外戰略也已經開始發生了一些變化，隨着「東風壓倒西風」論的甚囂塵上，之前所一直倡導的「和平共處」也開始逐漸被中共束之高閣了。與此同時，赫魯曉夫自己在對德政策上的態度也開始發生轉變，為解決西柏林問題，蘇聯和民主德國的表現都逐漸趨向強硬。隨着第二次台海危機和第二次柏林危機相繼爆發，民主德國也找到了可以聲援並助力中國外交的議題。

## 三、從「台海危機」到「柏林危機」

毛澤東在 1957 年末參加莫斯科會議期間作出當今的國際形勢是「東風壓倒西風」的基本判斷，令當時的共產黨與工人黨的領導人們都感到驚訝不已。但毛澤東的本意其實是想要強調社會主義不必擔心也不必反對國際局勢的緊張狀態，因為在他眼中，緊張和衝突時世界政治的最基本的特徵。[2] 這也符合毛澤東一直以來有關矛盾的絕對性及其普遍性的觀點，即沒有什麼事物是不包含矛盾的，沒有矛盾就沒有世界。[3] 因此國際局勢的緊張和衝突其實是最正常不過的事了。

在毛澤東看來，社會主義國家不必擔心國際局勢的緊張，在這個命

---

1　參見 Dok. 19: Aufzeichnung der Abeilung 3 des AA, 4. Februar 1957, in Leutner, hrsg., *Bundesrepublik Deutschland und China 1949 bis 1995*, S. 69.

2　沈志華：《無奈的選擇》，第 568-569 頁；牛軍：《毛澤東的「危機意識」與中蘇同盟破裂的緣起（1957 — 1959）》，載牛軍：《冷戰與中國外交決策》，北京：九州出版社，2012 年，第 119 頁。

3　毛澤東：《矛盾論》，載《毛澤東選集》第 1 卷，北京：人民出版社，1991 年，第 305 頁。

題之下，所隱藏着的另一層面的意思就是，不要刻意為了去追求那所謂的「和平共處」從而放棄鬥爭，即使出現了國際局勢的衝突也沒有什麼大不了，無須大驚小怪。在 1958 年 6 月的外交部黨組務虛會上，陳毅傳達了毛澤東的一個講話，其中就表達了他不願再同美國搞「和平共處」的想法。毛澤東直截了當地表示，1954 年他指示在日內瓦會議上和美國人接觸，這與他一貫的想法並不一致。現在看來還是原來的想法好，即堅持和美國鬥爭，不和美國政府發展關係。當張聞天在談及他對毛澤東這個講話的體會時，明確點出了中國在對外政策方面與蘇聯的區別：

> 我們同蘇聯和其他社會主義國家對外政策基本上是一致的，但是也有差別，總的說來，它們對美國還有些怕。赫魯曉夫說不怕，但是在行動中表現出來還是有些怕，怕美國，也怕西德，這種恐懼的精神狀態，在其他社會主義國家更多。過去為了照顧蘇聯，我們在宣傳上沒有把主席的思想講得很清楚。現在我們要把主席的思想加以發揮，在國際關係中，對外政策中公開樹立我們的方向。[1]

足見毛澤東此時對蘇共二十大上所提出的「和平共處」的外交方針已心存不滿，特別是當與美國的日內瓦會談到 1957 年已經陷入僵局之後，[2] 更加堅定了毛澤東要堅持同美國鬥爭的決心，這也直接意味着要改變之前一個階段的台灣政策。中國從 1955 年中期開始考慮，在不放棄武力的情況下，試圖以和平的方式來解決台灣問題，並公開宣稱願意與國民黨進行談判。這樣的一種對台政策，其實是中共長期以來統戰傳統的產物，在當時也的確得到了毛澤東的支持。[3] 但是當進入 1958 年的毛澤東

---

1　中共中央黨史研究室張聞天選集傳記組編：《張聞天年譜》，第 767-768 頁。

2　參見戴超武：《敵對與危機的年代 —— 1954 — 1958 年的中美關係》，北京：社會科學文獻出版社，2003 年，第 285-299 頁。

3　參見 Chen Jian, *Mao's China and Cold War*, pp. 170-171.

開始改變他的對美態度後，改變對台灣的政策也就成了順其自然的事。於是就爆發了第二次台海危機。

毛澤東決定炮擊金門的真正目的在於，他希望只通過炮轟的方式來封鎖金門，造成一種氣勢和壓力，迫使蔣介石主動放棄金門，從而實現收復全部沿海島嶼的既定戰略目標。[1] 第二次台海危機爆發後，中國和蘇聯在對外政策上的分歧得到了充分的體現，在中國看來，蘇聯過於強調緩和，顯得「謹慎有餘，政治勇氣不足」，「害怕引起戰爭，急於擺脫緊張爭取緩和」。但赫魯曉夫的緩和其實也並非就是一味地退讓，否則他就不會在台海危機剛剛結束時便鬧出了柏林危機。[2]

從蘇共二十大到莫斯科會議，赫魯曉夫一直堅持和平共處的外交政策總方針，並想要促成與西方的緩和以及聯邦德國的中立化，但最終蘇聯得到了什麼呢？與西方的關係並沒有取得任何進展，而且形勢甚至變得越來越惡劣。聯邦德國被更深地拉入西方聯盟之中；軍備競賽日益加劇，裁軍談判沒有取得任何成果，國防開支對經濟的負擔日益加重；民主德國仍舊像以前一樣被孤立，處於壓力之下；蘇聯周圍遍佈着美國的軍事基地。而聯邦德國擁有核武器的可能性是對赫魯曉夫最後的致命一擊。[3] 這一切都在表明，與西方的「和平共處」並未得以實現，可是赫魯曉夫的耐心卻似乎已經要接近極限了。

作為直接面對着西方威脅的民主德國，它的危機感自然更加強烈，而最亟待解決的就是西柏林問題。如前所述，民主德國政府一直都在为

---

1 沈志華：《無奈的選擇》，第 661-662 頁。牛軍從軍事行動計劃的角度指出，儘管毛澤東在某個階段賦予了 1958 年炮擊金門獨特的政治意義，但它是解放軍 1954 年制定的奪取東南沿海蔣佔島嶼之軍事計劃的一個部分，是 1954 年春季即逐步展開的軍事行動在特殊國內外環境下的繼續，帶有明顯的防禦性質。參見牛軍：《1958 年炮擊金門決策的再探討》，載牛軍：《冷戰與中國外交決策》，第 316 頁。

2 沈志華：《無奈的選擇》，第 687 頁。

3 威廉·陶伯曼：《赫魯曉夫全傳》，王躍進譯，北京：中國社會科學出版社，2009 年，第 414 頁。

爭取主權承認而努力，其中最為重要的一項內容就是它對西柏林的主權
要求。由於美、英、法三國在西柏林擁有駐軍且具有特殊地位，這一狀
態總讓民主德國感到如鯁在喉。早在 1952 年時，德國統一社會黨就已經
向莫斯科提出關閉柏林市內邊界的要求，1957 年 3 月，在民主德國外交
部制定的一份草案中，更是對整個柏林提出了主權要求。[1] 因此在柏林問
題上，民主德國一直寄希望於蘇聯採取更加積極進取的政策。

　　1958 年 8 月，第二次台海危機爆發，德國統一社會黨領導層對此感
到歡欣鼓舞，因為在領土主權這樣的問題上，中國的這種強硬態度是烏
布利希一直所希望看到的。[2] 在烏布利希的眼中，台灣問題和柏林問題有
相似之處，台灣是中國的一部分，而西柏林則是民主德國的一部分。因
此，當時他就把金門馬祖與西柏林相提並論：

> 　　金門與西柏林，不僅被那些目前佔領着它們的勢力濫用，成
> 為他們進行挑釁的核心地區，而且同時被無理地發展為與它們的
> 母地相分離的地區。金門處在中華人民共和國領海區域內 …… 柏
> 林處在德意志民主共和國的領土內。就像蔣介石集團及其美國的
> 支持者和盟友違背人權地佔據着這個挑釁的策源地，并用此來反
> 對中華人民共和國；西柏林也勢必被它的獨裁者視為一個反對德
> 意志民主共和國的麻煩製造者。這兩個地方不僅都有着相同的目
> 的，而且都有着同樣的弱點。它們都是孤島並且都不得不為它們
> 的孤島定位承擔一切後果。[3]

---

1　Gerhard Wettig, *Chruschtschows Berlin-Krise 1958 bis 1963: Drohpolitik und Mauerbau*, München: Oldenbourg, 2006, S. 7.

2　烏布利希在 1957 年時就曾經十分明確地發出過對西柏林的威脅：「西柏林人明白西柏林是在德意志民主共和國的境內。帝國主義的間諜機構結合北約的宣傳攻勢都滲透進了西柏林 …… 每個人都明白西柏林的民眾有朝一日將會付出慘重的代價。」毛澤東炮擊金門之後，烏布利希自然希望繼續針對西柏林發動攻勢，他宣稱：「西方的勢力已經失去了他們在柏林存在的合法基礎，他們在法律上、道德上、政治上不再擁有任何正當的理由繼續佔領西柏林。」參見 Harrison, *Driving the Soviets up the Wall*, p. 104.

3　Zum Status Berlin, SAPMO-BArch, DY 30/J IV 2/202/125, Bl. 2-3.

　　所以，第二次台灣危機爆發後，1958 年 10 月初，烏布利希和格羅提渥就對蘇聯駐民主德國大使米哈伊爾‧別爾烏辛（Mikhail Pervukhin）表示：「不得不考慮到，一旦中國的島嶼問題從火線上退下來後，接下來上去的就將會是德國。」對赫魯曉夫來說，此時他的處境則比較尷尬。在東方，他需要制止中國發動進一步的軍事佔領行動，避免與美國發生直接的軍事衝突；在西方，面對着美國和聯邦德國針對民主德國的威脅，他又需要採取一些實質性的步驟。而美國對台灣問題的態度，似乎成為赫魯曉夫最終決定挑起柏林危機的一個重要依據，蘇聯特別注意美國國務卿約翰‧杜勒斯（John Dulles）在訪問台灣期間，把蔣介石保證不會反攻大陸作為美國想要維持冷戰現狀的證據，這使得赫魯曉夫產生了如下的印象：即如果美國人被迫採取「兩個中國」的原則，這就意味着，在相似的壓力下，他們也可能會承認「兩個德國」。[1]

　　在蘇聯與民主德國進行了一系列協商後，赫魯曉夫最終決定向西方發出了有關西柏林問題的「最後通牒」，[2] 挑起了第二次柏林危機。中國駐英代辦宦鄉在 1958 年 11 月 26 日發給外交部的報告中認為，蘇聯提出關於結束四國佔領法規的動議，雖然涉及的只是柏林地位問題，但實際上牽涉到德國真正和平統一的問題。「現在德國問題和歐洲安全問題上的明爭暗鬥又因柏林問題而重新激化起來。帝國主義陣營內部既然矛盾重重，國際政治鬥爭的主動權，無論從遠東看，或從歐洲看，又都證明只操在社會主義陣營手裏。帝國主義者的日子是不好過的。」毛澤東從國際政治鬥爭的角度出發為這份報告重新擬定了一個標題：「帝國主義內

---

1　Vladislav M. Zubok, "Khrushchev and the Berlin Crisis (1958-1962)," *CWIHP Working Paper*, No.6, 1993, p. 11.

2　有關赫魯曉夫決定發動柏林危機的具體過程，蘇聯與民主德國就此問題的協商以及「最後通牒」的提出經過。可參見 Wettig, *Sowjetische Deutschland-Politik 1953 bis 1958*, S. 130-148; Wettig, *Chruschtschows Berlin-Krise 1958 bis 1963*, S. 14-29.

部矛盾重重，主動權操在我們手裏」[1] 因此將台海危機和柏林危機相提並論，自然就構成了中國與民主德國對美鬥爭的共同議題。這在他 1959 年初與格羅提渥會談時表達得更為明確：

> 主席：美國最近半年來受了好幾次整……台灣事件，這是我們挑起的，我們打蔣介石打了幾十年，去年我們在金門打了炮，全世界都反對美國……蘇聯和你們為了柏林事件發出的照會炸彈，使美國很難辦。這個事情做得很好……
>
> 格：這是一陣很好的風。
>
> ………
>
> 主席：美國不知道怎麼辦好，台灣問題把它搞得很緊張，柏林問題在蘇聯發表了幾次照會之後，他們也很難辦。
>
> 格：他們很不穩定，他們的所謂聯盟關係已經動搖了。[2]

在毛澤東看來，台海危機和柏林危機的共同本質在於打擊西方陣營的聯盟關係，讓美國不知所措。但又必須注意之前已經論述過的，在中國的眼中，台灣問題和柏林問題本質上從來就是不同的。台灣問題對於毛澤東而言，從來就不是什麼國際問題，只是中國的內政，自己的任何決斷絕不容他人置喙。因此，毛澤東對民主德國在柏林問題上的堅定的支持，主要是從在國際政治舞台上與美國進行鬥爭的這個角度出發的。

因為在毛澤東看來，柏林問題的核心是在於美國非常害怕失去西柏林，「他們從各方面抓住它，他們顯然害怕失去西柏林之後，會降低他們的國際威信，就好像他們失去了西柏林就會失去其他一切一樣……西方

---

1 《為印發宦鄉報告重擬的標題和批語》（1958 年 11 月），載中共中央黨史和文獻研究院編：《建國以來毛澤東文稿》第 13 冊，第 268-269 頁。

2 毛澤東會見民主德國政府代表團談話紀要（1959 年 1 月 27 日），中國外交部檔案館，204-00069-02，第 36-37 頁。

列強應該開始明顯地減少他們在西柏林的駐軍。這需要很長時間，大約
10 年，甚至更長一點的時間，那些西方將被迫完全放棄西柏林。」[1] 相比
較於赫魯曉夫的「最後通牒」是要在六個月內徹底解決西方國家在西柏
林的駐軍問題，毛澤東對此顯然沒有這麼樂觀，因此他在柏林問題上的
態度其實沒有民主德國領導人的那種緊迫感。

## 第四節　小結

　　1955 年底，中國與民主德國簽訂了《中德友好合作條約》，這個
條約標誌着兩國關係進入了一個新階段。不過在考察這個階段的中德關
係時，普遍存在着一個「迷思」，那就是認為中共與德國統一社會黨在
1956 年蘇共二十大之後就表現出一種疏遠蘇共的相互接近，形成了一個
所謂的「北京 — 潘科夫軸心」。之所以會得出這樣的結論其實是對蘇共
二十大之後中蘇關係誤判的結果。

　　倘若仍然堅持把蘇共二十大當作中蘇意識形態分歧的開端，乃至視
其為中蘇關係破裂的起點，那麼認為在蘇共二十大之後民主德國的對華
關係出現了一種不同於蘇聯的獨立性自然是無可厚非的。但問題在於，
蘇共二十大之後的中蘇關係並沒有走向分裂，反而變得更為緊密，若能
夠了解這一條件，那麼民主德國在對華關係上所謂的「特立獨行」也就
不復存在了。

　　蘇共二十大確實給德國統一社會黨帶來了意識形態上的衝擊，圍
繞着赫魯曉夫對斯大林個人崇拜的批判，政治局內部出現兩種不同的聲
音。一方是以烏布利希為代表的保守派領導人，他們想要限制「祕密報

---

1 《安東諾夫與毛澤東談話紀要：關於台灣問題和中印關係》（1959 年 10 月 14 日），載沈志華
主編：《俄羅斯解密檔案選編：中蘇關係》第 9 卷，上海：東方出版中心，2014 年，第 22 頁。

告」在黨員和普通羣眾中間的傳播，維護既有僵化的政治體制；另一方是以席爾德萬、厄斯納等為代表的改革派領導人，他們主張要改善黨內的政治風氣，鼓勵批評自由和黨內民主。蘇共二十大後，這樣的對立狀況在東歐共產黨領導層內屢見不鮮。

　　蘇共二十大後，中共和毛澤東為統一社會主義陣營的思想發揮了積極的作用，中共的地位陡然上升。因此，毛澤東對於如何走社會主義道路的見解自然得到了包括烏布利希在內的德國統一社會黨領導人的高度重視。在堅持走符合本國特點的社會主義道路的原則上，兩黨保持了高度的一致，德國統一社會黨甚至開始有意識地學習借鑒中國建設社會主義的經驗。但是對於毛澤東提出的「雙百」方針，德國統一社會黨內則意見不一，改革派領導人大力讚揚，並以此作為批評保守派的一大法寶。而烏布利希等保守派領導人，極力阻止在民主德國國內開展「百花齊放」運動。在經歷了波匈事件、中國的整風運動後，在這個問題上的分歧最終在中國開展反右運動之後才得到解決。

　　中德關係從何時才真正可以算是步入「蜜月」期？最早也只能從1957年的下半年開始算起；進入1958年後，由於中德兩國在國內經濟建設上都出現了需要加速躍進的訴求，而在各自對外政策上都需要解決對自身具有關鍵影響的台灣問題和柏林問題。作為社會主義陣營內的兄弟國家，此時兩國相互合作、相互助力則成了最自然不過的事。

　　即便是在兩國關係最為緊密的時期，雙方也不是毫無分歧和矛盾的。「大躍進」雖然大大增加了中德之間的貿易額，但同時也出現了計劃混亂的局面。此外，兩國在各自對外戰略仍然是存在區別的。對於民主德國而言，當它直面聯邦德國的威脅時，它所需要的是獲取社會主義兄弟國家的支援，並對聯邦德國予以回擊。可是，此時在中國的對外戰略中，美國才是自己的頭號敵人，像英、法、聯邦德國，「這些國家，若從兩個陣營來分，是屬於以美國為首的帝國主義侵略集團，但如以社會主

義陣營同美帝國主義來分，它們又處於中間地帶。因此，對這些國家不能同美國一樣看待。」[1]

在對待聯邦德國態度上，兩國存在着一種微妙的差別，這個差別一直潛藏於兩國交往之中，當時並沒有直接影響到中國在柏林危機問題上對民主德國的支持立場，但一旦雙方關係出現裂痕後，這一分歧就會變得異常礙眼。

---

1　中共中央黨史研究室張聞天選集傳記組編：《張聞天年譜》，第 755 頁。

# 第三章　衝突 —— 意見分歧的浮現（1959 — 1960）

　　1959 年正值中華人民共和國與德意志民主共和國成立十周年。在這一年中，兩國關係交往密切頻繁，年初格羅提渥率政府代表團訪華；5 月，民主德國的人民議會代表團訪華；10 月，兩國代表團相互參加了對方建國十周年的慶典；年底，兩國又簽訂了一項為期 3 年的長期貿易協定。無疑中德關係的親密程度在 1959 年達到了它的頂峰。但與此同時，兩國在外交內政上的分歧也已經若隱若現，外交上的分歧直接反映在對待聯邦德國的態度上以及對 1959 年中印邊界衝突的立場上，內政上的分歧則存在於如何看待中國對「人民公社」的宣傳上。進入 1960 年後，隨着中蘇之間的分歧日益公開化，中德之間分歧與衝突便也就真正浮出水面。

## 第一節　1959 年中德關係的成果與隱憂

　　民主德國駐華使館在回顧 1959 年中德兩國關係的發展時作出了極高的評價，認為中國與民主德國在 1959 年達到了政治關係上的一個高峰。中國出於社會主義陣營內國際主義利益一致的原則，對蘇聯和民主德國在柏林危機中所提出的對德和約以及解決西柏林問題都給予堅定的支持，兩國在經濟層面上也得以實現更高層次的合作。[1] 雖然在如何看待聯

---

1　Kurzbericht über die Entwicklung der Beziehungen zwischen der DDR und der Volksrepublik China im Jahre 1959, PA AA, Bestand MfAA, A 6.661, Bl. 195-196, SAPMO-BArch, DY 30/IV 2/20/121, Bl. 343-344.

邦德國的問題上，雙方存在着分歧，但整體上並未直接影響到兩國關係在 1959 年中持續良性發展的大趨勢。

## 一、格羅提渥的中國之行

1958 年 11 月 10 日，赫魯曉夫在蘇波友誼大會上的講話直接引發了第二次柏林危機。他在講話中表示，為了解決西柏林問題，蘇聯將單方面停止遵守關於柏林地位的協議，召回蘇聯駐西柏林的軍事長官和軍事代表團，以使得西方在柏林地位問題，東、西柏林過境問題，運輸問題上不得不與民主德國交涉。[1] 如果西方三國拒絕就簽訂和約達成相關協議，蘇聯則將單方面同民主德國締結和約，並同時把自己對柏林的職權也移交給民主德國。[2]

所以，當蘇聯政府在 11 月 27 日發出 6 個月就解決西柏林問題達成協議的「最後通牒」照會後，德國統一社會黨的領導人們都盼望一旦西方拒絕蘇聯所提出的要求後，赫魯曉夫能夠兌現他的承諾，單方面與民主德國簽訂和約。[3] 因此，民主德國需要在外交上採取與之相配合的措施，爭取更多的國家承認民主德國的主權地位。格羅提渥 1959 年初率領政府代表團訪問亞非諸國的主要目的就在於此。[4] 其中最具重要意義的是對阿拉伯聯合共和國、伊拉克以及印度三國的訪問，這是民主德國的政府首腦首次訪問社會主義陣營以外的國家，民主德國試圖同這些不結盟國家建立外交關係，阻擊聯邦德國政府的哈爾斯坦主義。[5] 而格羅提渥亞

---

1　《波蘇領導人會談紀要》（1958 年 11 月 10 日），載沈志華主編：《蘇聯歷史檔案選編》第 27 卷，第 181 頁。

2　丁建弘等主編：《戰後德國的分裂與統一（1945 — 1990）》，第 162 頁。

3　Harrison, *Driving the Soviets up the Wall*, p. 117.

4　從 1959 年 1 月 4 日至 29 日，格羅提渥率領德意志民主共和國政府代表團依次訪問了阿拉伯聯合共和國、伊拉克、印度、緬甸、越南民主共和國及中國這六個國家。

5　Hoffmann, *Otto Grotewohl (1894-1964)*, S. 638-639.

非之行的最後一站便是中國。

　　抵達北京後，格羅提渥與中國領導人舉行一系列的會談。在 1 月 23
日與周恩來的會談中，格羅提渥首先表達對中國大煉鋼鐵以及人民公社
的興趣，同時在經濟領域上向中國提出了更加具體的幫助請求。由於德
國統一社會黨五大提出到 1961 年經濟超過聯邦德國的目標，作為民主德
國總理，格羅提渥表示，民主德國的這個目標「對於整個社會主義陣營
來說都是一個重要的任務」，但「這一任務如此之重要，若沒有社會主義
陣營內的支援，我們單獨是無法完成的」。因此，他向周恩來提出兩點
請求：首先，兩國應簽訂長期的貿易協定，因為對工業生產來說，長期
的計劃是十分必要的，同時民主德國還必須確保食品上的供應基礎。其
次，希望中國把對民主德國的貿易協定總額從 9.5 億盧布提高至 10 億盧
布，主要涉及大豆、花生仁、葵花籽、亞麻種的供應。格羅提渥指出，
這是希望得到中國幫助的重點，因為這些要求在其他國家很難實現。[1]

　　最終，中國滿足了民主德國提高 1959 年兩國貿易額的要求。在 1 月
27 日與毛澤東的會談中，格羅提渥對此表示了感謝，毛澤東則表示：「目
前貿易額不大，將來會擴大的。」毛澤東不僅在繼續擴大兩國貿易額上
承諾，而且在柏林問題上也同樣表達了對民主德國的明確支持。[2] 隨着中
共在國際共運中的威望和地位的日益提高，其對兄弟黨在政治上和外交
上的支持就顯得尤為重要，而民主德國更是十分看中這種外交上的互相
支持。[3] 毛澤東對柏林問題的表態無疑又給德國統一社會黨的領導人們打上
了一針強心劑。

---

1　Dok. 2: Gespräch Otto Grotewohl–Tschou En-lai (23. 1. 1959), in Möller, *DDR und VR China*, S. 55-58.

2　Kurze Niederschrift der Aussprache der Regierungsdelegation mit dem Genossen Mao Tse-tung, PA AA,
　　Beatnad MfAA, A 9.958, Bl. 2, 6; 毛澤東會見民主德國政府代表團談話紀要（1959 年 1 月 27
　　日），中國外交部檔案館，204-00069-02，第 32、36 頁。

3　駐德使館致外交部：對明年外交工作規劃的意見和建議（1958 年 11 月 30 日），中國外交部
　　檔案館，109-01361-01，第 2-3 頁。

在談及民主德國國內經濟建設的問題時，格羅提渥表達了對中國建設經驗的讚許。當他向毛澤東介紹民主德國國內合作化和私人資本改造的情況時，就表示，正是在這個問題上走了中國的道路，才獲得很大成績，使得敵人很快就接受了國家投資的道路。而對於中國的人民公社，格羅提渥表示，雖然在民主德國不會很快搞人民公社，但他仍然十分關心中國人民公社的發展狀況，在他看來人民公社問題是「整個社會主義陣營的問題」。[1] 而在民主德國所起草的中德兩國政府聯合聲明的文本中，也充斥着對中國的「大躍進」和人民公社的溢美之詞：

> 中華人民共和國在社會生活一切領域的大力發展給德意志民主共和國代表團留下了深刻而持久的印象……
>
> 特別是對中國人民在努力提高鋼鐵產量、農村工業化以及提高農業產量方面印象深刻。這些成果證明，在中國共產黨的領導下，站起來的中國兄弟人民有着不可限量的創造力。這還表明在重要經濟部門生產上 15 年內超過英國的目標是完全現實的。在合適的條件下，這些目標其實在更短的時間內就可以實現。
>
> 德意志民主共和國政府代表團還有機會學習到了建立人民公社運動及其工作。這一人民運動將有助於中國社會主義建設的加速實現。由此，中國人民證明，在一個落後的、長期在半殖民與封建壓迫下的國家內，是可以在短期內就實現社會主義社會制度的建設的。[2]

---

1　毛澤東會見民主德國政府代表團談話紀要（1959 年 1 月 27 日），中國外交部檔案館，204-00069-02，第 37 頁。

2　Gemeinsame Erklärung der Regierung der Deutschen Demokratischen Republik und der Regierung der Volksrepublik China, 2. Entwurf, PA AA, Bestand MfAA, LS-A 329, Bl. 30-31. 但這些表述最終並沒有出現在中德兩國政府聯合聲明的正式文本中，參見《中德兩國政府聯合聲明》，《人民日報》1959 年 1 月 28 日，第 1 版。對於民主德國就中國的「大躍進」和人民公社成所表達的讚揚之詞，中國方面似乎都刻意不願宣揚，在新中國成立十週年之際，中國駐德使館對於德方賀詞中的「中國勞動人民的大躍進及其空前未有的成就引起了全世界的景仰」之類的語句也建議「不必發表，也不須作何表示」。參見德意志民主共和國領導人致我領導人、德外長致我外長十週年國慶賀電及我覆電，中國外交部檔案館，117-00551-04，第 18 頁。

　　民主德國對於中國「大躍進」、人民公社化運動的由衷稱讚，以及格羅提渥此次中國之行的豐碩收穫，都為 1959 年中德關係的深入發展構築了一個良好的基礎背景。對於民主德國希望提高 1959 年的貿易額的要求，中國方面給予了滿足。中德兩國政府共同發表聯合聲明，簽訂兩國領事條約，並決定簽訂一項長期貿易協定，這些也都是格羅提渥的訪華成果。然而，也正是在中德兩國外交部長就聯合聲明進行談判的過程中，雙方在一個問題上的分歧被擺上了桌面。

## 二、在聯邦德國性質問題上的分歧

　　格羅提渥訪華期間，中德兩國外交部長陳毅與博爾茨，就如何起草兩國政府的聯合聲明舉行了會談。從兩人的會談記錄中可以發現，雙方在基本思想認識高度一致的情況下，在如何定性聯邦德國的問題上出現了比較明顯的分歧，具體的差別表現在對聯邦德國性質的表述到底應該是「帝國主義」還是「軍國主義」？在這個問題上，兩國一開始便各執一詞。

　　陳毅首先表示：「對於西德我們應當這樣考慮，我們不稱其為『帝國主義和新殖民主義』，而只表述為『軍國主義』。在 1957 年的聯合聲明也同樣只表述為『軍國主義』…… 我們中央在文件中只說在西德有軍國主義。目前的實踐經驗不會使我們改變這一表述。加上『帝國主義』一詞將意味着要改變政治口號。」但博爾茨表達了不同的看法，表示德方不能放棄「帝國主義」的這個表述，因為在德國統一社會黨領導人們的講話中都提到了德國帝國主義的復活，「不應該低估西德帝國主義的力量 …… 我們必須公開說明德國帝國主義的本質。將西德稱為帝國主義和新殖民主義也不存在理論原則上的異議，因為它符合事物的本質。」

　　隨後博爾茨建議在聯合聲明中用「壟斷資本主義的統治」以代替「帝國主義」。但陳毅似乎仍然不太贊同，表示應當再考慮一下：

> 你們說，不能低估西德帝國主義，但也不應該高估他。如果
> 我們高估了它，那麼我們就正合了阿登納的心意 …… 當然我們不
> 能放鬆警惕。但是你們提出改變中國表述的建議不好 …… 不應
> 該過於強調西德壟斷資本主義的獨立性，因為西德是隸屬於美帝
> 國主義的。它是一個戰敗國和被佔領國。美國騎在西德人民的脖
> 子上。

　　但博爾茨仍舊堅持建議用「壟斷資本主義的統治」代替帝國主義和
軍國主義，於是會談便暫停了一小會之後陳毅最終同意了對方的建議。[1]
最終在《中德政府聯合聲明》中的表述為「鑑於在美國侵略集團的援助
下，壟斷資本主義的統治和軍國主義已經在西德再起」。[2]

　　中德雙方在這個問題上的分歧並不是突然從天上掉下來的，而是很
早就潛在於兩國各自的對外戰略之中。在毛澤東的外交政策當中，某種
類似「中間地帶」的思想作為一種分化敵人的外交鬥爭策略總是如草蛇
灰線般地存在着。在 1956 年 10 月，毛澤東就提出過「中間地帶從英國
一直到拉丁美洲」的看法，[3] 已經有意識地開始從統戰策略的角度出發，
注意把一些歐洲國家與美國再度區別開來。[4] 因此，作為戰後被西方國家
佔領，並在其主導下成立的聯邦德國當然被中國看作是對美鬥爭過程中
所要爭取的統戰對象。

　　1958 年 5 月，民主德國駐華大使汪戴爾在與周恩來就有關聯邦德國
問題交換看法時，汪戴爾着重強調了聯邦德國對民主德國所具有的戰爭
威脅，而周恩來的態度卻顯得比較微妙：

---

1　Dok. 21: Protokoll über die Diskussion zur Gemeinsamen Erklärung zwischen der Deutschen
　　Demokratischen Republik und der Volksrepublik China am 26. 1. 1959, in Meißner, hrsg., *Die DDR und*
　　*China 1949 bis 1990*, S. 106-107.
2　《中德兩國政府聯合聲明》，《人民日報》1959 年 1 月 28 日，第 1 版。
3　中共中央文獻研究室編：《毛澤東年譜：1949 — 1976》第 3 卷，第 13 頁。
4　楊奎松：《中美和解過程中的中方變奏 ——「三個世界」理論提出背景探析》，《冷戰國際史
　　研究》2007 年夏季號，第 22 頁。

　　總理：德國是容易爆發戰爭的地方之一，從德國這個角度來看，依你的看法，我們能夠爭取十年到十五年的和平嗎？歐洲是否有爆發戰爭的可能性？

　　大使：我們估計不大可能。但是我們也應該看到，在西德掌握政權的是阿登納之流的人物。他們是冒險家，我認為，最近這兩年將是有着決定意義的兩年，如果西德阿登納繼續他目前的政策，用原子武裝起來，那麼戰爭的危險仍然很大，阿登納想搞局部戰爭，用他的力量吞併東德。

　　總理：阿登納如果沒有美國支持，戰爭是無法搞起來的。德國不可能有局部戰爭，如果有，那勢必會發展成為世界性的戰爭。因為如果西德進攻東德，蘇聯一定會出來，蘇聯一出來，美國也一定會出來幫助阿登納。這樣就不是局部戰爭了。朝鮮可以有局部戰爭，越南可以有，印度支那可以，埃及可以有，印尼可以有，台灣海峽可以有，但是德國不可能有。[1]

　　從以上兩人的談話中可以發現，聯邦德國對於民主德國與中國完全是以兩個不同的面目出現的。對於民主德國來說，聯邦德國的重新武裝讓它感到直接的威脅，因此強調，「戰爭的危險仍然很大，阿登納想搞局部戰爭，用他的力量吞併東德。」對於中國來說，聯邦德國則只是美國的附庸，不應該高估它。即便聯邦德國對民主德國具有威脅，也是因為有美國在背後支持，在這一點上，中國的潛台詞其實就是，一切問題的根源都在於美國，民主德國應該直接與美帝國主義鬥爭，而不要僅僅去糾結於聯邦德國。

　　對於雙方的這點分歧，民主德國的領導人已經有了一定程度的認識，他們發現中國總是一直在強調美帝國主義是中國人民的主要敵人，

---

1　周恩來接見民主德國駐華大使汪戴爾談話記錄（1958 年 5 月 4 日），中國外交部檔案館，109-00841-07，第 49 頁。

而歐洲的資本主義國家對於中國的對外政策卻並不扮演頭等重要的角色。[1]
毛澤東之所以對赫魯曉夫挑起柏林危機表示認可，更大程度上也是支持
他給美國人製造了麻煩，而對於所謂聯邦德國重新武裝的威脅卻並未有
太多的注意。

　　此外，德國統一社會黨似乎並未充分注意到中共對於台灣問題屬於
中國內政問題的強調。一般情況下，民主德國總是在描述兩國對外政策
上將台灣問題和德國統一問題相提並論。[2] 但這一點並非符合中國的想
法，關於台灣問題和德國問題的區別，在 1959 年 10 月 2 日毛澤東與赫
魯曉夫的會談當中就已經講得十分清楚了。他當時就說：

> 　　中國同德國不同，不僅是因為台灣的人口比中國大陸的人口
> 要少得多，而且因為中國戰後不是一個戰敗國，是戰勝國之一，
> 德國分裂為兩個國家，是波茨坦協定的結果。朝鮮三八線也是根
> 據以金日成、我們為一方，以美國人為另一方之間的協議而確定
> 的。越南是按照日內瓦協定被劃分為北方和南方的。就台灣問題
> 而言，沒有任何國際會議對它做出決定。美國佔領台灣，不僅在社
> 會主義國家引起不滿，而且連英國、美國本身和其他國家都不滿。[3]

　　所以在毛澤東和中共領導人的心目中，台灣問題根本不受任何國際
條約的約束，因此從來就不是什麼國際問題。在台海危機期間，中國堅

---

1　Kurzbericht über die Entwicklung der Beziehungen zwischen der DDR und der Volksrepublik China im
　　Jahre 1959, PA AA, Bestand MfAA, A 6.661, Bl. 194-195.

2　德國統一社會黨外交委員會在 1958 年底制定格羅提渥訪華計劃時，提出的一個目標就是形
　　成一個兩國相互支持對方外交政策的正式聲明，其實便是將台灣問題和德國統一問題一併提
　　出。參見 Die Außenpolitische Kommission beschließt, 2. 12. 1958, PA AA, Bestand MfAA, A 17.286,
　　Bl. 178.

3　《赫魯曉夫與毛澤東的會談記錄：關於台灣問題和中印關係的爭論》（1959 年 10 月 2 日），載
　　沈志華主編：《俄羅斯解密檔案選編：中蘇關係》第 8 卷，第 421 頁。毛澤東的這段話還可參
　　見中共中央文獻研究室：《毛澤東年譜：1949 — 1976》第 4 卷，第 195 頁；《中國大陸同台
　　灣的關係不同於兩個德國、兩個朝鮮、兩個越南》（1959 年 10 月 2 日），載中華人民共和國
　　外交部、中共中央文獻研究室編：《毛澤東外交文選》，第 381 頁。

決反對把台灣問題提交由聯合國或者多邊國際會議進行處理的建議，而赫魯曉夫卻希望能夠將台灣問題國際化後儘快解決危機。[1] 中蘇間的分歧也正在於此。但是柏林問題則絕對不可能不是國際問題，它直接牽扯到美、英、法、蘇四國的利益，必須通過國際談判來進行解決。所以民主德國對於處理柏林問題的態度也絕不可能像中國處理台灣問題那樣。只不過這些對外政策上的不同與分歧在當時並沒有立刻就構成對中德關係發展的障礙。

## 三、持續推進的中德關係

分歧並不必然對兩黨兩國關係的發展造成負面影響，因為妥協是外交中必備的一門技藝。對於中德關係而言，1959 年初雙方在對待聯邦德國立場上的分歧，就是以一種相互妥協的方式解決的。陳毅當時就曾對博爾茨說：「我們應當允許分歧，但是不要對外表達，目的是不讓帝國主義有空子可鑽。」[2] 因此，1959 年民主德國與中國的外交關係在整體上並沒有受到這些意見分歧的影響。

從外交的層面上看，由於民主德國的主要關切在於獲取更多國家承認其主權，所以在與非社會主義的亞非國家開展外交時，它試圖要在亞非地區贏得朋友。德國統一社會黨把承認民主德國，承認兩個德國的實存，並且抵消聯邦德國對亞非國家的影響作為它的首要任務，強調不能低估亞非國家對於解決德國問題的重要意義，它們對民主德國的每一次援助，每一次承認，每一次對民主德國政策的認同，都是在歐洲和德國問題上幫助民主德國。而能夠在亞非地區施展較大影響的國家就是中國，因此民主德國在此類外交活動中十分渴望得到中國的幫助。

---

1　沈志華：《無奈的選擇》，第 684-685 頁。
2　Dok. 21, in Meißner, hrsg., *Die DDR und China 1949 bis 1990*, S. 106.

在格羅提渥訪華期間，民主德國外交部副部長澤普・施瓦布（Sepp Schwab）曾專門就亞非國家問題與章漢夫協商，其中他特別強調：「我們對於中國的影響力有着特別高的評價。我們考慮到中國在對於亞非國家的外交政策當中扮演領導者的角色。中國發揮的影響力越穩定，民主德國的工作也就可以變得越容易。而問題在於中國在多大程度上能夠給予民主德國以支持。」章漢夫表示，中國會努力支持民主德國對亞非國家的政策，但同時要注意到這些國家的兩面性，同時工作不要操之過急，要以「滴水穿石」的精神來等待條件成熟。施瓦布隨後表態：「中國的路線也就是民主德國的路線。」[1] 足見民主德國對中國在外交政策上的一些意見觀點仍然予以高度重視並積極響應。[2] 而兩國在有關亞非國家的情報交換和意見交流上也更趨密切。[3]

1959 年正值兩國成立十周年，雙方代表團互訪頻繁。自格羅提渥年初訪華後，民主德國人民議院主席團主席約翰內斯・狄克曼（Johannes Dieckmann）與第一副主席馬特恩又於 5 月率領人民議院代表團訪華，毛澤東在與他們的會談中，感謝民主德國對中國「大躍進」的幫助，並且認為民主德國提出，「到 1961 年超過西德的口號是正確的。你們的鬥爭

---

1　Aktenvermerk über eine Unterredung zwischen dem Stellvertreter des Ministers für Auswärtige Angelegenheiten, Botschafter Sepp Schwab, und dem Stellvertreter des Ministers für Auswärtige Angelegenheiten der VR China für die asiatisch-afrikanischen Länder, Chang Han-fu am 28. 1. 59 im Gästehaus der Regierung der VR China, PA AA, Bestand MfAA, A 6.561,, Bl. 365, 367-368, 371.

2　例如，毛澤東提出帝國主義都是「紙老虎」的觀點，就很快得到了民主德國方面的重視。參見 Botschafter Wandel, Peking an Hauptabteilung II und Zentralkomitee, 24. 11. 1958, SAPMO-BArch, DY 30/IV 2/20/121, Bl. 158.

3　參見 Aktenvermerk über eine Unterredung mit dem Hauptabteilungsleiter für die Sowjetunion und die sozialis -tischen Länder Europas, Genossen Wang Ü-tien, im Ministerium für Auswärtige Angelegenheiten der VR China am 16. 2. 1959 in der Zeit von 14.00 - 14.45 Uhr, PA AA, Bestand MfAA, A 6.561, Bl. 333-336; Vermerk über den Besuch des Rates der chinesischen Botschaft, Hsü Ming, am 2. April 1959 um 16.00 Uhr im MfAA, PA AA, Bestand MfAA, A 6.561, Bl. 146; Aktenvermerk über eine Besprechung zwischen dem Rat der chinesischen Botschaft in Berlin, Genossen Hsü Ming und dem Leiter der HA II des MfAA, Kollegen Kiesewetter am 13. April 1959 von 11.00 bis 12.30 Uhr, PA AA, Bestand MfAA, A 6.564, Bl. 143-144.

開展得不錯。」[1]而彭德懷率領軍事代表團對民主德國的訪問也堪為重要一環，為了讓中國軍事代表團能夠在 4 月就能夠來到柏林，民主德國前後連續催促了三次。[2]因為此時正值西方三國答應與蘇聯就柏林問題召開外長會議的前夕，民主德國邀請中國的軍事代表團來訪是具有深意的。烏布利希在與彭德懷的會談一開始就表示：「我們對你們這次訪問評價很高，尤其在目前這個時刻來訪，更有重大的政治意義。」[3]

　　所謂的「這個時刻」，是指 1959 年 5 月 11 日召開的日內瓦美、英、法、蘇四國外長會議，它是西方三國回應赫魯曉夫「最後通牒」的直接產物，並且首次同意聯邦德國和民主德國共同作為觀察國參加這次會議。[4]這對於民主德國而言可謂意義非凡，在日內瓦外長會議召開之前，為了顯示社會主義國家的團結一致以壯聲勢，華約成員國決定於 4 月 24 日先召開一次外長會議，中國也派張聞天作為代表出席。張聞天認為，在會議上他應該主要聽取蘇聯和其他兄弟國家的意見，並對蘇聯的主張表示支持，但鑒於蘇聯在德國問題上的政策變化較大，中國在具體問題上的支持應留有餘地。同時中國也已經預見到，由於德國問題是國際老問題，單憑日內瓦會議估計解決不了大問題。[5]這些判斷從事後來看都是比較準確的。

　　相較於烏布利希，日內瓦外長會議對赫魯曉夫具有更非凡的意義。烏布利希所盼望的對德和約，將蘇聯在柏林的權利移交給民主德國，或者達成使西柏林變成自由市的協議，並強調西柏林屬於民主德國領土的

---

1　Dok. 24: Unterredung mit dem Genossen Mao Tse-tung, in Meißner, hrsg., *Die DDR und China 1949 bis 1990*, S.112.

2　王焰主編：《彭德懷年譜》，北京：人民出版社，1998 年，第 721 頁。

3　駐德使館致外交部、國防部並報黨中央、國務院：烏布利希接見彭總談話紀要（1959 年 5 月 16 日），中國外交部檔案館，110-00846-06，第 85 頁。

4　Harrison, *Driving the Soviets up the Wall*, p. 121.

5　中共中央黨史研究室張聞天選集傳記組編：《張聞天年譜》，第 792、795 頁。

這些要求都無法立即得到實現。[1] 而讓赫魯曉夫可以感到滿意的是，他在這次會議上收到了美國總統德懷特・艾森豪威爾（Dwight Eisenhower）的訪美邀請，可見蘇聯和民主德國在解決西柏林問題上的根本訴求並不相同。

在日內瓦外長會議期間，赫魯曉夫與烏布利希進行了兩次會談，赫魯曉夫在會談中表示，他早已預知外長會議不會產生任何實質性的結果，會議的目的在於測試各國的力量，試探各國的立場。基本可以認定的是西方不會接受蘇聯的建議，所以接下來就必須再召開一次四國首腦峰會。在赫魯曉夫眼中，單方面與民主德國簽訂和約，就如一把懸在西方三國頭頂上的「達摩克利斯之劍」，對此米高揚則說得更加直截了當：「之前，關於柏林他們根本不想同我們對話，但現在他們被迫就這個問題和我們談判 …… 以簽訂和平協定為威脅，將迫使他們同我們談判。」[2]

所以，在莫斯科看來，日內瓦外長會議的目的不是為了解決西柏林問題，而只是為了同西方展開更高層次的談判。蘇聯只是把與民主德國簽訂和約當作威脅西方的手段而並非解決柏林問題的目的，但在烏布利希看來，對德和約卻一直是解決柏林問題的根本目標所在，關係到自己的切身利益。蘇聯卻只是把柏林問題當作用來嚇唬西方，並且逼迫他們坐回到談判桌邊的工具而已。對赫魯曉夫的這些考慮，烏布利希自然會感到失望。因為這將讓民主德國直接面對更為嚴重的經濟與社會困局。[3]

為了要實現「到 1961 年在主要生活資料和消費品方面按人口平均計算超過西德」的口號，烏布利希在 1959 年 9 月提出，到 1965 年要取得

1　參見 Manfred Wilke, *Der Weg zur Mauer: Stationen der Teilungsgeschichte*, Berlin: Ch. Links Verlag, 2011, S. 227-233.

2　Hope M. Harrison, "The Berlin Crisis and the Khrushchev-Ulbricht Summits in Moscow, 9 and 18 June 1959," *CWIHP Bulletin 11: Cold War Flashpoints*, Winter 1998, pp. 208-209, 213, 215.

3　比如民主德國為維持民眾生活的基本供應，1959 年底又向蘇聯提出 15,000 噸黃油的援助。參見 Lieferung von 15000 t Butter, zusätzlich zu den Lieferungen 1959 durch die SU, SAPMO-BArch, DY 30/4623, Bl. 3.

民主德國社會主義建設七年計劃勝利的目標，替代了原先 1956 年所制定的五年計劃。[1] 這意味着民主德國在經濟建設上更高的要求，因而在對外貿易方面的需求也必然上升。這樣自然要加強在這方面與中國的合作，兩國最終在 1960 年 1 月所簽訂了一項長期貿易協定，標誌着中德雙方在經貿關係發展到了一個高峰。

　　從 1950 年起民主德國就一直想要與中國簽訂長期的貿易協定，這對於國內經濟的穩定發展是一個重要保障，但一直未能實現。1956 年 6 月底至 7 月初，民主德國也曾派遣一個政府代表團到中國，就簽訂長期貿易協定與中方進行了一系列的談判工作。[2] 由於當時中國正處於經濟上的「反冒進」，當時並未立即達成協議。等到 1959 年初格羅提渥訪華時，毛澤東許諾還要擴大與民主德國的貿易，最後 1959 年的貿易額達到 8.84 億盧布，比 1958 年又提高了 5%。[3] 而在蘇聯挑起柏林危機之後，民主德國又有意識地想要減少對聯邦德國的貿易依賴，[4] 在這樣的大趨勢之下，兩國簽訂長期貿易協定的也就成了順其自然的事了，到 1960 年 1 月，兩國簽訂了一個為期三年的長期貿易協定，此外，兩國之間的消費品交換貿易也得到了進一步的發展。[5]

　　1959 年 10 月，恰逢中國和民主德國這兩個「同年同月誕生分別矗立

1　Malycha und Winters, *Die SED*, S. 151; Weber, *Die DDR 1945-1990*, S. 51.

2　相關談判的內容參見 1. Bericht der Regierungsdelegation der Deutschen Demokratischen Republik für den Abschluss eines langfristigen Abkommens mit der Volksrepublik China Zeitraum: 25. 6. 1956-5. 7. 1956, PA AA, Bestand MfAA, A 6,625, Bl. 9-21; Situationsbericht über die bisherige Tätigkeit der Regierungsdelegation für den Abschluß eines langfristigen Abkommens mit der VR China, PA AA, Bestand MfAA, A 6,625, Bl. 49-52.

3　Kurzbericht über die Entwicklung der Beziehungen zwischen der DDR und der Volksrepublik China im Jahre 1959, SAPMO-BArch, DY 30/IV 2/20/121, Bl. 345-346.

4　Protokoll über die erste Unterredung zwischen der Regierungsdelegations der Deutschen Demokratischen Republik und der Regierungsdelegation der Volksrepublik China am 23. 1. 1959, PA AA, Bestand MfAA, A 6,739, Bl. 24.

5　《商業部關於與民主德國開展消費品交換工作的報告》，載中國社會科學院、中央檔案館編：《1958 — 1965 中華人民共和國經濟檔案資料選編 · 對外貿易卷》，第 377-378 頁。

在以蘇聯為首的偉大社會主義陣營的東方和西方最前線上的兩個兄弟國家」成立十周年，兩國在各自國內都舉辦了紀念對方國慶十周年的慶祝大會。而到 1959 年底，德國統一社會黨方面已經開始籌劃邀請劉少奇以國家主席的身份對民主德國進行國事訪問，再度舉辦「中德友好周」等活動。[1] 這些足以顯示 1959 年中德關係的整體發展趨勢良好，然而雙方出於自身的考慮，在各自對外政策上的固有分歧已經開始顯露出一些蛛絲馬跡，這在民主德國對待 1959 年中印邊界衝突的立場上表現得就更加明顯了。

## 第二節　民主德國在中印邊界衝突上的立場演變

雖然從總體上觀察，中德關係在整個 1959 年期間仍基本維持着良性合作，但在當年的年初就已經讓人看到了些許隱憂。而與此同時，中蘇關係的裂痕卻已經變得愈發明顯了，自 1959 年初以來，人們已經可以從中蘇兩黨兩國的公開輿論中看出了一些端倪。其中，中印邊界衝突便是一個反映當時中蘇矛盾的非常突出的事件。雖然這一事件絕非是中蘇關係惡化的根源，但研究者們普遍認為，它是中蘇關係公開惡化的起點。[2]

---

1　An den Stellvertreter des Vorsitzenden des Ministerrats und Minister für Außenhandel und Innerdeutschen Handel der Deutschen Demokratischen Republik Genossen Heinrich Rau, SAPMO-BArch, DY 30/IV 2/20/115, Bl. 256; Einladung des Vorsitzenden der Volksrepublik China, Gen. Liu Schao-tji in die DDR, SAPMO-BArch, DY 30/4623, Bl. 173; Vermerk über eine Unterredung zwischen dem Botschafter der VR China, Genossen Wang Kuo-tschuan, und den Genossen Florin und Demel am 7. 1. 1960, 11.00 Uhr, SAPMO-BArch, DY 30/IV 2/20/115, Bl. 47.

2　有關 1959 年中印邊界衝突對中蘇關係影響的論文，值得注意的有 Chen Jian, "The Tibetan Rebellion of 1959 and China's Changing Relations with India and the Soviet Union," *Journal of Cold War Studies*, Vol. 8, No. 3, 2006, pp. 54-101; 沈志華：《難以彌合的裂痕 —— 蘇聯對中印衝突的立場及中蘇分歧公開化（1959 — 1960）》，載沈志華：《冷戰的再轉型》，第 130-165 頁。

而民主德國當時出於自身外交利益的訴求，在對待中印邊界衝突時所表達的立場及其演變，在客觀上也使得中德關係中一些隱藏着的矛盾被進一步突顯出來。

## 一、民主德國在朗久事件後的反應

　　格羅提渥 1959 年初的亞非之行，可謂是其政治生涯中的一場外交重頭戲。1958 年 11 月 11 日，德國統一社會黨中央召開政治局會議，施瓦布作了關於格羅提渥同志亞非之行準備情況的報告，政治局決定由外交部負責準備好詳細的計劃提交下次政治局會議討論。[1] 緊接着，在 11 月 18 日的政治局會議上討論這一計劃，隨後又決定由德國統一社會黨外交委員會負責修改並完成這一計劃。[2] 從最終制定的計劃中可以看出，外交委員會將此次訪問印度的目標設定如下：與印度就建立外交關係進行對話，獲取印度對民主德國的德國政策的支持，並且力爭在與尼赫魯會談時能夠達成關於兩國政府之間互設總領事館的協議。[3]

　　1959 年 1 月 12 日，格羅提渥抵達印度，隨即同尼赫魯舉行會談，內容主要涉及德國問題、柏林問題、簽訂對德和約以及民主德國同印度建立外交關係的可能性問題。格羅提渥希望印度能承認兩個德國，與民主德國建立外交關係。對此，尼赫魯則表示需要權衡利弊，他認為如果現在就要建交的話，暫時對印度來說是弊大於利的。在第二天的會談中，格羅提渥又建議讓兩國外交部長研究外交承認的問題，為日後解決這一問題做好準備。尼赫魯毫不猶豫地加以拒絕，因為在他看來，如果

---

1　Protokoll Nr. 45/58 der Sitzung des Politbüros des Zentralkomitees am Dienstag, dem 11. 11. 1958 im Zentralhaus der Einheit, Großer Sitzungssaal, SAPMO-BArch, DY 30/J IV 2/2/617, Bl. 3.

2　Protokoll Nr. 46/58 der Sitzung des Politbüros des Zentralkomitees am Dienstag, dem 18. 11. 1958 im Zentralhaus der Einheit, Großer Sitzungssaal, SAPMO-BArch, DY 30/J IV 2/2/618, Bl. 6.

3　Die Außenpolitische Kommission beschließt, 2. 12. 1958, PA AA, Bestand MfAA, A 17.286, Bl. 177-178.

讓兩國外長討論這個問題就已經意味着對民主德國的實際承認。[1] 而對於兩國相互設立總領事館的建議，尼赫魯表示印度目前同民主德國的關係還不能有新的調整。格羅提渥的印度之行雖然氣氛友好，卻沒有得到任何具體的積極成果，這讓他感到懊惱，他之後曾對周恩來說：「尼赫魯是個毫無希望的，幻想的修正主義者 …… 目前還不能使尼赫魯承認民主德國。」[2] 總體來說，格羅提渥的印度之行只是取得了道義上的成就。[3] 不過，在德國統一社會黨的領導人們看來，即便是這些「道義上的成就」也已經可以為 1955 年以來蘇聯與民主德國所主張的「兩個德國論」發揮關鍵作用了，因為格羅提渥訪印本身就意味着印度已經把民主德國視作一個可以對話的夥伴了。[4]

　　從格羅提渥結束亞非之行到中印邊界爆發衝突，民主德國在這段時間內一直利用各種可能的手段來加強自己對印度的影響。1959 年 6 月 10 日，德國統一社會黨外交委員會向政治局提出一份草案，建議採取措施加強對印度的政治文化宣傳，其中要求所有民主德國駐印度的機構在文化和宣傳領域的工作上必須要有明確的政治導向，要讓印度的輿論明白與民主德國建立外交關係的必要性，同時揭露聯邦德國對印政策的帝國主義和殖民主義的本性，而且要反駁印度所認為的承認民主德國就等於參與冷戰的看法。在可見的一段時間內必須採取一切手段加強民主德國在印度的地位，並且爭取改變印度在德國問題上的政策。[5] 這一系列措施也似乎起到了一定的效果，尼赫魯後來曾於 8 月 10 日致信格羅提渥，其

1　Johannes H. Voigt, *Die Indienpolitik der DDR: Von den Anfängen bis zur Anerkennung (1952-1972)*, Köln: Böhlau Verlag, 2008, S. 283-286.

2　周恩來同民主德國政府總理格羅提渥談話紀要（1959 年 1 月 23 日），中國外交部檔案館，204-00069-04，第 45-46 頁。

3　毛澤東會見民主德國政府代表團談話紀要（1959 年 1 月 27 日），中國外交部檔案館，204-00069-02，第 31 頁。

4　Hoffmann, *Otto Grotewohl (1894-1964)*, S. 639; Voigt, *Die Indienpolitik der DDR*, S. 290.

5　Vorlage an das Politbüro, PA AA, Bestand MfAA, A 17.286, Bl. 210-214.

中表達出對和平解決德國問題以及其他問題與民主德國開展一次實質性
討論的興趣。[1]

　　1959 年 8 月 25 日，中印兩國軍隊在朗久地區的馬及墩發生衝突。
衝突發生之後，在印度國內很快掀起了反華浪潮，在政治、外交、輿論
等多方面對中國施加壓力，試圖迫使中方在邊界問題上讓步。尼赫魯也
一改過去的溫和態度，指責中國「入侵」印度的東北邊境。[2] 朗久事件爆
發後，民主德國對此事件並沒有立即表明立場，而是處於繼續了解事件
經過的狀態。在對印外交上，德國統一社會黨仍然繼續其既定政策，並
沒有預見到中印邊界衝突將間接影響民主德國對印政策的可能性。9 月 1
日，德國統一社會黨外交委員會向政府建議，派遣由部長會議副主席兼
對外與德國內部貿易部長海因里希·勞（Heinrich Rau）率領的政府代表
團參加 1959 年 12 月在新德里（New Delhi）舉辦的國際農業展覽會民主
德國館的開幕式。同時，建議代表團訪印期間必須要在政治上向印方說
明：簽訂對德和約以及解決西柏林問題的時機已經成熟，促使印度改變
對德國問題的態度，調整與民主德國的外交關係。力求使民主德國在新
德里的貿易代辦處升格為總領事館。[3]

　　9 月 2 日，民主德國駐印度的貿易代辦處向外交部提交了一份關於當
前中印關係狀況的簡報，但這份報告並沒有關注朗久事件本身，而是對
西方媒體就中印邊界衝突的報道作了一番分析。該報告判斷，印度國內
的右派勢力、壟斷集團和國外帝國主義勢力將馬上利用這一可能的入侵
事件來反對尼赫魯在印度國內的經濟計劃，並試圖使尼赫魯在政治上向

1　Vorlage für die Aussenpolitische Kommission des ZK der SED, PA AA, Bestand MfAA, A 17.286, Bl. 244.

2　沈志華：《難以彌合的裂痕》，載沈志華：《冷戰的再轉型》，第 142-143 頁。

3　Vorlage für die Aussenpolitische Kommission des ZK der SED, PA AA, Bestand MfAA, A 17.286, Bl. 245-246.

右轉。[1] 雖然這一分析只是出自駐印貿易代辦處外交人員的觀點，不過倒也符合長期以來德國統一社會黨對於國際形勢的基本判斷，即在國際事務中特別強調美英帝國主義的干涉。值得注意的是，在這份簡報內，朗久事件被描述為「可能的入侵事件」，但沒有明確入侵的主體是哪一方。

　　民主德國雖然認為尼赫魯不會改變當前的外交政策，但也擔心他可能出現政治右轉的傾向。9 月 3 日，民主德國駐印度貿易代辦處代表赫伯特‧菲舍爾（Herbert Fischer）又從波蘭駐印大使處了解到，朗久事件發生後，尼赫魯曾通過代表向蘇聯和波蘭駐印大使表示，他一直以來都贊成同中國維持友好關係，但現在他發現困難越來越多，他是受到壓力才在公開場合採取較為嚴厲的對華立場，而他本人並不想要這樣做。印度政府將一如既往地採取不結盟政策，不會改變它原先的外交路線。但是，如果中國在印度的公眾輿論中一直是麻煩製造者的形象，那麼印度政府將受迫改變他們的外交路線。[2] 而實際上更讓菲舍爾擔憂的是，中印邊界衝突立刻使得民主德國這個外交議題在印度國內被邊緣化了，這便讓駐印貿易代辦處的工作變得更加困難。[3]

　　有學者指出，中印發生邊界衝突後，中國官員曾暗地裏敦促蘇聯和其他社會主義陣營的國家盡最大可能地發起反對印度的宣傳攻勢，但這些呼籲沒有得到回應。[4] 從民主德國方面觀察到情況也基本符合這一判斷，民主德國國內並沒有出現公開反對印度的宣傳攻勢。相比較而言，民主德國似乎更在意的是在印度國內由此引發反華浪潮，在外交部形成

1　Kurzinformation über den gegenwärtigen Stand der Beziehungen zwischen der VR China und der Republik Indien unter besonderer Berücksichtigung der angeblichen Zwischenfälle an der Stattsgrenze VR China–Indien,–Nepal,–Bhutan,–Sikkim, 2. 9. 1959, PA AA, Bestand MfAA, A 13.915, Bl. 42.

2　Betr.: Stellung Indiens zu China, 5. 9. 1959, PA AA, Bestand MfAA, A. 13.915, Bl. 48.

3　Voigt, *Die Indienpolitik der DDR*, S. 293; Betr.: Stellung Indiens zu China, 5. 9. 1959, PA AA, Bestand MfAA, A. 13.915, Bl. 50.

4　克萊默：《蘇聯外交部對分裂前夕蘇中關係的估計》，載李丹慧編：《北京與莫斯科：從聯盟走向對抗》，桂林：廣西師範大學出版社，2002 年，第 409 頁。

的評估報告中，其指責的矛頭也並非針對尼赫魯政府，而是歸咎於印度
國內的右傾勢力的挑釁，認為這些行為都是帝國主義貫徹其東南亞政策
的一部分。[1]

　　不過從這一時期民主德國雖然沒有公開表態，但從各個駐外機構發
回給國內外交部的報告可以較明顯地看出，民主德國政府的基本立場是
站在中國一邊的，一些對中印邊界衝突的評估報告基本上都只是單方面
參考並引述來自中國方面的觀點。9 月 28 日，德國統一社會黨政治局委
員馬特恩在與聶榮臻的會談中直接表示：「邊界問題的實質和西藏問題的
一樣，是印度資產階級害怕中國社會主義建設的影響。」「現在沒有第三
道路，尼赫魯在找第三條道路，實際上當然是走資產階級道路。」駐華
大使汪戴爾對此附和：「印度已經右了，純粹資產階級的政黨。尼赫魯靠
他整個家庭的力量來進行統治。」[2] 這些內部的表態都已大有將尼赫魯視
為資產階級敵人的意味。

## 二、格羅提渥講話所引起的麻煩

　　1959 年 9 月 28 日，格羅提渥參加了在民主德國舉行的紀念中華人民
共和國成立十周年慶祝大會，並發表講話。次日的《新德意志報》對格
羅提渥的這一講話進行了報道，關於中印邊界發生的武裝衝突，格羅提
渥在這篇講話中表示：

　　　　最近一段時間發生在中印邊界的事件是由印度軍隊無故侵入中
　　國的領土造成的。我們很高興地從中國總理周恩來和印度總理尼赫

---

1　Information über die Beziehungen zwischen der Volksrepublik China und Indien im Hinblick auf die
　　indisch-chinesischen Grenzzwischenfälle und unter Berücksichtigung der damit zusammenhängenden
　　innerpolitischen Ereignisse in Indien, 10. 9. 1959, PA AA, Bestand MfAA, A 13.915, Bl. 65.
2　聶榮臻副總理會見民主德國黨政代表團團長馬特恩的談話記錄（1959 年 9 月 28 日），中國外
　　交部檔案館，204-00078-07，第 37-38、40 頁。

魯的聲明中獲悉，雙方願意以相互諒解的方式來解決這一問題。[1]

正是這段講話在之後給民主德國的對印關係造成了極大麻煩。

其實格羅提渥 9 月 28 日的這段講話一開始並沒引起人們的注意，就連新華社駐柏林的記者將其發回國內後，也被新華總社刪去，在《人民日報》對格羅提渥講話的報道中並沒有出現這段內容。[2] 但是過了一個月不到，當 10 月 20 — 21 日，中印雙方的巡邏部隊在西段邊界的空喀山口再次發生武裝衝突後，這段發表於一個月前講話卻突然引起了印度方面的注意。

10 月 21 日，印度外交部官員拜訪民主德國駐印貿易代辦處，要求獲取刊登格羅提渥講話的《新德意志報》副本。[3] 在民主德國將這篇報道交給印度外交部人員之前，印度國內的媒體就已率先開始發起了針對民主德國的輿論攻勢。特別是《印度時代》（*Indian Time*）於 10 月 28 日發表了一篇題為《印度受到民主德國譴責》的報道，其中強調：除中國外，民主德國是第一個公開在中印邊界問題上公開指責印度的社會主義國家。[4]

10 月 29 日，民主德國駐印貿易代辦處貿易參贊埃里希·倫奈森（Erich Renneisen）親自將兩份 9 月 29 日的《新德意志報》交給印度外交部。同一天，他還拜訪了蘇聯駐印度大使，他向蘇聯大使抱怨說印度報紙只看到格羅提渥講話中的第一句話，而無視第二句話，並認為印度方

---

1　Vorlage für die Außenpolitische Kommission des ZK der SED, PA AA, Bestand MfAA, A 17.286, Bl. 259.

2　駐德使館致外交部：印度記者有意挑撥社會主義國家關係（1959 年 11 月 4 日），中國外交部檔案館，109-01375-01，第 1 頁；《慶祝我國建國十周年德意志民主共和國舉行盛大集會格羅提渥指出中國人民大躍進表現了社會主義的真正力量》，《人民日報》1959 年 9 月 30 日，第 3 版。

3　Aktenvermerk über einen Besuch bei Dy. Secretary P. N. Kaul, Außenministerium, am 21. 10. 1959, 11,00-11,20 Uhr, PA AA, Bestand MfAA, A 13.915, Bl. 78.

4　Indische Reaktion auf die Rede des Ministerpräsidenten der DDR auf der Festveranstaltung anlässlich des 10. Jahrestages der Gründung der Volksrepublik China, 29. 10. 1959, PA AA, Bestand MfAA, A 13.915, Bl. 85; Information über die indische Reaktion auf eine Erklärung des Ministerpräsidenten der DDR zur indisch-chinesischen Grenzfrage, PA AA, Bestand MfAA, A 13.915, Bl. 145.

面肯定是由於聯邦德國方面才會注意到格羅提渥的講話。蘇聯大使對此
也表示贊同，認為在這個問題上可能會有進一步的麻煩，印度方面將會
採取一切可能的手段「往車軸轆裏插棍子」。蘇聯大使還擔心尼赫魯受到
國內壓力而變得更加強硬，他認為中印之間的衝突對於整個社會主義陣
營來說沒有好處。[1] 此時，民主德國方面或許並不了解中蘇領導人已經就
中印邊界問題發生了面對面的激烈爭吵，但是面對印度報紙針對民主德
國的輿論攻勢，德國統一社會黨的領導人們卻已經十分清楚地意識到，
這勢必會阻礙海因里希·勞 12 月的印度之行。因此，他們已經決定在這
個問題上進行言論管控，不要在印度繼續造成不必要的困難。[2]

　　10 月 30 日，德國統一社會黨外交委員會建議採取下列措施來創造有
利於自己的氛圍：在公開的報紙、廣播和電視上，民主德國政府不再對
中印邊界問題發表評論，並責成民主德國駐印度貿易代辦處的倫奈森向
印度報紙發表聲明，表示中印邊界問題是中國和印度兩國之間的事務，
希望兩國能以和平談判的方式解決這一問題。如果印度官方做出了任何
的反應，那麼由倫奈森負責以民主德國政府的名義再向印度政府表達相
同的內容。要求民主德國駐外機構人員在同印度駐外代表會談時，不要
提中印邊界問題。如果印度方面提出這一問題，則以既定的中立立場予
以回應。最後要求以合適的方式將上述措施告知中國方面。[3]

　　兩天之後，民主德國外交部進一步了解到了印度政府的反應，它對
格羅提渥的講話感到十分失望，同樣特別強調，其他社會主義國家都沒
有像民主德國作出那樣的表態。駐印貿易代辦處認為當前的形勢對即將

---

1　Aktenvermerk über einen Besuch des Gen. Handelsrat Renneisen beim sowjetischen Botschafter, Gen. Benediktov, in dessen Residenz, am 29. 10., 9.30-10.00 Uhr, PA AA, Bestand MfAA, A 13.915, Bl. 88-89.

2　Indische Reaktion auf die Rede des Ministerpräsidenten der DDR auf der Festveranstaltung anlässlich des 10. Jahrestages der Gründung der Volksrepublik China, 29. 10. 1959, PA AA, Bestand MfAA, A 13.915, Bl. 86.

3　Vorlage für die Außenpolitische Kommission des ZK der SED, PA AA, Bestand MfAA, A 17.286, Bl. 260-262.

來臨的兩國協定談判，尤其是涉及到政治問題的談判增加了負擔。[1] 而更令人感到尷尬的是，民主德國的這一遭遇似乎並沒有得到其他東歐社會主義兄弟國家的同情，保加利亞駐印度大使就曾直接表示說，目前，中華人民共和國的觀點在印度沒有任何羣眾基礎，所以不可能在任何報紙或者雜誌裏公開表達對中國的支持。[2]

11 月 5 日，尼赫魯在記者招待會上表示：「我在報上讀到了格羅提渥的講話。我對此只能說，他得到的情報一定是完全錯誤的。」[3] 而《真理報》的駐印記者也表示，在他看來，格羅提渥先於其他社會主義國家在中印邊界問題上以如此大的程度表明立場讓人難以理解。這名蘇聯記者直截了當地指責中國，認為中國人最近犯了一系列的錯誤，第一個錯誤就是讓西藏發生了叛亂，第二個錯誤就是放走了達賴喇嘛，中國人現在正在繼續犯錯誤。[4] 在如此尷尬的形勢之下，民主德國似乎也已經顧不得注意在中印邊界衝突問題上蘇聯和中國到底出現了怎樣的分歧，對他們而言，當務之急是要在印度為格羅提渥的那個講話進行降溫。

11 月 6 日，民主德國外交部長博爾茨同印度的司法部副部長進行了通話。博爾茨表示，對於格羅提渥的講話，其政治意義應當這樣來被理解：中國是我們的盟友，印度則是與我們進一步加深友好關係的國家，民主德國希望這兩個國家之間的爭執能以和平的方式得到解決。[5]

---

1　Ministerium fuer Auswaertige Angelegenheiten z. Hd. stellv. Minister Botschafter Sepp Schwab, 1. 11. 1959, PA AA, Bestand MfAA, A 13.915, Bl. 91-92.

2　Aktenvermerk über einen Empfang anläßlich des Krönungstages des Kaisers von Aethiopien am 2. 11. 1959, 19,00-21,00 Uhr, PA AA, Bestand MfAA, A 13.915, Bl. 103.

3　Information über die indische Reaktion auf eine Erklärung des Ministerpräsidenten der DDR zur indisch-chinesischen Grenzfrage, PA AA, Bestand MfAA, A 13.915, Bl. 146; 駐德使館致外交部：聯邦德國報紙登了尼赫魯反對格羅提渥的講話（1959 年 11 月 9 日），中國外交部檔案館，109-01375-01，第 2 頁。

4　Aktenvermerk über Gespräche mit dem Prawda-Korrespondenten Gen. Pastuchov und dem CTK-Korrespondenten (tschechoslowakische Agentur) Gen. Petr. Folt am 6. 11. 1959, PA AA, Bestand MfAA, A 13.915, Bl. 115.

5　Aktennotiz über ein Telefongespräch zwischen Minister Dr. Bolz und Minister Dr. Benjamin am 6. November 1959, PA AA, Bestand MfAA, A 13.915, Bl. 148.

　　11 月 7 日，格羅提渥致信尼赫魯作進一步解釋，信中表示，他在 9 月 28 日的講話僅僅針對的是朗久事件，並不能據此其認為說民主德國在拉達克地區的衝突問題上指責了印度。格羅提渥指出，現在有些虛假報道混淆了公眾輿論，它們聽從某些集團想利用中印邊界衝突毒害民主德國與印度的關係，擾亂如今已經緩和的國際緊張局勢。他最後再次強調民主德國的人民和政府希望中印邊界問題能夠得到友好地解決，希望能繼續與印度加強友好關係。[1]

　　11 月 9 日，德國統一社會黨政治局會議決定由海因里希·勞負責起草一篇關於中印邊界衝突問題的文章，以格羅提渥答記者問的形式發表；並要求民主德國駐印貿易代辦處將這篇採訪報道儘可能地發表在印度報紙和其他出版物上。[2] 在這篇採訪報道再次強調：民主德國政府認為中國和印度之間的邊界問題是這兩個國家自己的事務。對於在拉達克的開火事件表示遺憾。他認為一切國際爭端應該通過和平協商的途徑求得解決。[3]

## 三、中國的不滿與民主德國的解釋

　　格羅提渥對中印邊界衝突的這一公開表態，很快就引起了中國方面的不滿，這又讓民主德國陷入了一個新的外交泥潭。他們需要為此向中國政府進行解釋，以獲取中國同志的理解。11 月 7 日，德國統一社會黨中央國際聯絡部部長彼得·弗洛林（Peter Florin）約見中國駐德大使王

---

1　An den Ministerpräsidenten der Republik Indien Seine Exzellenz Jawaharlal Nehru, PA AA, Bestand MfAA, A 13.915, Bl. 121-123；駐德使館致外交部：德總理將就中印邊界問題發表談話（1959 年 11 月 9 日），中國外交部檔案館，109-01375-01，第 4 頁。

2　Protokoll Nr. 50/59 der Sitzung des Politbüros des Zentralkomitees am Montag, dem 9. November 1959 im Sitzungssaal des Politbüros, SAPMO-BArch, DY 30/J IV 2/2/647, Bl. 3-4; Betr.: Indische Reaktion auf die Erklärung des Ministerpräsidenten zur indisch-chinesischen Grenzfrage, 9. 11. 1959, PA AA, Bestand MfAA, A 13.915, Bl. 129-130.

3　Betr.: ADN-Interview mit Ministerpräsident Grotewohl zu den indisch-chinesischen Grenzfragen, 9. 11. 1959, PA AA, Bestand MfAA, A 13.915, Bl. 132.

國權，他表示在中印邊界衝突這個問題上，民主德國完全站在中國政府
的立場上，格羅提渥同志在中國國慶十周年的講話已闡明了這點。但同
時他又說：「最近民主德國在新德里遭到了攻擊，所以今後我們要注意在
這個問題上不要太多地受到聯邦德國的攻擊。」[1] 從事後來看，這無疑是
在為之後格羅提渥的公開表態給中國同志先打一下「預防針」。

　　11 月 9 日，德國統一社會黨中央國際聯絡部副部長京特‧柯爾特
（Günter Kohrt）同中國駐德使館參贊徐明談及中印邊界問題時明確預告：
「現在聯邦德國對印度政府施加了壓力，攻擊我國政府，因此我們很有必
要原則性地表示態度。格羅提渥將於最近一兩天內就中印邊界問題發表
簡短談話。」柯爾特同時把格羅提渥將要發表的談話具體內容告知了徐
明，中國駐德使館認為格羅提渥將要發表的談話，在中印邊界問題的立
場上顯然是要從之前的立場上後退，其原因估計一方面是受到來自印度
方面的一定壓力，另一方面也可能受到蘇聯的影響。[2]

　　但更嚴重的問題出在格羅提渥「對在拉達克開火這樣的事件表示遺
憾」這句話的表述，因為在中國方面看來，實際的情況是印度軍隊侵入
中國領土內西藏西北端的空喀山口以南地區，而不是「在拉達克開火」，
這種提法與事實不符。[3] 格羅提渥使用「拉達克」一詞就等於是在對中印
邊界衝突的描述中支持了印度方面的說法，這讓中方無法接受。因此，
周恩來在之後外交部回覆駐德使館的電報中特別指示王國權，如果格羅
提渥主動提到他對通訊社記者的談話，「你可指出空喀山口以南係在中國

---

1　駐德使館致外交部：德聯絡部長同王大使談話情況（1959 年 11 月 9 日），中國外交部檔案
　　館，109-01375-01，第 3 頁。
2　駐德使館致外交部：德總理將就中印邊界問題發表談話（1959 年 11 月 9 日），中國外交部檔
　　案館，109-01375-01，第 4 頁。
3　駐德使館致外交部：格羅提渥談話中不符事實一段是否向德提出（1959 年 11 月 10 日），中
　　國外交部檔案館，109-01375-01，第 8 頁。

境內，而且印度邊防部隊是入侵和進攻的，並非在印度拉達克開火。」[1]

11 月 13 日，格羅提渥約請王國權吃飯，向他解釋自己中印邊界衝突上的難處。格羅提渥表示，尼赫魯對他的講話很生氣，這是聯邦德國故意在挑撥印度政府反對他們。對此王國權回應道：「資產階級對我們原來就是生氣的，現在你講它幾句，自然就更生氣了。」他同時還強調，格羅提渥總理「在我國國慶慶祝大會上講的話是正確的。話雖然不多，但很有分寸」。格羅提渥則表示：「我們信賴中國朋友們的智慧和精力。我們相信，這個問題是一定可以解決的」。「這個問題，讓他過去吧！」[2]

11 月 28 日，中國外交部副部長曾涌泉與汪戴爾談及中印邊界衝突時說得就更顯尖銳：「對兩邊都施與同情是不可能的，必須要搞清楚，捍衛誰，反對誰 …… 中方從來不會允許那種雙方都有錯誤的立場，只會堅決地支持進步的一方，反對反革命的一方 …… 我們在任何事上都不會採取中立的立場，因為中立的立場就是資產階級的立場。」[3]

可以發現，由於格羅提渥在 9 月 28 日對中印邊界衝突作了略顯草率的講話，從而使民主德國陷入了十分尷尬的外交境地。對於印度，無論格羅提渥如何解釋，他在年初剛剛同尼赫魯建立起來的某種信任關係遭受到了徹底的摧毀。雖然在之後的一段時間中，民主德國在外交上努力消除由於這個講話所造成的損害，但可以說基本上是徒勞無果的。他們再也無法奢望印度能夠對民主德國予以外交承認了。[4]

而對於中國，在中蘇關係已經產生難以彌補的裂痕的情況下，格羅

---

1　外交部致王大使：覆德總理將就中印邊界問題發表談話事（1959 年 11 月 12 日），中國外交部檔案館，109-01375-01，第 10-11 頁。

2　王國權致外交部：格羅提渥總理談關於中印邊界問題（1959 年 11 月 18 日），中國外交部檔案館，109-01375-01，第 14-15 頁。

3　Information zum Grenzkonflikt China–Indien, Vermerk der Botschaft Peking vom 28. 11. 1959 über ein Gespräch des Botschafters Wandel mit dem stellvertretenden Außenminister Dseng Jung-tschuan, 8. 12. 1959, PA AA, Bestand MfAA, A 13.915, Bl. 214.

4　Hoffmann, *Otto Grotewohl (1894-1964)*, S. 643.

提渥 11 月 9 日發表試圖緩和同印度矛盾的講話又讓中國方面感到不滿，雖然中國沒有直截了當地指責民主德國立場不堅定，但可以想見，在中蘇已經出現明顯分歧的情況下，會讓中國認為民主德國的這種不堅定其實是蘇聯在背後施加了影響。

施圖貝爾的研究認為，民主德國在 1959 年的中印邊界衝突問題上採取完全不同於蘇聯的態度，明確地支持中國。[1] 但通過閱讀相關檔案史料，事實並非如此簡單。可以確認，民主德國對於中印邊界衝突立場變化線索的基本如下：在朗久事件爆發後，民主德國的基本立場傾向於支持中國，格羅提渥在慶祝新中國成立十周年大會上的一段講話被尼赫魯視作是其支持中國的鐵證，這也使得在印度國內掀起反對民主德國的宣傳浪潮。由於民主德國在外交承認問題上對印度仍寄予希望，故而馬上公開表態在中印邊界衝突問題上保持中立，想要藉此緩和同印度的緊張關係，改變對己不利的外交處境。然而這勢必又會反過來引起中國方面的不滿。

格羅提渥 9 月 28 日在中國國慶十周年慶祝會上的講話其實可以反映出兩個問題：一方面，民主德國在朗久事件發生後，它的基本立場是站在中國一邊的，認為印度無故侵犯了中國的領土主權；另一方面，格羅提渥的這段講話在經過了約一個月的沉寂之後才突然被印度方面發現，並將其視為民主德國指責印度的有力證據。這一事實在某種程度上反過來又可以證明，民主德國在朗久事件發生後，也並沒有公開地和十分明確地表達出指責印度或支持中國的態度來。

但可以明顯發現，在空喀山口事件發生後，印度方面開始追究格羅提渥的這段講話並發起反對民主德國的宣傳攻勢，這時民主德國便從此

---

1　Nicole Stuber, „Grundzüge der Beziehungen DDR–VR China 1956-1969," in Krüger, hrsg., *Beiträge zur Geschichte der Beziehungen der DDR und der VR China*, S. 115.

前內部支持中國的立場轉入公開表達中立的灰色地帶。[1] 甚至就連中國方面也認為民主德國的這一轉變顯然是比之前後退了一步。至於民主德國為何會公開表示中立，雖從表面上看好像是迫於來自印度方面甚至也有可能是來自蘇聯方面的壓力，[2] 但更大程度上可能反倒是由民主德國自身的外交利益訴求所決定的。

自 1955 年末開始，民主德國的外交政策的首要目標就是要強調德國統一社會黨統治的合法性，使國際社會承認民主德國是一個擁有主權的社會主義國家。而在這個問題上，作為尚未正式承認民主德國的印度，比起已經同民主德國建立正式外交關係的中國，反倒具有了一定的優勢地位。民主德國急於獲得國際社會對它的外交承認，急於贏得尼赫魯這位「可能的夥伴」，這些訴求都促使民主德國想要拉攏印度，主觀上並不想去得罪它；可是當印度與民主德國親密的社會主義兄弟發生了直接的邊界衝突時，格羅提渥的一個略顯草率的表態就讓民主德國變得進退失據。

雖然無論在感情上，抑或出於自身的意識形態和階級立場，民主德國其實都更願意站在中國一邊；但從結果來看，在獲取國際社會外交承認這一巨大的政治課題面前，民主德國最終採取的是一種更為實用主義的外交策略。而正是這樣一個出自本國外交上最基本的政治訴求，就在客觀上就影響了社會主義國家關係結構下的中德關係，而當中德關係的另一根支柱 —— 中蘇關係 —— 也開始發生動搖時，民主德國就不得不面臨一個必然的抉擇。

---

1　Voigt, *Die Indienpolitik der DDR*, S. 301.
2　暫時沒有發現民主德國在轉變立場的過程中明確提及需要考慮蘇聯方面意見的證據。

# 第三節　中德意識形態分歧與矛盾的公開化

　　海因里希・勞的訪華以及中德長期貿易協定的簽訂都為 1960 年的中德關係開了一個好頭，民主德國還積極籌劃邀請劉少奇訪德以及「中德友誼周」等活動。可是，隨着中蘇分歧公開化並進行相互的意識形態論戰後，德國統一社會黨就必須在中蘇之間做出意識形態立場上的選擇。而民主德國之所以選擇站在蘇聯一邊，在意識形態層面開始展開對中共的批判，一方面是出於地緣政治與自身安全利益的訴求，另一方面也是由於在各自在對待聯邦德國的政策上早就隱藏着分歧。除此以外，在布加勒斯特會議之前，中德雙方就已經圍繞着人民公社的宣傳問題發生了正面衝突，在民主德國看來，中國在社會主義陣營內對人民公社的宣傳將會影響本國的內政。由於「大躍進」、人民公社運動直接導致中國經濟陷入困境，又直接對中德之間的經貿關係產生了負面作用。

## 一、對中蘇分歧公開化的反應

　　自 1959 年初以來，中蘇兩黨就已經開始通過報刊或會議，公開表達各自在重大理論和對內對外政策問題上的不同看法，這就已經是在向外界宣示雙方的分歧，西方也已從這種公開的輿論宣傳中看出了端倪。進入 1960 年後，中國又以對印外交政策和列寧誕辰紀念為切入點，與蘇聯展開了兩輪較量，使得中蘇間的分歧變得更加引人注目。1960 年 4 月 16 日，中共中央發表《列寧主義萬歲 —— 紀念列寧誕辰九十周年》一文（以下簡稱《列寧主義萬歲》），在時代、和平共處、和平過渡、社會主義革命、帝國主義本性等一系列問題上，向赫魯曉夫發出挑戰。4 月 21 日，蘇共中央給各國共產黨和工人黨發佈消息，對中共的宣傳立場進行

了批評。[1] 面對中蘇之間分歧的公開化，德國統一社會黨和烏布利希必須要顧及蘇聯的意見。

1960 年 5 月 21 日，蘇聯駐華大使斯捷潘‧契爾沃年科（Stepan Chervonenko）在與民主德國駐華大使汪戴爾的會談中談及了他對《列寧主義萬歲》的態度。他表示，蘇聯方面徹底地研究了這篇文章，認為整篇文章所表達的一些觀點，都是與蘇共二十大、二十一大的決議相違背的。但是蘇聯大使又說，在評價中國同志的這些觀點時，必須考慮到美國仍佔領着中國領土，中國十幾年來一直在與美帝國主義鬥爭，因此，才會提出像提高民眾警覺性，做好戰爭準備這樣的觀點。[2]

契爾沃年科此時對於中共觀點的批評之所以有所保留，很大程度上與蘇聯這時也正因 U-2 飛機事件與美國發生激烈衝突有關。赫魯曉夫 5 月 14 日啟程前往巴黎參加四國首腦峰會，要求艾森豪威爾道歉並保證美國不再侵犯蘇聯領空，但是遭到了艾森豪威爾的拒絕。於是赫魯曉夫憤怒離席，並且決定將只同下一屆美國政府就柏林問題進行談判。赫魯曉夫作出強硬表態是否與之前中國批判他對美國軟弱有關，難以確定。但是當他開始重拾原先已經放棄的「美帝國主義」及其「侵略性」等詞彙時，讓中共領導人覺得赫魯曉夫似乎又開始與中共中央的目標和思想保持一致了。[3]

巴黎峰會的流產對德國統一社會黨和烏布利希來說並非一件好事，這意味着解決柏林問題的時間又再次被拖延了，也意味着民主德國要繼續面對來自聯邦德國以及國內社會的更大壓力。即便是在中蘇政策出現趨同可能性的時候，德國統一社會黨對中共的理論仍有着自己的不同看

---

1　沈志華主編：《中蘇關係史綱：1917 — 1991 年中蘇關係若干問題再探討》（增訂版），北京：社會科學文獻出版社，2011 年，第 281、286-287、289 頁。

2　Aktenvermerk über eine Unterredung mit dem Botschafter der Sowjetunion, Genossen Tscherwonenko am 14. und 21. Mai 1960, SAPMO-BArch, DY 30/3604, Bl. 12-13.

3　Harrison, *Driving the Soviets up the Wall*, p. 136; 沈志華主編：《中蘇關係史綱》，第 294-295 頁。

法。1959 年初中國和民主德國在對待聯邦德國的態度上就已經出現了分歧，這在民主德國駐華使館對《列寧主義萬歲》的評價上，得到了更加明確的體現。民主德國認為中國同志特別強調對美帝國主義的鬥爭，卻仍然低估西德帝國主義和軍國主義的和平威脅，在提及發動戰爭的力量時，一次都沒有提到西德，多次否認西德的危險，沒有對西德做出正確的評估。[1]

　　U-2 飛機事件只是短暫地讓赫魯曉夫採取對美強硬的立場，對此毛澤東贊同中國時任駐英代辦宦鄉的判斷，認為在巴黎首腦會議結束後，赫魯曉夫的態度就又突然軟化了。根據這種情況推斷，蘇聯鬥爭策略的轉變主要是間諜飛機事件本身發展的邏輯結果，而不是對帝國主義的本質、戰爭與和平等帶有根本性質的問題有了真正全面、深刻的新認識，因此，搖擺和猶豫恐怕還不是一時所能避免的。[2] 中蘇間的分歧並未得到根本解決。

　　而與此同時，德國統一社會黨對於中國低估聯邦德國的威脅依舊感到不滿。在民主德國外交部的一份有關德國問題的報告中，直接提及中國所存在的諸多不足。包括低估西德帝國主義的危險性，卻高估它對美國的依賴性，對社會民主黨和自由民主黨在西德的作用評價不準確，對日內瓦外長會議的部分成果予以負面評價，沒有提出更多的關於西德帝國主義不受約束和危險作用的觀點等。[3] 可以預見，只要民主德國仍然感受到來自聯邦德國的威脅，只要柏林問題難以得到解決，中共對於聯邦德國的一些「另類觀點」將會在德國統一社會黨眼中愈加變得刺眼。

---

1　Kurze Zusammenfassung der Probleme, die in der Broschüre „Es lebe der Leninismus", herausgegeben anläßlich des 90. Geburtstages W. I. Lenins vom Verlag für fremdsprachige Literatur Peking, behandelt werden, SAPMO- BArch, DY 30/IV 2/20/117, Bl. 438.

2　《對宦鄉關於四國首腦會議流產後國際形勢的分析和展望的批語》（1960 年 6 月 7 日），載中共中央黨史和文獻研究院編：《建國以來毛澤東文稿》第 15 冊，第 232-233 頁。

3　Beseitigung von Unklarheiten in der deutschen Frage und Maßnahmen zur Zurückdrängung des westdeutschen Einflusses, 28. Mai 1960, PA AA, Bestand MfAA, A 17.819, Bl. 4.

　　中蘇以及中德之間在各自對外政策上的分歧看來不僅難以癒合，而且由於中蘇開始的新一輪論戰變得更為突出。1960 年 6 月初，在北京召開的世界工聯理事會的會議上，中國繼續開展與蘇聯進行意識形態爭論，從而正式向外界說明中蘇兩黨在一些重大理論和方針問題上存在不同意見，率先在國際社會組織中公開了兩黨之間的分歧。可以說，如果沒有世界工聯理事會北京會議，蘇共向中共意見靠攏之勢，或許還有可能繼續保持一個階段，但是中共急於在樹立自己的形象，擴大自己的影響，這一切就促使赫魯曉夫決定在布加勒斯特會議上發起對中共的進攻。[1]

　　除阿爾巴尼亞共產黨外，包括德國統一社會黨在內的東歐各國共產黨都在布加勒斯特會議上支持蘇共，緊跟赫魯曉夫攻擊中共的觀點。烏布利希在布加勒斯特會議上就對中共代表進行了指責，認為他們反對和平共處和裁軍的發言不能動員羣眾為和平鬥爭，宣告失敗論，「只能幫敵人的忙」。中國同志關於戰爭與和平問題的聲明，與西德資產階級報刊上的發言相吻合，所以說中國同志已「墮落成阿登納的好鄰居」。[2]

　　7 月 6 日，烏布利希向德國統一社會黨中央各部門領導人以及各區委第一書記傳達布加勒斯特會議的內容。他表示，中共在一些問題上的決議沒有從和平共處的立場出發。某些中國同志認為，核戰爭之後在中國絕對還會有三億人或者，並且將利用這些力量最終把資本主義從世界上消滅，是不正確的，沒有正確估計力量的對比，並且低估了在沒有災難、和平共處的條件下，世界共產主義取得勝利的可能性。烏布利希指出，中共的如下的幾個觀點都是錯誤的：當前時代的特點是戰爭與革命；一個沒有戰爭沒有武器的世界只有到達社會主義後才有可能；與資本主義之間不可能實現和平，和平鬥爭只是幻想；不接受蘇共二十大以及對

---

1　沈志華主編：《中蘇關係史綱》，第 298-304 頁。
2　《科茲洛夫提交的報告草稿：布加勒斯特會議總結》（1960 年 7 月 13 日），載沈志華主編：《俄羅斯解密檔案選編：中蘇關係》第 9 卷，第 142 頁。

斯大林同志個人崇拜的批判；人民公社道路也適合於其他國家。[1] 此外，烏布利希對於中共公開挑起社會主義陣營內部意識形態討論的行為也十分不滿，他就曾在布加勒斯特會議期間直接向彭真抱怨，認為中共向各兄弟黨散發《列寧主義萬歲》小冊子的行動有失妥當：

> 您們關於列寧誕辰 90 周年的小冊子，北京印刷的，分發給了我們的中央委員，各區領導。每個人都知道，您們是想要挑起在我們內部的討論。但是親愛的同志，我們對與中國同志進行這樣的討論並不感興趣。為什麼您們要這樣做？現在結果如何呢？這樣做沒有意義 …… 如果我們不是在公開出版的場合下，那麼我們可以就許多問題進行實質性的處理。但是您們製造這樣一種氣氛，這就意味着要進行鬥爭 …… 我們的建議是，在莫斯科宣言的基礎上達成一個共同聲明，再次強調其中的基本觀點。[2]

可以確定的是，面對中蘇最終在社會主義陣營內以及國際社會上公開雙方的意識形態分歧，德國統一社會黨決定支持蘇共而反對中共。在布加勒斯特會議上，烏布利希之所以支持赫魯曉夫並且批判中共，一方面自然是出於民主德國的各種切身利益都必須依賴蘇聯才能得以實現，蘇聯是民主德國的頭等重要的盟友；另一方面也是由於在某些問題上，德國統一社會黨與中共早就存在着分歧。但更加值得注意的是，就在布加勒斯特會議召開前不久，民主德國與中國之間就已經因人民公社問題發生了直接的正面衝突。

---

1　Niederschrift über die Beratung des Sekretariats des ZK mit den 1. Sekretären der Bezirksleitungen und den Abteilungsleitern des Apparates des ZK am 6. 7. 1960, SAPMO-BArch, DY 30/3351, Bl. 219, 224, 226.

2　Dok. 29: Rede des Genossen Walter Ulbricht über die Notwendigkeit eines Meinungsaustausches zwischen den kommunistischen und Arbeiterparteien der sozialistischen Länder über Fragen der internationalen Lage, in Meißner, hrsg., *Die DDR und China 1949 bis 1990*, S. 118-119.

## 二、由「人民公社」而引發的衝突

　　1958 年中國開展「大躍進」、人民公社化運動之初，德國統一社會黨對於工業建設上的「大躍進」是積極響應，對人民公社這一新興事物也是抱以極大的興趣。到 1959 年初，格羅提渥在訪華期間仍然對於中國「大躍進」、人民公社化運動稱讚有加，他當時參觀的北京朝陽人民公社東壩站隨後就被命名為「中德友好人民公社」，民主德國政府還決定向該社贈送車牀、搪牀、鑽牀、銑牀及電焊機等各一台，駐華使館人員還決定前往該社參加義務勞動。[1]

　　可實際上，在 1959 年上半年，由於 1958 年以來的高指標、「共產風」，中國國內的經濟已經開始暴露出許多問題，在中共黨內出現了不同的估計與評價，甚至毛澤東本人也有進行調整的打算。[2] 民主德國自然無法真正全面、清晰地掌握中國國內經濟形勢的發展及其細節，但是也發現了一些端倪。在彭德懷訪問民主德國期間，烏布利希就向他表示，聽說中國的糧食、畜牧大豐收，因此，希望中國能幫助民主德國肉食品供應。彭德懷當即就說：「我不主管經濟，但據我了解，有些宣傳報道不真實，實際上沒有那樣多，不是拒絕幫助你們。我回去向國內轉達你們的要求，但不要抱過高的希望。」[3]

　　1959 年 6 月 27 日，民主德國駐華大使汪戴爾就致信烏布利希，向

---

1　國賓接待辦公室：關於德方要求將「德總理參觀的人民公社命名為中德友誼」問題的請示（1959 年 1 月 19 日），北京市檔案館，全宗號 102，目錄號 1，案卷號 53，第 30 頁；中國北京市委外事小組關於民主德國送中德友好社機器及德使館人員要求去公社參加勞動的報告（1959 年 3 月 19 日），北京市檔案館，全宗號 102，目錄號 1，案卷號 53，第 55-56 頁；東壩中德友好人民公社關於一九六一年外事活動情況彙報（1962 年 3 月 5 日），北京市檔案館，全宗號 102，目錄號 1，案卷號 158，第 100-103 頁；關於德意志民主共和國大使館來我東壩中德友好人民公社參加義務勞動情況彙報（1961 年 9 月 28 日），北京市檔案館，全宗號 102，目錄號 1，案卷號 158，第 112-113 頁。
2　參見林蘊輝：《烏托邦運動 —— 從大躍進到大饑荒（1958 — 1961）》，香港：中文大學出版社，2008 年，第 359-449 頁。
3　王焰主編：《彭德懷年譜》，第 728-729 頁。

他報告了中國在「大躍進」中所出現的各種問題。諸如中國工業發展出現不平衡，無計劃的現象，羣眾開展大煉鋼鐵運動直接導致原料供應上的困難。加大工業投入導致所需要支付的工資被迫提高，人民公社內實行免費供應的制度，這些在客觀上提高了人民的購買力，導致國內農產品的消耗量增加，但是商品供應卻沒有得到同步發展。由於沒有現成的商品，無法滿足羣眾的需求。人民公社的力量集中在鋼、煤、穀物和棉花上，導致經濟作物和農副產品以及畜牧業在人民公社內被荒廢疏忽掉了。像 1958 年秋天山東省部分花生和棉花出現不得不爛在地裏的情況。這些發展上的不平衡導致在工、農業以及人民羣眾供應上的困難，各個人民公社都以為可以採取共產主義的分配方式，導致食品消費沒有節制。[1]

雖然汪戴爾在報告的最後表示，當前的困難並沒有削弱 1958 年「大躍進」所取得成就，也沒有否定中共的總路線，並且指出中共已經開始採取改善措施。但是這些問題卻也都已經清楚地擺到了烏布利希面前。民主德國 1959 年私人經營的耕地面積仍然佔全國總耕地面積的一半，因此，德國統一社會黨此時也正在極力推動農業合作化，[2] 面對中共建立人民公社及其所產生的問題，相信烏布利希不得不將其視為一個過於冒進的反面案例。

雖然德國統一社會黨領導層已經對中國「大躍進」和人民公社所出現的問題有所察覺，但在公開宣傳層面上，民主德國也並沒有對「大躍進」以及人民公社直接提出質疑或反對意見。當中共召開八屆八中全會，將彭、黃、張、周定性為反黨集團後，德國統一社會黨繼續表示支持這一決定，民主德國各黨派、主要羣眾團體和軍隊的報紙，對八屆八中全會公報及決議仍都非常重視，其宣傳口徑同中共的精神基本吻合。

---

1　Analyse einiger Probleme der inneren Entwicklung der Volksrepublik China, SAPMO-BArch, DY 30/3603, Bl. 98-102.

2　Malycha und Winters, *Die SED*, S. 151.

且都強調中國 1958 年是史無前例的「大躍進」，1959 年則是繼續「大躍進」。這樣的表態讓毛澤東感到非常滿意，他要求《人民日報》發表民主德國報刊對中共八屆八中全會的反應。「以壯士氣，可以將蘇聯某些人的軍。」[1]

　　當時在民主德國國內社會當中，普通羣眾對中國的人民公社仍然抱以極佳的印象。毛澤東就非常讚賞一名民主德國老教授給中國駐德使館所寫的一封信，其中稱讚中共《關於人民公社若干問題的決議》，認為它明確指出了共產主義第一階段和第二階段的任務和遠景，「中國同志特別在決議的第四部分和第五部分大大豐富了馬列主義科學，這是很重要的。」[2]

　　1959 年 10 月，馬特恩來華參加德意志民主共和國成立十周年慶祝活動時，仍然在公開場合稱讚人民公社就意味着吃飽飯，為千百萬農民創造一種更好的生活。[3] 直到 1960 年初，民主德國的主要報刊對於中國 1958 年「大躍進」、八屆八中全會以及之後的繼續躍進都持正面評價，認為人民公社是中國經濟、社會結構的新因素，是加快社會主義建設速度的一個重要前提，但同時也強調人民公社是中國具體條件下的產物，不適用於民主德國。[4]

　　不過，隨着中共率先公開與蘇共之間的意識形態分歧，並且相互之間開始了在理論上的較量後，民主德國的態度就發生了明顯的變化。中

---

1　中共中央文獻研究室編：《毛澤東年譜：1949 — 1976》》第 4 卷，第 172 頁；《關於發表捷克斯洛伐克等國報紙對我八屆八中全會報道情況的批語》（1959 年 9 月 4 日），載中共中央黨史和文獻研究院編：《建國以來毛澤東文稿》第 14 冊，第 357-358 頁。

2　《對駐德意志民主共和國大使館給外交部電報的批語》（1960 年 1 月），載中共中央黨史和文獻研究院編：《建國以來毛澤東文稿》第 15 冊，第 14-15 頁；中共中央文獻研究室編：《毛澤東年譜：1949 — 1976》第 4 卷，第 307-308 頁。

3　Dok. 25: Rede des Politbüromitglieds Hermann Matern in Peking, in Meißner, hrsg., *Die DDR und China 1949 bis 1990*, S. 114；《德國歷史上第一個工農國家萬歲》，《人民日報》1959 年 10 月 7 日，第 2 版。

4　國務院外事辦公室：德政府代表團將赴各地訪問事（1960 年 1 月 8 日），北京市檔案館，全宗號 102，目錄號 1，案卷號 118，第 9 頁。

國急於在社會主義陣營內證明，自己能夠用躍進的速度前進，中國在社會主義建設問題上所採取的一系列的方針正是列寧主義的普遍真理同中國的具體實際相結合的產物。[1] 面對中國不斷宣傳自身在社會主義建設上的正確經驗，德國統一社會黨對此開始有所擔憂，再加上 1960 年初，民主德國的農業合作化運動遇到很大困難，因此，德國統一社會黨的領導人自然會擔心，如果此時再宣傳介紹中國的人民公社化運動，會使得農業合作化的工作遭到更激烈的反對。

　　1960 年 3 月 5 日，民主德國駐華使館約請中國農業部的負責同志花了兩個多小時，請他詳細介紹人民公社的發展情況，在遞交回國的報告中認為，中國同志對於人民公社的問題並沒有做全面的答覆，沒有詳細闡述人民公社的產生以及合作社對於人民公社產生的作用。這份報告最後認為，在中國大多數的人民公社並不是從合作社當中產生出來的。[2] 隨着中蘇論戰變得更加激烈，到 6 月初，德國統一社會黨中央書記處決定，在民主德國停止一切有關中國出版物的準備工作，其中包括停止印刷此前對中國「大躍進」的報道小冊子。要求文化部「檢查民主德國計劃初版和再版的有關中國問題的所有文獻，阻止帶有政治錯誤內容的文獻出版」。要求外交部不再從北京的外文出版社引進有關當前政治問題的德文文獻。[3]

　　民主德國的馬克勒貝格（Markleeberg）此時正舉辦農業展覽會，在中國館的開幕儀式上，中國館的負責人發表講話，表示民主德國的農業

1　沈志華主編：《中蘇關係史綱》，第 287 頁。

2　Aktenvermerk über ein Gespräch mit dem Leiter der Abteilung Volkskommunen im Ministerium für Land-wirtschaft, Genossen Dung, am 5. 3. 1960 in der Zeit von 14.30–16.50 Uhr, SAPMO-BArch, DY 30/IV 2/20/122, Bl. 67.

3　Kürger, „Das China-Bild in der DDR der 50er Jahre," *Bochumer Jahrbuch zur Ostasienforschung*, Bd. 25, 2001, S. 272.

生產合作社其實就是通往人民公社的一個階段，就如同在中國的高級社。[1] 這個講話讓德國統一社會黨中央極為不滿，政治局在 1960 年 6 月 14 日的會議上決定，要求民主德國農業部長致信農業展覽會中國館領導人，指出他的開幕講話與民主德國政府的政策不符，民主德國不認為自己的農業合作社可能向共產主義躍進。同時委託國際聯絡部部長弗洛林約見中國大使，向他表達對中國館負責人在農展會上所作講話的抗議，另外對中國駐德使館分發《列寧主義萬歲》等文章表示不滿，認為分發這樣的材料不是大使館該做的工作。同時決定檢查民主德國國內哪些合作社在與中國的人民公社搞競賽，要求提出改正意見，進行這樣的競賽是不可能的。[2]

6 月 17 日，弗洛林約見王國權，表達了對中國館負責人在農展會上講話內容的不滿，王國權表示，這名負責人認為他的原話與報紙上報道並不相同，但表示以後中國同志在民主德國報紙上的發言必須經過大使館的允許，中共中央已經對這類事進行了教育，建議在民主德國不要談人民公社。但王國權同時強調，在中國人民公社是建設社會主義的最好形式，可以預見，它也是從社會主義過渡到共產主義的最好形式。[3]

《新德意志報》在當天發表文章涉及對人民公社問題，這一情況立刻被西方媒體察覺，聯邦德國《世界報》（*Die Welt*）就發表標題為《德國統一社會黨拒絕人民公社，東柏林與北京的意識形態衝突》的報道文章。這讓中國感到這個問題是由民主德國的報紙造成的，因此，6 月 20 日王國權又約見民主德國外交部人員，表示中國從來不想把農業上的發展經

---

1　Niederschrift über eine Unterredung zwischen dem Genossen Florin und dem Botschafter der Volksrepublik China in Berlin am 17. 6. 1960 von 10.00–11.30 Uhr, SAPMO–BArch, DY 30/IV 2/20/115, Bl. 71.

2　Protokoll Nr. 26/60 der Sitzung des Politbüros des Zentralkomitees am Dienstag, dem 14. 6. 60 im Sitzungssaal des Politbüros, SAPMO–BArch, DY 30/J IV 2/2/707, Bl. 3–4.

3　Niederschrift über eine Unterredung zwischen dem Genossen Florin und dem Botschafter der Volksrepublik China in Berlin am 17. 6. 1960 von 10.00–11.30 Uhr, SAPMO–BArch, DY 30/IV 2/20/115, Bl. 71–73.

驗傳給其他社會主義國家，德方認為中國想要干涉民主德國的事務，這完全是不正確的。民主德國人民必須知道這一真相。[1]

　　在這個問題上，雙方各執一詞，民主德國認為中國干涉了自己的內政，而中國堅決予以否認。在布加勒斯特，烏布利希向彭真繼續表達了在人民公社問題上的不滿，他認為人民公社的道路對於人民民主來說是絕對錯誤的，不允許中國造成這樣的印象，即中國內部的發展道路也適用於其他國家。中國內部走什麼樣的道路由中共中央和人大會議決定，但這並不是其他國家的道路。[2] 此外，中央人民廣播電台的德語專家還擅自改動《列寧主義萬歲》等三篇文章的廣播摘要，凡是涉及尖銳地論述戰爭和暴力問題的句段多被改動，尖銳抨擊美帝國主義和現代修正主義的內容被整段整句地刪掉，這令毛澤東感到非常惱火。[3]

　　之後，在民主德國舉辦的中國國民經濟五年計劃的攝影展上，又遭遇到了同樣的問題。在提供展出的 60 張照片當中，有 15 張是宣傳人民公社的，德國統一社會黨考慮到自己的政策是穩固農業生產合作社，不能對人民公社進行宣傳，因此建議請求中方把公開宣傳人民公社的照片從展覽中撤下，否則就建議中國放棄舉辦展覽。[4] 此外德方還質疑了展覽宣傳冊上的內容，這些都更加引起了中方的極大不滿，駐德使館參贊認為，「大躍進」、人民公社和社會主義建設總路線是中國的三面紅旗。這一路線在中國的革命實踐中是正確的，中國有義務向民主德國宣傳，希望民主德國看到這個展覽是中國給民主德國的友好禮物。他明確表態，

1　Aktenvermerk über ein Gespräch mit dem chinesischen Botschafter Wang Kuo-tschuan am 20. 6. 60, 21. Juni 1960, PA AA, Bestand MfAA, A 17,819, Bl. 10-11.

2　Dok. 29, in Meißner, hrsg., *Die DDR und China 1949 bis 1990*, S. 118.

3　《在〈宣教動態〉第五十期上的批語》（1960 年 7 月 18 日），載中共中央黨史和文獻研究院編：《建國以來毛澤東文稿》第 15 冊，第 269-270 頁。

4　An Gen. Walter Ulbricht, von Abteilung Aussenpolitik u. Int. Verb., 17. 10. 1960, SAPMO-BArch, DY 30/IV 2/20/115, Bl. 202.

不管展覽是否舉辦，都不會改變原始文本。[1]

　　圍繞着人民公社問題，中德之間發生了直接的正面衝突，這成為 1960 年兩國公開意識形態分歧主要表現。對於德國統一社會黨不允許中國在民主德國宣傳人民公社的要求，中方感到十分不滿，在中國領導人看來，如果要全方位展出中國在農業方面的成就則必然有人民公社，這是人盡皆知的，中國不可能在展覽中不提人民公社，這是中國的現實情況。[2]

## 三、中國對民主德國的出口欠賬

　　圍繞人民公社宣傳問題的爭論，可以說是仍停留於意識形態層面的衝突，最多將它視為中德兩黨之間的理論之爭。但是由中國「大躍進」以及人民公社化運動所直接造成的三年經濟困難，卻直接對於中德兩國的經貿關係卻造成了實質性的傷害。

　　對於中國 1959 年的經濟形勢，民主德國雖然已經覺察到中國經濟發展不穩定、不平衡，但是對於中國 1960 年的經濟前景仍然持樂觀態度，駐華使館認為，只要不出現如 1959 年那樣的自然災害，中國的經濟在 1960 年將會實現高速增長，完成 1960 年的目標並且超額完成繼續躍進是可以實現的。[3] 此外，烏布利希也已經了解到，「大躍進」所導致的工農業發展的不平衡從 1958 年底就已經開始影響中國的外貿，中國在完成其外貿合同上存在巨大的困難。但是當烏布利希看到中國不顧其自身經濟困難，仍然出於政治考慮大量買入古巴糖以及伊拉克棗，以示對這兩個國

---

1　Aktenvermerk über eine Zusammenkunft mit Botschaftsrat, Genossen Wang Ping, in der Gesellschaft vom 10. 10. 1960, SAPMO-BArch, DY 30/IV 2/20/115, Bl. 200.

2　An den Stellvertreter des Vorsitzenden des Ministerrates und Minister für Außenhandel und Innerdeutschen Handel Genossen Heinrich Rau, 28. 12. 1960, SAPMO-BArch, DY 30/IV 2/20/122, Bl. 284-287.

3　Kurze Einschätzung der wirtschaftlichen Entwicklung der Volksrepublik China im Jahre 1959, SAPMO-BArch, DY 30/IV 2/20/117, Bl. 435.

家的支持時，[1] 他或許會感到放心，以為中國同樣會出於政治考慮在經貿上繼續滿足民主德國的需要。

　　然而實際的情況卻是，毛澤東在盧山會議上，轉變調整計劃指標的方針，批判「國民經濟比例失調」論，堅持繼續「躍進」。為了保證鋼指標，使得全國經濟的發展變得更為畸形，造成財政收支不平衡以及社會購買力和可供商品比例嚴重失調，出現了巨大的財政赤字以及市場緊張，農牧業產品大幅度減產，出現全國性糧食和副食品危機。這一危機直接影響中國的對外貿易出口，由於對蘇聯和東歐的出口都是以農產品為主，因連續兩年農業大幅度減產，糧、油、肉、蛋等都無法按計劃收購上來。截至 1960 年 7 月 25 日，全年出口商品的收購計劃只能完成原定指標的 43.3%，出口計劃只完成 38%。[2]

　　國內農業、糧食危機持續發酵，導致中國不得不開始重新安排自己的進出口計劃，將原定出口額 88.89 億元調整為 65.26 億元；原定的進口額 70.89 億元調整為 65.87 億元。這樣調整以後，導致對蘇聯和東歐兄弟國家出口計劃為 45.77 億盧布，與應執行的出口協議 63.38 億盧布比較，尚差 17.61 億盧布，扣除去年已經提前交貨的 1.22 億盧布，到 1960 年底對蘇聯和東歐兄弟國家出口商品將欠交 16.39 億盧布，加上對蘇聯外匯逆差 4.5 億盧布，到年底欠賬總額約 20 億盧布。[3]

　　除了調整出口計劃外，中國又決定停止同蘇聯、東歐國家和越南日用消費品交換，對於已簽的合同繼續履行，但不再進行新的談判。對外解釋的理由是：蘇聯撤退專家給整個國民經濟計劃造成困難，需要進行調整；1960 年中國遭受了巨大的自然災害，對整個對外貿易要重新調

1　Analyse einiger Probleme der inneren Entwicklung der Volksrepublik China, SAPMO-BArch, DY 30/3603, Bl. 103-104.

2　林蘊輝：《烏托邦運動》，第 585-586、600、625 頁。

3　《對外貿易部葉季壯同志發言要點》（1960 年 10 月 15 日），載中國社會科學院、中央檔案館編：《1958 — 1965 中華人民共和國經濟檔案資料選編·對外貿易卷》，第 117 頁。

整與安排，因此，消費品交換要暫時停止；消費品交換範圍內的商品，外貿部可負責經營，通過正式外貿途徑亦可以滿足雙方進出口要求。時任國務院財貿辦公室副主任姚依林主張要堅決堵死與蘇聯進行日用品交換。原因在於，雙方日用品的交換，實際上是蘇聯在推銷冷背貨給中國，而要拿中方的好貨，因此這種生意於中國不利。而同其他東歐各國的交換，也因顧及到單獨拒絕蘇聯一家則不好交代的理由，都被決定予以停止了。[1]

中國決定縮減出口計劃，從而造成了對外出口的欠賬，這一情況對民主德國是非常不利的。當時民主德國國內形勢亦不穩定，1959 年從民主德國出逃到聯邦德國的人員已經有 120230 人，到 1960 年這一數字上升到了 182278 人。[2] 由於柏林危機尚未解除，民主德國與聯邦德國之間的內部貿易協定談判也陷入僵局，烏布利希打算利用這一契機使民主德國的經濟更加獨立。[3] 因此，德國統一社會黨更加需要保障民主德國對社會主義陣營各國的外貿進口，把它們作為與聯邦德國貿易的替代，當他們發現中國對民主德國農產出口將出現欠賬情況是，自然感到非常擔憂。

1960 年 8 月底，民主德國已經意識到，如今要按時執行完 1960 年度中德貿易的協定額已經不太可能，此外，他們還發現中國外貿部的同志拒絕在舊合同完成以前繼續簽訂新的貿易合同。[4] 以民主德國極為依賴中國進口的大豆為例，1960 年計劃進口為 19.2 萬噸，合同簽訂了 18 萬噸，到 6 月 30 日，中國已經欠交大豆 9000 噸，到第三季度，中國就不

1　《對外貿易部黨組關於對蘇聯和其他兄弟國家停止消費品交換問題的請示報告》（1960 年 11 月 19 日），載中國社會科學院、中央檔案館編：《1958 — 1965 中華人民共和國經濟檔案資料選編‧對外貿易卷》，第 383-384 頁。

2　Harrison, *Driving the Soviets up the Wall*, p. 158.

3　Peter Krewer, *Geschäfte mit dem Klassenfeind: Die DDR im innerdeutschen Handel 1949-1989*, Trier: Kliomedia, 2008, S. 121-126; Dok. 1: Gespräch Chruschtschows mit dem Ersten Sekretär der SED, Walter Ulbricht, am 30. November 1960, in Gerhard Wettig, hrsg., *Chruschtschows Westpolitik 1955 bis 1964*, Band 3: Kulmination der Berlin-Krise (Herbst 1960 bis Herbst 1962), München: Oldenbourg, 2011, S. 33, K. 3.

4　Unser Aussenhandel mit der VR China, SAPMO-BArch, DY 30/IV 2/6.10/179, Bl. 97.

再向民主德國出口大豆了，截至 9 月 30 日，根據貿易合同，中國已經欠
交民主德國大豆 3.15 萬噸。葉季壯致信海因里希・勞，表示 1960 年已經
不可能再供應大豆和花生油。除了大豆以外，在各種食用油出口上也出現
了不同程度的欠賬，在豬肉出口上，到 1960 年底估計也要欠交 8000 噸。[1]
估計到 1960 年底，中國對民主德國的貿易出口欠交額在 1.2 億盧布左右。[2]

　　11 月 9 日，汪戴爾致信施瓦布，認為中德之間貿易協定沒有執行
完成的問題非常嚴重。汪戴爾還轉達了葉季壯的一封信，其中強調了中
國一直在盡最大可能滿足民主德國的必須品並且未來也將如此。但由於
1960 年中國的天氣條件糟糕，繼去年的自然災害後，1960 年的更是遭
遇了 20 世紀以來最大的自然災害。蘇聯又撤了專家，使得工業部門就
更加困難。因此必須要減少農蓄產品的出口，包括像大豆、米、植物食
用油、豬肉、蛋類、豬腸、棉花、松香、松節油、麻、羊皮這些農產品
1960 年將不再出口。在已簽合同中的欠交商品待 1961 年補交，對於協
商完畢但還未簽合同的產品將不會再簽合同，中方也不會再供應這些產
品。只有一些特殊情況在雙方協商下後可以在明年補交。讓民主德國更
加不願看到的情況是，1960 年的欠交直接影響到了 1961 年的中德貿易協
定談判。中國打算在 1961 年首先彌補之前欠下出口額，等到補交產品足夠
後，才能談新一年的貿易。而且中國已經決定，1961 年的貿易額度不能擴
大，也不會維持 1960 年的水平，一定會縮減，問題只是將縮減多少。另
外，1961 年進出口的產品結構也會出現變化。原先準備研究與各社會主
義國家簽訂 1961 年至 1965 年長期貿易協定的問題，如今也無法執行，
同時也不再考慮與民主德國在 1962 年之後再簽訂新的長期貿易協定。[3]

---

1　Situationsbericht Importe China 1960, SAPMO-BArch, DY 30/IV 2/6.10/179, Bl. 83-84.

2　An das Zentralkomitee der Sozialistischen Einheitspartei Deutschlands Genossen Ernst Lange, SAPMO-BArch, DY 30/IV 2/6.10/179, Bl. 120.

3　Abschrift FS-Nr. 138 vom 9. 11. 1960 von Botschafter Wandel–Peking an Minister Schwab, SAPMO-BArch, DY 30/IV 2/20/122, Bl. 220-221.

　　於是，民主德國駐華使館人員開始抱怨，中方對於他們的詢問回應草率，都只用報紙上的一般言論進行搪塞。不允許使館人員外出調查，收集貿易情報。這其實在一定程度上導致民主德國的領導層對於中國國內的嚴重困難無法有一個清楚的認識，會讓他們感到中德貿易出現的困難是由於中國同志主觀上不願合作。[1] 等到馬特恩 1961 年初率領代表團前來與中國政府協商貿易問題時，兩國的高層領導人之間發生了直接的正面衝突，這使得中德在國家關係的層面上也出現了難以彌合的裂痕。

## 第四節　小結

　　1959 年可以被視為中國與民主德國的關係發生轉折的一年。從這一年 1 月格羅提渥訪華開始，直到 1960 年 1 月海因里希‧勞訪華，雙方簽訂為期三年的長期貿易協定為止，倘若站在外部觀察，兩國關係在這一年得到了更加強勁的發展。而為了兩國關係更上一個台階，民主德國決定邀請中國國家主席劉少奇 1960 年訪德。但是中德表面上親密如兄弟般的友誼，掩蓋了雙方潛藏在內部的矛盾分歧。

　　在對待聯邦德國的態度上，民主德國堅持認為它是「帝國主義」，強調它的威脅性，這是從民主德國自身的戰略、安全等角度出發的；而中國則只將聯邦德國定性為「軍國主義」，強調它對美帝國主義的依賴性，提出真正重要的敵人是美國，這又是從中國自身的對外戰略角度出發的。兩國的這一分歧，在 1959 年初雙方外長就聯合聲明的談判中就得以顯現。

　　在對待 1959 年中印邊界衝突的態度上，在空喀山口事件發生以前，

---

1　Stuber, *East German China Policy in the Face of the Sino-Soviet Conflict 1956-1966*, Ph.D. dissertation, Université de Genève, 2004, p. 191.

民主德國並沒有在公開場合表達支持中國或指責印度的立場，但是它的基本立場是傾向於中國一邊的，格羅提渥在慶祝新中國成立十周年大會上的一段講話，在經過了一個月之後被印度視作民主德國指責印度的有力證據，進而發起反對民主德國的宣傳攻勢。為此，民主德國的立場才從之前支持中國的立場轉入中立。其原因在於，民主德國在外交承認問題上有求於印度，因而不希望與印度關係搞僵，這又是出於對自己切身利益的考慮，也引起了中方的不滿。

　　但是分歧並不見得就一定會引起衝突，在如何看待德國問題和台灣問題上，兩國在 1955 年就存在着微妙的區別，但並不阻礙之後兩國關係的良性發展，在 1959 年初對待聯邦德國態度上的直接分歧，雙方也以一種相互妥協的方式擱置了起來。而真正起着決定性影響的，是支撐着整個社會主義國家關係結構的支柱 —— 中蘇關係發生了變化。

　　當 1960 年中蘇分歧公開，雙方開始相互進行意識形態論戰之時，德國統一社會黨不得不做出抉擇。作為冷戰的直接產物、作為蘇聯的衛星國，其結果自然是站在蘇聯一邊。無論如何，民主德國的政治、軍事、經濟、社會各方面的種種問題，很大程度上都是不得不依賴於蘇聯的力量來解決。同時，中共在意識形態上的公開論戰，極力鼓吹中國自身的社會主義建設經驗，大力宣傳人民公社的行為，給德國統一社會黨穩定民主德國國內的意識形態造成了不小困擾。雙方圍繞中國是否可以在民主德國宣傳人民公社發生了直接的衝突。

　　然而這一切僅僅只是一個開始，由於中國發動「大躍進」和人民公社化運動，導致國民經濟面臨崩潰的邊緣，直接影響到了它的對外貿易出口，造成對蘇東社會主義國家糧食出口上的欠賬，這又進一步影響到民主德國國內的經濟與供應形勢。到 1961 年初，烏布利希致信毛澤東，對中共中央在完成中國對德糧食出口的欠賬問題上提出要求。於是，中德兩國圍繞着貿易問題的爭吵便一觸即發。

# 第四章　交惡 —— 兄弟之間的決裂
## （1961 — 1965）

　　1960 年是中蘇分歧徹底公開化的一年，同樣在這一年民主德國與中國的關係首先在意識形態領域發生了明顯的衝突。可即便如此，各方想要能夠盡力維持社會主義陣營內部的穩定和團結，不想讓意識形態上的分歧影響到國家之間的關係。因此這一年底的莫斯科會議通過的聲明使中蘇關係實現了短暫的緩和。由於國內經濟形勢出現了嚴重困難的局面，中共在中蘇關係的分歧方面做出了妥協，但這又並非出自中共的本心。對於中德關係同樣如是，雙方都試圖緩和兩國關係，但相互之間卻又早已心存芥蒂，要實現真正的緩和困難重重。馬特恩於 1961 年初訪華「要賬」給中德關係再添傷痕，而中國對解決西柏林問題的支持態度也並不能讓民主德國感到滿意。蘇共二十二大後，中蘇之間的緩和局面破裂，德國統一社會黨繼續緊跟蘇共向中共發起了意識形態大論戰，同時在貿易問題上兩國依舊矛盾衝突不斷。隨着中國的對外政策的進一步「左」轉，到 1963 年初德國統一社會黨六大召開時，中德兩黨之間的關係便基本破裂了。

## 第一節　修建柏林牆背景下的中德關係

　　從 1960 年的夏天開始，中蘇之間的緊張關係出現了某種程度的緩和。由於中國的國內外形勢持續惡化，中共與蘇共在意識形態上的鬥爭

開始呈現出緩和與妥協的態勢。這一姿態的最終體現，便是在 1960 年末的莫斯科會議上所通過的《各國共產黨和工人黨代表會議聲明》（下文簡稱《莫斯科聲明》）。中共實際上為此做出了更大的讓步，由於中共對於蘇共二十大的評價一直持有異議，而《莫斯科聲明》卻進一步鞏固了蘇共綱領作為國際共運共同準則的地位。突出了社會主義陣營利益高於民族利益、黨際關係重於國家關係的內涵。以此為轉折點，直到 1961 年後期為止，緩和成為中蘇關係的主色調。[1] 這段時期，中德兩黨也有意識地實現了緩和，減少意識形態上的爭論，但是兩國在貿易、外交上的一些矛盾並未得到真正解決，仍摩擦不斷。由於此時雙方的心結並未解開，這些摩擦帶來得只能是更多的負面影響，最終使得兩國關係走進了一條死胡同。

## 一、力主建牆的民主德國

1960 年 11 月，烏布利希率領德國統一社會黨代表團參加莫斯科會議，在這個意味着中蘇關係出現緩和的轉折點上，他與赫魯曉夫之間並沒有太多地談論社會主義陣營如何團結的問題，只是在 11 月 30 日雙方會談行將結束之際，赫魯曉夫向烏布利希介紹了他之前與中共代表的會談情況。[2] 此時，無論是民主德國還是蘇聯，都將自己的主要關切集中在如何解決柏林危機這一問題上。由於此前赫魯曉夫退出巴黎峰會，與西方的談判被暫時擱置，這直接導致柏林危機懸而未決。

對此，更感焦慮的應該是烏布利希。長期以來，西柏林的特殊地位對於民主德國的政治安全、經濟發展和社會穩定等方面構成直接的威

---

1　沈志華主編：《中蘇關係史綱》，第 324-328 頁。
2　Dok. 1, in Wettig, hrsg., *Chruschtschows Westpolitik 1955 bis 1964*, Band 3, S. 50.

脅，一直是德國統一社會黨的心頭大患。由於特殊的地理位置，西柏林
成為西方針對民主德國進行情報活動的最佳場所，像著名的「柏林隧道」
事件業已證明這些活動絕非子虛烏有。[1] 在昂納克看來，西柏林至少存在
着 80 個間諜機構和「恐怖組織」在那裏幹着不可告人的勾當。[2] 對民主德
國首都所帶來的安全威脅自然是毋庸置疑的。

　　西柏林給民主德國所帶來的隱患更多則表現在經濟和社會層面上。
由於東西德的經濟發展存在着巨大的差距，東西柏林又一直維持着開放
狀態，西柏林居民可以自由地進入東柏林，並且享用各種民主德國提供
的公共服務事業，由於東柏林的物價更低，所以西柏林人還在那裏把各
種大量需要的東西如肉、動物油及其他食品搶購一空。民主德國因而損
失數以百萬計的馬克。這樣，西柏林人就一直在促使東馬克貶值，給民
主德國的農民和工人增加很大負擔，並從這種局勢中汲取政治上的利益
和經濟上的利益。[3]

　　而聯邦德國更高的生活水平卻對民主德國的公民有着更大的吸引
力。烏布利希在莫斯科時就向赫魯曉夫坦言，柏林的形勢正朝向不利於
民主德國的方向發展。在東柏林住着 5 萬工人，但他們的工作地點卻在
西柏林，因為在西柏林可以獲得更高的工資，而統一社會黨卻無法採取
任何的應對措施。在知識分子當中，問題更加嚴重，一名西柏林教師的
工資每月要比在東柏林教師高出 200 — 300 馬克，聯邦德國醫生的收入
更是民主德國醫生的兩倍。烏布利希無奈地表示，民主德國政府對知識
分子無法再提高工資，一是由於自身資金不足，二是因為即便提高了工
資，民主德國所擁有的商品也無法滿足這些工資所產生的購買力，而他

1　David E. Murphy, Sergei A. Kondrashev and George Bailey, *Battleground Berlin: CIA vs. KGB in the Cold War*, New Haven: Yale University Press, 1997, p. 213.
2　埃里希·昂納克：《我的經歷》，龔荷花譯，北京：世界知識出版社，1987 年，第 128 頁。
3　赫魯曉夫：《赫魯曉夫回憶錄》，第 2139、2412 頁。

們將會用這些從民主德國得到的錢再跑到西柏林去買東西。[1]

一方面民主德國的商品廉價地被西柏林人買去，另一方面自己的商品又不能滿足國內人民的需求。經濟的落後造成社會的不安定；這一切無疑就是造成民主德國人口大量向聯邦德國出走的重要原因，而它的直接後果就是民主德國的勞動力緊缺，特別是在專業高等技術方面所擁有的勞動力更加匱乏。這導致經濟發展上的瓶頸，而經濟上的困境又會再度引起社會的不安，促使民眾的出走，從而產生了一個惡性循環。這無疑是民主德國所面臨的最大危機。因此，民主德國急需改變西柏林的這種地位；特別是要限制其民眾以此為「中轉站」出走到聯邦德國去。

早在 1952 年末，烏布利希就曾經提出要求關閉柏林市內的邊界，而當時的蘇聯領導人們拒絕了這一要求，他們認為關閉邊界在政治上是不可接受的，將使得柏林的市民對蘇聯和民主德國政府產生怨恨，將使蘇聯和西方的關係處於複雜而不利的局面。[2] 當 1958 年赫魯曉夫決定挑起柏林危機，以此促成與西方國家的和平談判時，更大程度上仍然是在追求西方對蘇聯實力的認可，實現東西方陣營的和平共處。柏林問題對於蘇聯而言是與西方談判的籌碼，而對民主德國來說卻是實實在在的難題。

烏布利希對於 1959 年的日內瓦外長會議的結果感到失望，而當 U-2 飛機事件導致巴黎首腦會議流產之後，民主德國則需要承擔起更大的社會壓力。1960 年 2 月時，通過西柏林出走的民主德國公民人數為 9803 人，到了 5 月份這個數字就增長到 20285 人，足足增加了一倍多。[3] 於是從 1960 年下半年開始，烏布利希就開始試圖說服赫魯曉夫能夠儘快採取實質性的措施，烏布利希的急切心情在他同赫魯曉夫於 11 月 30 日談話

---

1　Dok. 1, in Wettig, hrsg., *Chruschtschows Westpolitik 1955 bis 1964*, Band 3, S. 35.

2　Hope M. Harrison. "Driving the Soviets up the Wall: A Super-Ally, a Superpower, and the Building of the Berlin Wall, 1958-1961," *Cold War History*, Vol. 1, No. 1, 2000, p. 56.

3　Harrison, *Driving the Soviets up the Wall*, p. 148.

之中得到了充分的體現。在這次會談中，對於民主德國應該在 1961 年採取怎樣的行動，烏布利希做了如下的打算：不再簡單地重複之前爭取對德和約的運動，由於當前與阿登納尚未實現和平共處，因此，計劃結束兩個德國之間相互敵對的宣傳，以求進一步實現同聯邦德國的和平共處，來為對德和約創造條件。如果西方各國仍然拒絕簽訂對德和約，那麼蘇聯政府就單獨與民主德國簽訂和約。可是赫魯曉夫卻表示不會單方面與民主德國簽訂和約，他僅僅將此視為逼迫西方與其談判的一種手段。這令烏布利希感到十分不滿，認為當時什麼都不幹是正確的，但現在局勢已經變得更複雜了。[1] 他希望蘇聯能採取更加具有實質性措施。

而赫魯曉夫卻把更多希望放在美國新任的年輕總統約翰·肯尼迪（John Kennedy）身上。由於美國在豬灣登陸失敗，再加上對老撾問題遲疑不決，這些都讓赫魯曉夫認定，肯尼迪軟弱無能，必須要加以利用，因此，他決定在柏林問題上對肯尼迪施壓。[2] 於是在 1961 年 6 月的維也納會議上，赫魯曉夫向肯尼迪遞交了一份關於柏林問題的備忘錄。其中再次提出了限期 6 個月解決柏林問題的最後通牒，如果美國對此不做回應的話，那麼蘇聯就會與民主德國簽訂和約，結束西方國家所有的佔領權利，包括西方通往西柏林的通道。[3] 可是赫魯曉夫在與肯尼迪的交手中並沒有佔據上風，美國堅決不放棄西柏林，這使得蘇聯達到目的的可能性極小。

但在之前與烏布利希的會談中，赫魯曉夫就已經明確表示，蘇聯不會與民主德國單方面簽訂和約，只是把它當作嚇唬西方進行談判的幌子。可是西柏林的問題又無法久拖不決，於是結束東、西柏林邊界的開

---

1  Dok. 1, in Wettig, hrsg., *Chruschtschows Westpolitik 1955 bis 1964*, Band 3, S. 39-40.
2  亨利·基辛格：《大外交》，顧淑馨、林添貴譯，海口：海南出版社，1998 年，第 534 頁；陶伯曼：《赫魯曉夫全傳》，第 505 頁。
3  陶伯曼：《赫魯曉夫全傳》，第 509 頁。

放狀態只能採取另外一種方式。所以赫魯曉夫最終決定同意烏布利希的意見，封鎖並控制邊界以防民主德國人口的繼續外流，以維持民主德國社會的穩定。烏布利希最終得以在赫魯曉夫的支持下把他解決柏林問題的構想真正付諸行動，柏林牆就此應運而生。

哈里森在她的研究中認為，蘇聯與民主德國的關係出現了「尾巴搖狗」的現象。在力主修建柏林牆的過程中，烏布利希利用了動盪不定的國內局勢以及不斷惡化的國際形勢逼迫赫魯曉夫就柏林問題採取行動，最終迫使蘇聯同意在東、西柏林的邊界上修建柏林牆。在這個過程中，中國也被哈里森視為是烏布利希用來撬動赫魯曉夫在柏林問題上有所作為的一根槓桿。在她看來，烏布利希利用了中蘇之間衝突不斷的形勢，促使赫魯曉夫同意關閉柏林邊界，以此換來民主德國繼續以蘇聯首，並同時反對中國的保證。[1] 其中 1961 年初馬特恩的訪華，就被其視為是烏布利希施展這一手段的實例。然而，真實的情況可能並非如此。[2]

## 二、馬特恩訪華「要賬」

1961 年 1 月下旬，德國統一社會黨政治局委員馬特恩訪華。對於此事，哈里森從研究當時蘇聯與民主德國關係的角度出發，做出了非常獨特的解讀。這正好為進一步討論此階段民主德國與中國關係樹立了一個標杆，故先將她的論斷引述於此，以便在下文中可以逐一地對此論斷進行較為細緻的分析：

---

1　Harrison, *Driving the Soviets up the Wall*, pp. 139, 143, 228.「尾巴搖狗」出自英文短語 "the tail wagging the dog"，表示局部控制全體，本末倒置，下級管上級，小人物掌大權的行為和狀態；喻指處於從屬地位的勢力執掌指揮權和控制權。對冷戰時期的德國是否存在「尾巴搖狗」現象的討論，參見 Noel D. Cary, "Wagging the Dog in Cold War Germany," *Germany History*, Vol. 24, No. 2, 2006, pp. 268-293.

2　關於馬特恩訪華一事的研究，另可參見陳弢：《一九六一年中德關係變化背景下的馬特恩訪華》，《中共黨史研究》2017 年第 4 期。

　　　　烏布利希試圖利用中蘇之間的裂痕來獲得一些好處，他於 1
月份派遣了一個由政治局委員赫爾曼・馬特恩領導的代表團赴北
京。這一行程計劃事先並沒有告訴蘇聯。無疑，烏布利希是打算
增強對莫斯科的壓力以保證有效的經濟援助並簽訂對德和約。東
德代表團在前往北京的路上在莫斯科機場逗留。感到驚訝的蘇聯
人詢問此次行程的目的，馬特恩向蘇聯人保證，他們只會同中國
人討論經濟問題，不會討論政治問題。然而，在北京的會談中，
中國人和東德人談了遠比經濟問題更多的東西。他們比較了他們
在西柏林和台灣問題上的相似性，正如外交部長陳毅所說的，它
們有「許多共同之處」，懷著「設想美國將會放棄這兩個地方的浪
漫幻想」，陳毅表示北京完全支持民主德國有關西柏林的政策。[1]

　　根據哈里森的推斷，烏布利希派馬特恩訪華目的是為了在獲取援助
和簽訂對德和約問題上向蘇聯施壓。在德國問題的立場上，民主德國向
蘇聯製造出一種如果不答應修建柏林牆，那麼德國統一社會黨可能會向
中共靠攏的可能性傾向，藉此促使赫魯曉夫能夠對西方採取更為實質性
的舉措。[2] 似乎烏布利希安排馬特恩訪華，成為他與赫魯曉夫對弈過程中
的一步「手筋」。

　　可是，馬特恩到底與中國領導人談了些什麼呢？哈里森在其著作
中並沒有給出直接的答案，而是援引了 1961 年 1 月 30 日陳毅與汪戴爾
的談話中所涉及的有關柏林問題的內容。可能由於這個會談在時間上就
在馬特恩訪華之後不久，哈里森就以此推測，馬特恩訪華期間應該與中
共領導人談了基本相同的內容。在中國外交部檔案館內所查閱到的有關
1961 年初馬特恩訪華的檔案中，他在 1 月 21 日、24 日兩次與周恩來的
談話有十分完整的記錄。通過閱讀這些相關檔案之後，便可以發現哈里

---

1　Harrison, *Driving the Soviets up the Wall*, pp. 164-165.
2　Harrison, *Driving the Soviets up the Wall*, p. 165.

森的推斷是錯誤的。

　　促使馬特恩訪華的直接原因其實還是民主德國與中國之間的貿易問題。在 1960 年中國對德出口欠賬中，民主德國最關心的便是油料作物 —— 大豆的出口問題，中國對民主德國大豆的出口不足直接導致 1961 年初民主德國國內的人造黃油的產量下降。由於中國又想把這些欠賬納入到 1961 年中德貿易協定當中，這樣，除了補交欠額外，中國 1961 年就幾乎不會再向民主德國出口農產品了。這自然引起了德方貿易部門的反對。[1] 因此，1961 年初在對華關係上，德國統一社會黨最為急切想要解決的就是中國對民主德國貿易中的出口問題，在烏布利希致毛澤東的信中，這點得到了非常明確的表達：

　　　　通過蘇聯的倡議和中華人民共和國以及整個社會主義陣營的支持，今年的任務是使和約問題和解決西柏林問題獲得進展。這些任務與加強德意志民主共和國對西德和西柏林勞動羣眾的影響的任務，要求我們的經濟不受來自西德軍國主義集團的任何可能的破壞，要求完成我們的建設計劃。

　　　　蘇聯已經答應通過供應生產所需的物資幫助我們實現生產任務。但首先對於我國居民的食品供應仍沒有得到任何的保證。肉和人造黃油的供應比 1960 年有所減少，而 1960 年在這方面已經出現了巨大的困難。供應方面的這種趨向將不可能使得上述政治任務在短期內得以解決。

　　　　您知道，特別是<u>我們生產人造黃油所需的原料</u>，絕大部分是中華人民共和國所供應的。這些供應即使只減少一部分，也會直接影響對我國居民的供應，因為我們沒有必需的外匯向資本主義世界市場各國去購買。因此，我請您審察一下，中華人民共和國是否有可能按照以往的數量供應我們這種食品。

---

1　Kurzinformation über einige Fragen des gegenwärtigen Standes der Handelsbeziehungen DDR–VR China, 9. 1. 1961, SAPMO-BArch, DY 30/IV 2/20/123, Bl. 27.

> 德意志民主共和國政府委派德國統一社會黨政治局委員赫爾
> 曼・馬特恩同志率領一個小型代表團同貴國的國家機關就上述問
> 題進行談判。我請求有關的政府代表團接待這個代表團。[1]

因此，馬特恩訪華的直接目的在於「要賬」，而不是「搖狗」，更何況民主德國最初考慮率領代表團訪華以討論解決貿易供應問題的人也不是馬特恩，因此很難說馬特恩的訪華是烏布利希有意安排的結果。1961年1月11日，民主德國外交部第一副部長文策爾約見中國駐德使館代辦徐晃，提出德國統一社會黨和民主德國政府決定派遣部長會議副主席保羅・肖爾茨（Paul Scholz）攜帶烏布利希致毛澤東的信訪華，希望有機會可以和周恩來就兩國貿易的幾個具體問題進行會談，涉及的問題是有關民主德國市場供應方面由於最近時期的新情況而產生的一些迫切問題。[2]

中方當時認為，德方提出計劃派政府代表團訪華是在搞突然襲擊。翌日，徐晃就根據外交部指示約見文策爾作了答覆，他表示：「油料問題涉及農產品供應問題 …… 由於連着兩年災害，特別是今年的特大災害，農產品供應無法解決 …… 所以，你們派這麼一位負責同志去談油料供應問題，我們不能供應。這是我們的具體困難。」但是，文策爾則堅持要派一名政府的負責成員先從政治上澄清主要問題及其必要性，然後再談具體的貿易問題。由於民主德國政府計劃派遣訪華的部長會議副主席肖爾茨並非是德國統一社會黨黨員，而是民主德國的民主農民黨領導人。於是徐晃建議，「如果德國黨和政府認為有必要派負責的政府代表去北京談有關問題，最好能派黨內同志去。這樣比較方便。」文策爾最初對此

---

1　烏布利希致毛澤東的信的中文文本參見瓦・烏布利希致毛澤東主席函（1961年1月11日），中國外交部檔案館，109-03760-02，第29-31頁。德文文本參見 Dok. 129: Schreiben des Ersten Sekretärs des ZK der SED, Walter Ulbricht, an Mao Zedong, in Meißner, hrsg., *Die DDR und China 1949 bis 1990*, S. 271-272. 引文根據德文原文有所修改，其中下劃線為德文文本中所有。

2　駐德使館致外交部：德決定派副總理舒爾茨赴華談判事（1961年1月11日），中國外交部檔案館，109-03760-01，第2頁。

還頗有微詞，認為中方不必要對肖爾茨有什麼懷疑，但很快改口，決定馬上將中國的意見告訴烏布利希與斯多夫。[1]

當徐晃結束會談回到使館的一個小時後，民主德國外交部就致電駐華使館，表示決定改派德國統一社會黨內的負責同志訪華，並稱這是接受了中方的建議。駐德使館認為，這說明德方一味想派負責人去北京，並且存在幻覺，以為改派黨內負責同志，就可以達到目的。[2] 這也正好說明，烏布利希對於解決人造黃油原料供應問題是非常急切的，因為這直接關係到民主德國社會的供應穩定，關係到柏林問題的解決。同時也正好說明，馬特恩在 1961 年初的訪華實際上是由中國方面的意見所促成的，存在着較大的偶然性。因此，哈里森從馬特恩訪華的「這一行程計劃事先並沒有告訴蘇聯」推斷出是烏布利希為了向莫斯科施壓的有意安排的看法其實就很難站得住腳了。

馬特恩 1 月 19 日抵達北京後，就利用各種時機向中國的領導人表示民主德國在生產方面和對敵鬥爭方面有重重困難，民主德國的處境和任務特殊。並表示他這次來華的主要目的是加強中德兩國人民的友好團結，而「社會主義國家間的團結不僅表現在公開聲明中，而且表現在日

---

1 徐晃致外交部：徐晃同文策爾談話記錄（1961 年 1 月 12 日），中國外交部檔案館，109-03760-01，第 11-13 頁。其中外交部指示的內容主要為：「我國政府要了解德方要談什麼貿易問題。如果是一般貿易問題，可以在德方貿易代表本月第三句到北京後談。如果對方表示，要談關於貿易的緊急問題，請德方提出要談的項目。如果對方提出農產品項目，你應即向他說明，我國過去兩年災情甚重，去年是特大災害，農產品不能供應。如果他還提出其他項目，你可說明，將報告政府，並且表示關於這些項目，可由使館和德方交換意見。如對方仍表示要派舒爾茨等來京，你應即表示，我們認為這類緊急問題，德方能派黨內同志去比較方便，同黨外人士有些問題不好談。請德方考慮。」參見外交部致駐德使館徐晃代辦覆電（1961 年 1 月 13 日），中國外交部檔案館，109-03760-01，第 5-6 頁。這裏需要說明的是，外交部作出指示的時間為 1 月 13 日 1 時，此應為是北京時間，而徐見根據外交部的這個指示與文策爾談話時間為 1 月 12 日的下午 6 時，這應為是柏林時間。參見徐晃致外交部：德方答覆關於代表團來我國的建議（1961 年 1 月 12 日），中國外交部檔案館，109-03760-01，第 10 頁。

2 徐晃致外交部：德方答覆關於代表團來我國的建議（1961 年 1 月 12 日），中國外交部檔案館，109-03760-01，第 10 頁；駐德使館致外交部：徐代辦和文策爾的談話氣氛和我們的看法（1961 年 1 月 12 日），中國外交部檔案館，109-03760-01，第 15-16 頁。

益密切的物質聯繫中」。[1] 所以在中方看來，馬特恩這次來京目的就是「要東西」。「想用向我『訴苦』、擺情況和搬出政治上特殊處境的辦法，來達到要油、糧、肉、蛋和其他急需的物資的目的 …… 因此，在達不到目的的情況下，德方可能對我指責，例如說我們對民主德國支持不夠，說我們減低貿易額是不執行長期貿易協定，增加他們的困難，甚至指責我國將某些物資很多出口到資本主義國家，等等。」[2]

　　從周恩來 1 月 21 日與馬特恩的會談記錄來看，雙方就中國農產品出口的欠賬問題爭執不下。馬特恩強調目前民主德國困難重重，聯邦德國對其經濟封鎖，民眾逃離情況嚴重，國家外匯儲備枯竭。由於中國出口民主德國大豆欠交，導致民主德國的人造黃油工廠面臨停產的威脅。而民主德國在人造黃油方面找不到另外的出路，因此要求中國能履行貿易合同中的出口義務。周恩來則針鋒相對地表示，中國當前困難重重，不但去年欠交，1961 年秋收以前也不能確定大米、大豆、豬肉、油脂的供應量。此外，兩人又就有關烏布利希對阿爾巴尼亞的攻擊以及中國散發《列寧主義萬歲》等意識形態上的問題又相互指責了一番。[3]

　　1 月 24 日，雙方進行了第二次會談。馬特恩再次堅持表示，他此行不是來尋求幫助的，而是要求中方履行合同義務，此時，周恩來被徹底激怒了，指出如果民主德國堅持要求還賬，那中國就要餓死人、病死人；並且為了還賬，中國也不會與民主德國簽訂新的貿易合同：

　　　　如果你一定要我們還，是不是要我們的人餓死來還賬？或者

1　德國政府代表團接待組：德國政府代表團接待簡報（第 1 期）（1961 年 1 月 19 日），中國外交部檔案館，109-03760-04，第 80 頁。

2　外交部：關於接待德意志民主共和國政府代表團的幾個問題的請示（1961 年 1 月 16 日），中國外交部檔案館，109-03760-04，第 75 頁。

3　周總理同馬特恩會談記錄（1961 年 1 月 21 日），中國外交部檔案館，109-03760-03，第 32-49 頁；德國政府代表團接待組：德國政府代表團接待情況簡報（第 2 期）（1961 年 1 月 21 日），中國外交部檔案館，109-03760-04，第 83-86 頁。

至少是得浮腫病？你如果確定這一點，可以由你們黨中央寫一封
信來，我一定還。你只要說中國人可以得病、可以餓死，我就一
定還，一個馬克不欠……

　　你是來要賬麼！你說要履行合同，要履行合同就得死人。是
你提的，不是我提的。我本來是要同你商量，現在你一定要履行
合同，那我只好還你的賬，今年的合同就不能訂了……

　　我們沒有糧食，要靠大豆來接濟糧食，靠大豆治病。你非要
大豆不可，當然就要餓死人。你們的問題不過是從十幾公斤黃油
中減一點，而我們已經是最低的口糧標準，你還要從我們嘴裏挖
豆子，當然要餓死人。你說要履行合同，不過就是指欠你們的那
6 萬 5 千噸大豆。為了你們保持德國最高的生活水平，我們就應該
連維持生命的最低的生活水平都不能保持？……

　　我們受了兩年災，你還要逼我們拿僅能維持生命的農產品還
賬，以後我們就不敢同你們訂貿易合同了……[1]

　　從周恩來激烈的言辭中可以看出，當時中國國內的農業供應形勢已
到了十分危急的地步，糧食農產品的生產已經沒有餘力滿足外貿出口的
要求。馬特恩則極力辯解，並且對於中方打算不簽訂 1961 年的貿易協定
的想法極為震驚，雙方接着又圍繞民主德國是否在請求中國「幫助」的
問題進行了一番無謂的爭論。最終，周恩來表示願意爭取在 1961 年上半
年先向民主德國補交 2 — 3 萬噸大豆，以解決民主德國人造黃油的生產
問題。[2]

---

1　周總理與馬特恩會談記錄（1961 年 1 月 24 日），中國外交部檔案館，109-03760-03，第 52-54
　　頁。由於當時中國有些災區因為糧食緊張，把一切可吃的東西、如核桃、杏仁、棗仁、黑白
　　瓜子甚至甘草之類的中藥材，統統拿來頂糧食吃，不再供應出口。參見《中共中央批轉財貿
　　辦公室關於一九六一年對外貿易若干問題的請示報告》（1961 年 2 月 7 日），載中國社會科
　　學院、中央檔案館編：《1958 — 1965 中華人民共和國經濟檔案資料選編·對外貿易卷》，第
　　126-127 頁。由此可見，此時大豆自然也應該是被當作重要的口糧，是可以維持生命的農產
　　品不能供應出口的，周恩來如此激動，當時中國國內的形勢如何也可見一斑了。
2　周總理與馬特恩會談記錄（1961 年 1 月 24 日），中國外交部檔案館，109-03760-03，第
　　55-59 頁。

　　此處再度展現出社會主義國家政治關係決定經濟關係的特徵。即便是在最困難的 1961 年，中國的對外出口仍然根據政治關係的親疏採取一種「區別對待」的政策，相比較於消極對待民主德國的訴求，中國對阿爾巴尼亞的援助卻仍十分積極。周恩來在 1 月 28 日主持國務院會議時就援助阿爾巴尼亞問題講話，說明雖然遇到嚴重災荒，但是仍然答應幫助阿方解決價值一億盧布的糧食和其他物資，並且強調在對外援助方面，「對社會主義國家，實行互助，相互支持，增強團結。」[1] 為何會出現如此截然相反的兩種立場，其中的原因是不言自明的。

　　周恩來與馬特恩的兩次會談的主要內容都集中在解決外貿問題上了，因此，哈里森關於「馬特恩向蘇聯人保證，他們只會同中國人討論經濟問題，不會討論政治問題」的所言非虛，但她卻認為：「在北京的會談中，中國人和民主德國人談了遠比經濟問題更多的東西。他們比較了他們在西柏林和台灣問題上的相似性。」可實際上，在馬特恩與周恩來的會談中，並未太多涉及柏林問題。馬特恩只在 1 月 21 日的晚宴上提到，民主德國準備在 1961 年下半年締結對德和約。周恩來對此表示，如果真有此準備的話，事先必須充分準備。馬特恩就立即接着說，他正是做這方面的準備才來北京談判的。[2] 言下之意，如果中國支持民主德國在西柏林問題上與帝國主義的鬥爭，那麼就應該履行對民主德國的大豆出口義務。可見，馬特恩此刻心之所繫的仍是與中國的貿易問題，而在 1 月 24 日的會談中，雙方涉及柏林問題對話也只有一段：

　　　　馬：今年或者在西德大選前要着手解決西柏林問題和和約問題，西德就一定會和所有的社會主義國家斷絕貿易關係。形勢一定會尖銳，因為我們今年要解決這些問題。

1　中共中央文獻研究室編：《周恩來年譜：1949 — 1976》（中卷），第 387 頁。
2　德國政府代表團接待組：德國政府代表團接待情況簡報（第 2 期）（1961 年 1 月 21 日），中國外交部檔案館，109-03760-04，第 85 頁。

周：我們準備壓他一下，也準備鬥他一下，支持你們的鬥爭。[1]

總而言之，哈里森對於 1961 年初馬特恩訪華的意義和性質存在着誤判，馬特恩此時訪華是有一定偶然性的，並且其核心目的是解決對民主德國的大豆供應問題。若從此事本身出發進行觀察，並不能夠得出烏布利希主觀上故意利用中國來向赫魯曉夫施壓的結論；雖不能完全排除在客觀上發揮了這一作用的可能性，但必須在要找到蘇聯對於此事件的評估後，再來予以考察。

從中德關係的角度來看，馬特恩的中國之行實際上讓兩國關係發生了更大的摩擦。在此之前，中德之間的衝突還主要集中表現為意識形態上的爭論；然而這次則實實在在地是在關乎國家經濟利益層面上的衝突，兩國高層的領導人 —— 周恩來和馬特恩之間發生了直接面對面的爭執，可以視作為中德國家關係開始交惡的起點。雖然莫斯科會議之後，中蘇關係開始出現了緩和的跡象，民主德國也有意識地不去強調與中國之間的分歧，但是經過馬特恩訪華之後，可以確信的是，在德國統一社會黨領導人心目中的中國形象已不如 20 世紀 50 年代時那般親切了。

## 三、陷入泥潭的中德關係

1960 年底的《莫斯科聲明》，使中蘇之間的關係實現了短暫緩和。在經濟貿易方面，對於中國 1960 年供應蘇聯的商品存在大量欠交，1961 年由於許多商品不能出口或減少出口給蘇聯造成一定困難的情況，蘇聯政府都表示了合作和諒解。同時還表示願意借給中國 100 萬噸糧食和 50 萬噸糖，並提出支援中國 100 萬噸麥子的建議。6 月，中蘇簽訂關於蘇聯向中國提供 10 萬噸小麥、10 萬噸麵粉和 10 萬噸黑麥的協議。而相比之

---

1 周總理與馬特恩會談記錄（1961 年 1 月 24 日），中國外交部檔案館，109-03760-03，第 52-54 頁。

下，民主德國卻難以承擔中國出口糧食欠交的壓力與困難，馬特恩1961年初來到中國「要賬」，反倒使得此時的中德關係顯得比中蘇關係更為緊張了。必須注意的是，此時中蘇之間的緩和實際上是毛澤東等中共領導人迫於國內經濟形勢的無奈選擇，向赫魯曉夫妥協絕非毛澤東的真心實願，中蘇兩黨之間的分歧並沒有就此化解。[1]

對於《莫斯科聲明》，中共領導人其實並不滿意，並且這種不滿的心態在中德關係中也得到了體現。當民主德國提出要派領導人訪華就貿易問題進行談判時，駐德使館便認為這是德方「憑藉着莫斯科會議聲明對其有利的規定，和他們過去在貿易問題上對我一貫採取的做法，企圖在今年兩國貿易問題上再撈點油水。」[2]

反觀民主德國，對中國的不滿情緒並沒有得到有效的緩解。他們認為，中國之所以不積極推動與民主德國的經貿關係是因為莫斯科會議後雙方的分歧依然存在。[3]在外交政策上，民主德國認為中國的立場存在着民族主義傾向，對蘇聯的支持並非毫無保留，一味強調支持民族解放運動，很少能理解與帝國主義談判和妥協的思想，導致激進立場。認為中共不了解資本主義國家的實際情況與政治形勢，低估帝國主義的力量，高估資本主義國家內的革命力量。對於在對外政策上與中共的分歧，民主德國政府一方面不想要就國際形勢的不同觀點進行爭論，但同時也認為沒有理由去迴避、減少或掩飾雙方之間的不同觀點。[4]而在國內政策上，中國在民主德國內對「大躍進」和人民公社的一些宣傳仍然困擾着

---

1　沈志華主編：《中蘇關係史綱》，第 322-323、332 頁。

2　駐德使館致外交部：德決定派副總理舒爾茨赴華談判事（1961 年 1 月 11 日），中國外交部檔案館，109-03760-01，第 4 頁。

3　Jahresbericht 1961 der Botschaft der DDR in der Volksrepublik China, 4. Januar 1962, PA AA, Bestand MfAA, A 6.836, Bl. 34.

4　Bermerkungen zur Aussenpolitik der VR China im Jahre 1960, SAPMO-BArch, DY 30/IV 2/20/122, Bl. 294, 336.

德國統一社會黨。[1] 馬特恩 1961 年初訪華結束回國後，曾就人民公社問題致信國際聯絡部部長弗洛林，要求他向中國大使公開表明，「我們不能宣傳人民公社和公共食堂。除此之外，現在來看大躍進的後果也陷入了極度的自相矛盾。」[2]

不過，在 1961 年中蘇關係暫時緩和的大趨勢下，民主德國也努力嘗試緩和與中國的關係。4 月 14 日，汪戴爾在與王國權的會談中，試圖緩解馬特恩訪華所帶來的不快，他表示原先德方不清楚中國自然災害的程度，還是應該儘早把問題提出來為好。王國權也表達了緩和兩國關係的意向：

> 我們現在有莫斯科會議聲明，在主要問題上取得了一致。如果在某些問題上還有不同意見，那麼應如周恩來總理所說，可以暫時擱一擱，以後逐步討論解決。不管怎樣，我們總是在一個大家庭裏，首要的還是一致團結對外。[3]

德國統一社會黨從 1961 年 5 月就開始要求黨的宣傳部門，「為了繼續鞏固我們與中國的關係，將來要多報道中國問題。」但同時也提出，要注意在報道內容上要有所選擇和保留，對於中國的那些不符合民主德國觀點的部分則是堅決不作報道，特別是像人民公社和三面紅旗這樣的內容，而且在報道中對中共的一些錯誤觀點也要進行修正。[4] 而從「一致對外」的角度出發，在對德和約以及柏林問題上，中國仍然一如既往地支持蘇聯和民主德國。周恩來 1 月 24 日對馬特恩的表態就已經十分明確的，對聯邦德國也準備鬥他一下，支持民主德國的鬥爭。

---

1　Betr.: Fotoausstellung der VR China in der DDR, SAPMO-BArch, DY 30/IV 2/20/115, Bl. 91-92.

2　Genossen Florin, SAPMO-BArch, DY 30/IV 2/20/115, B. 90.

3　民主德國汪戴爾副部長與中國王國權大使談兩國關係中的一些問題（1961 年 4 月 20 日），中國外交部檔案館，107-00967-07，第 1-4 頁。

4　Vorschläge zur künftigen Gestaltung der Berichterstattung über Probleme der Volksrepublik China in der DDR-Presse, SAPMO-BArch, DY 30/IV 2/20/115, Bl. 150-153.

　　1 月 30 日，陳毅向汪戴爾表達了中國在柏林問題上對民主德國的支持。他表示台灣問題和西柏林問題有着許多相似之處，但是它們的區別在於，為了保證歐洲和平，必須在短期內解決西柏林問題。因為西柏林問題和世界戰爭的聯繫太過於緊密，為了保證世界和平，必須先解決柏林問題。中國認為要在這個問題上達成妥協，妥協是可能的和必需的。與此同時，陳毅還表示，應該對當前中德兩黨之間的意識形態問題進行澄清，不要讓它們影響國家關係。汪戴爾也贊同要以國家關係為基礎，之後不要再爭吵，而是合作完成共同的目標。[1]

　　但是在中共與德國統一社會黨之間的芥蒂並未完全得到清除的情況下，所謂國家關係上的共同合作，都將成為流於表面的「走過場」。例如，陳毅於 1961 年 6 月參加日內瓦召開的有關老撾問題的會議，當時民主德國新任的駐華大使約瑟夫・黑根（Josef Hegen）就向國內詢問是否邀請其訪問民主德國。此時正值解決柏林問題的關鍵時期，陳毅訪德本可以彰顯出中國在這個問題上對民主德國的支持，但文策爾等人經過討論之後認為，出於政治上的各種理由，邀請陳毅當前訪德不合適。[2] 相較於 1959 年烏布利希對彭德懷在關鍵時刻訪德的稱讚，可以明顯反映出，兩國關係已是今非昔比。

　　周恩來在 1961 年 6 月 9 日與民主德國駐華大使黑根的會談中曾表示：如今在老撾、阿爾及利亞、台灣海峽仍可能爆發「小規模的戰爭」，但在柏林和德國不會再有戰爭了。「德國是關鍵問題。在所有戰線的鬥爭

---

1　Aktenvermerk über den Abschiedsbesuch beim Stellv. Ministerpräsidenten und Minister für Auswärtige Angelegenheiten der VR China, Genossen Tschen I, am Montag, den 30. Januar 1961, 10.00 bis 11.00 Uhr, SAPMO-BArch, DY 30/IV 2/20/123, Bl. 85–88.

2　An den 1. Sekretär des Zentralkomitees der Sozialistischen Einheitspartei Deutschlands Genossen Walter Ulbricht, 30. 5. 1961, SAPMO-BArch, DY 30/IV 2/20/115, Bl. 252; An den Ersten Sekretär des ZK der SED Genossen Walter Ulbricht, 1. Juni 1961, SAPMO-BArch, DY 30/IV 2/20/115, Bl. 253.

都直接或間接地與在德國的鬥爭有關係。我們支持你們在德國的鬥爭。」[1]
但在另一方面，中國對蘇聯在柏林問題上的行動方式並不完全贊同。在
某種程度上，中國表現得比蘇聯更加克制，更加強調妥協。不僅對赫魯
曉夫在維也納向肯尼迪重提解決柏林問題的最後期限一事感到不滿，而
且還對蘇聯在對德和約問題上的過快行動感到擔憂。中國人感到「在德
國問題上不應該像蘇聯那樣採取明確的方式來行動」。[2]

　　所以，事實上民主德國對中國在西柏林問題上的立場也並不十分滿
意。他們發現中國的報紙對於有關解決西柏林問題的報道並不充分，沒
有提到民主德國對維也納會議的讚揚，也沒有提簽訂對德和約為裁軍談
判創造了最有利的條件。到 7 月底，雖然中國的中央機關報開始對柏林
問題有了更多的報道，在民主德國看來是比之前有了進步，但是對於民
主德國提出的和平計劃仍沒有報道，除了談西方破壞《波茨坦協定》之
外，沒有涉及主權問題，所以，關於兩個德國之間簽訂和約的問題沒有
做明確的表述。同時中國領導人至今沒有表態支持蘇聯關於簽訂對德和
約的建議。而且對於西德軍國主義的復活，《人民日報》的表述在德方看
來也是錯誤的。由於中國受制於堅持「一個中國」的立場，對兩個德國

---

1　Vermerk über den Antrittsbesuch beim Ministerpräsidenten der Volksrepublik China, Genossen Tschou En-lai, am 9. 6. 1961, 12. 6. 1961, PA AA, Bestand MfAA, A 17,819, Bl. 26-29. 中方曾多次表示，在對德和約以及西柏林問題上，自己的立場與民主德國是一致的，在這個問題上始終可以得到中共的全面支持，並完全支持民主德國馬上簽訂對德和約並且解決西柏林問題的要求。參見 Aktenvermerk über eine Besprechung mit Genossen Wu Sjiu-tjüan, Mitglied des ZK und Stellv. Leiter der Abteilung Internationale Verbindungen beim ZK, am 6. 7. 61 anlässlich der Übergabe des Briefes des Genossen Walter Ulbricht an Genossen Mao Tse-tung, 12. 7. 1961, PA AA, Bestand MfAA, A 17,819, Bl. 30-31; Ministerium für Auswärtige Angelegenheiten der DDR z. Hd. des Genossen Minister Winzer, 17. 7. 1961, PA AA, Bestand MfAA, A 17,819, Bl. 36.

2　Harrison, *Driving the Soviets up the Wall*, pp. 181-182.

之間簽訂和平條約的問題也沒有做明確表態。[1] 這些行為細節在兩國關係
已經多有摩擦的情況下，都會在民主德國的心目中繼續留下對中國的負
面印象。

　　此時，赫魯曉夫和烏布利希已經決定採取控制西柏林邊界的行動，
8 月 3 日召開的華約成員國領導人會議，目的就是讓所有華約國家在對德
和約以及解決西柏林問題上達成一致意見。但有趣的是，對於阿爾巴尼
亞的攻擊又再次成為這次會議中的一大主題。8 月 3 日會議一開始，烏布
利希首先發言，認為此次召開的是華約國家各黨第一書記會議，但阿爾
巴尼亞未派第一書記參加，因此，他建議致信阿爾巴尼亞勞動黨，批評
這一不正確的行為，赫魯曉夫表示同意，之後各華約成員國黨的領導人
紛紛表態同意。[2] 到了 8 月 4 日上午正式討論柏林問題的會議上，阿爾巴
尼亞的代表就沒有再出席。

　　當時作為華約觀察員國的中國派駐蘇大使劉曉出席了這次會議，根
據他的回憶，在華約首腦會議上中蘇兩黨發生了激烈的爭論。[3] 這場爭論
是由他於 8 月 5 日下午在會議上的發言所引起的。劉曉首先表示，處理
德國問題的願望，完全符合中國人民以及全世界人民的利益。因此，中
國決定於蘇聯和其他社會主義國家盡一切努力處理柏林問題，相互幫助
實現對德和約。然後他開始宣讀中共中央的聲明，其中表達了對會議不
讓阿爾巴尼亞代表團參會的不滿，認為兄弟黨沒有權力排除其他的代表

---

1　Information zur Berichterstattung der chinesischen Presse über Fragen des Abschlusses eines
　Friedensvertrages und die Lösung des Westberlin Problems, SAPMO-BArch, DY 30/IV 2/20/115, Bl.
　164; Information zur Berichterstattung der chinesischen Presse über Fragen des Abschlusses eines
　Friedensvertrages und die Lösung des Westberlin Problems in der Zeit vom 6. bis 18. Juli 1961, SAPMO-
　BArch, DY 30/IV 2/20/115, Bl. 174-175; Dok. 76: Schreiben von Günter Kohrt, Mitarbeiter der Abteilung
　Außenpolitik und Internationale Verbindungen, an das Politbüromitglied Hermann Matern vom 29. Juli
　1961 zu einem geplanten Artikel in der „Renmin Ribao", in Meißner hrsg., *Die DDR und China 1949 bis
　1990*, S. 198.
2　Gedächtnisprotokoll über die Beratungen vom 3.–5. August 1961, PA AA, Bestand MfAA, G-A 474, Bl. 1-3.
3　劉曉：《出使蘇聯八年》，第 109 頁。

團，破壞了團結。於是再度引起中共代表團同蘇共以及其他東歐國家黨代表團的爭論，赫魯曉夫對此表示遺憾，認為中共一味維護阿爾巴尼亞黨，卻沒有看到他們的挑釁行為。烏布利希同樣表示對中共代表的聲明感到驚訝，認為這是一個第一書記會議，不是把阿爾巴尼亞排除在外，而是他們的級別不能參加：

> 必須理解，對於和約問題是一個很大的鬥爭。中國代表認為是怎樣的團結？應當在阿爾巴尼亞領導層反蘇的基礎上進行團結嗎？在偷竊了蘇聯的潛艇之後？這不是團結的基礎。不應當只說團結，而與此同時，一些阿爾巴尼亞人又在挑釁團結。出路在哪裏？最好是中國同志去影響阿爾巴尼亞的同志，採取另外一種立場。如今中國同志對於阿爾巴尼亞同志的挑釁立場沒有採取任何反對的態度。[1]

隨後東歐各黨的第一書記都表達了對中共的不滿，像保加利亞共產黨第一書記托多爾·日夫科夫（Todor Zhivkov）就表示，此次會議是討論德國問題的，中國同志為什麼不談這個問題？[2] 中共在華約首腦會議上的這一聲明，自然讓民主德國感到非常失望，這表明中國對民主德國的支持不過就是表面文章而已。

在8月13日民主德國正式採取封鎖西柏林邊境並準備修建柏林牆的行動後，中國的態度似乎又變得積極起來。陳毅就向黑根表示，這一行動在任何談判中都不能撤回，要持續到直到重新統一後，他說：

> 當我7月從日內瓦回來，我同赫魯曉夫同志就談了。赫魯曉夫同志說，在西柏林問題上我們同你們的觀點是一致的，帝國主義是紙老虎。您滿意這一說法嗎？我說我滿意！不僅在西柏林問題

---

1 Gedächtnisprotokoll über die Beratungen vom 3.–5. August 1961, PA AA, Bestand MfAA, G-A 474, Bl. 19–26.

2 Gedächtnisprotokoll über die Beratungen vom 3.–5. August 1961, PA AA, Bestand MfAA, G-A 474, Bl. 24.

上，而是在一切重大的國際政治問題上帝國主義都是外強中乾的。[1]

可以發現，中國之所以極力贊成並支持 8 月 13 日民主德國和蘇聯所採取的行動，是把這一行動看作是對中共在國際政治問題上的理論和觀點的支持，這實際上間接地批評了蘇聯為了「和平共處」而對美帝國主義的長期隱忍和妥協。同時，中國沒有對簽訂對德和約表達正式的立場，在非正式對話的中，中國則避免就這個問題作明確回答。[2]

到了 10 月份，民主德國試圖利用建國 12 周年的慶典來配合此時在柏林危機上的鬥爭，於是邀請所有兄弟國家派黨政代表團參加，這似乎又是相互表達團結的一次良機。但是賀龍率領的代表團赴德後又遭遇種種不快，又使得中國感到民主德國這次邀請其實是一場騙局。[3] 這種情況下，雙方根本難以重建信任，民主德國在中國的眼中儼然就成了一個「假朋友」。[4] 於是，在此之後中國對於民主德國報道比起之前一下子驟然變少了，相反，關於聯邦德國的報道倒要比民主德國的還多。[5]

整個 1961 年，中德關係的緩和並未隨着中蘇關係的短暫緩和而真正得以實現，反倒進一步陷入更深的泥潭之中，而等到雙方不再願意保持隱忍的時候，也就勢必難免再度發生更加激烈的衝突。

---

1　Aktenvermerk über ein Gespräch des Botschafters mit dem Mitglied des Politbüros und Aussenministers der VR China, Genossen Tschen Ji, mit anschliessendem Mittagessen am 31. 8. 61 in der Zeit von 11.00 bis 12.45 Uhr, 5. September 1961, SAPMO-BArch, DY 30/IV 2/20/123, Bl. 401.

2　Haltung der Volksrepublik China zu den Fragen des Abschlusses eines deutschen Friedensvertrages, der Lösung des Westberlinproblems sowie zu den von der Regierung der DDR getroffenen Schutzmaßnahmen, 23. 10. 1961, SAPMO-BArch, DY 30/IV 2/20/115, Bl. 231-233.

3　關於賀龍訪德經過可參見童欣：《1961 年賀龍訪問民主德國 —— 兩國關係惡化中的關鍵一環》，《冷戰國際史研究》2014 年夏季號。

4　Aktenvermerk über eine Besprechung beim ungarischen Botschafter, Genossen Martin, am 27. 10. 1961, SAPMO-BArch, DY 30/IV 2/20/123, Bl. 521.

5　Ergänzung zur Einschätzung der Haltung der VR China zu den Fragen des Abschlusses eines deutschen Friedensvertrages, der Lösung des Westberlin-Problems sowie zu den von der Regierung der DDR getroffenen Schutzmaßnahmen, 3. 11. 1961, SAPMO-BArch, DY 30/IV 2/20/115, Bl. 235.

# 第二節　德國統一社會黨的反華與中共的應對

1961 年 10 月蘇共二十二大的召開標誌着中蘇之間短暫的友好緩和局面正式結束了，中共準備開始與蘇共進行新一輪的意識形態較量。而烏布利希則緊跟赫魯曉夫，公開反對中共的理論，雙方在意識形態問題上繼續進行相互指責。到 1962 年後，民主德國對中國的不滿仍然集中在中國對德國問題的態度以及中國的對德貿易問題上，雙方圍繞着這兩大問題爭執不休。中共召開八屆十中全會後，決定在對外關係上徹底向「左」轉，於是中蘇之間再次爆發激烈的衝突。在赫魯曉夫的授意和安排下，東歐各共產黨的代表大會紛紛演變成了反華的舞台，而其中 1963 年 1 月召開的德國統一社會黨六大則把這場反華大戲推向了高潮。至此，中德兩黨的關係已經到了破裂的邊緣，也勢必決定了在此期間中德國家關係的走向。

## 一、蘇共二十二大後的中德關係

1961 年 10 月 17 日，蘇共二十二大召開，這次會議對中共觸動最大的問題有兩個：一是阿爾巴尼亞勞動黨領導人被拒絕與會並遭到指名批評，二是中共認為是集修正主義之大成的新的蘇共綱領獲得通過。雖然與會的周恩來並沒有就同赫魯曉夫就意識形態的分歧進行面對面的爭論，但是，由於蘇共二十二大提出的綱領路線與中共的立場觀點差距太大，周恩來在會上發言後，多數與會代表對中共的指責不斷，於是周恩來為了避免發生正面衝突，同時表達中共堅持原則立場的態度，提前回國。[1]

蘇共二十二大後，中國認為蘇聯的主要方針是用兩面手法力圖限

---

1　沈志華主編：《中蘇關係史綱》，第 334-340 頁。

制和孤立中國，同時為反華做積極準備。而東歐五國的態度則與之相呼應，在中國看來，它們的對華關係之所以出現鬆動、緩和的局面，不過是一種「策略上的變化」，「做點姿態，騙點資本，以便重整旗鼓，再作較量」。這是響應蘇聯對中共「玩弄」的「兩面手法」，「是在莫斯科統一指揮下有意安排的」，其「直接目的」是「配合蘇聯的政策」而採取的一種「雙簧」式的鬥爭手法。[1] 從民主德國的角度進行觀察，中國的這一判斷還是比較準確的。

　　德國統一社會黨內對中共在蘇共二十二大上的表現予以了嚴厲的批評，認為中共在馬列主義的重大問題上仍然堅持過時、錯誤的觀點。中共方面是在有意識地誹謗蔑視蘇共二十二大，表明中共領導不贊成二十二大的總路線。周恩來的講話仍然十分嚴厲，卻對二十二大的重要問題保持緘默，表明中方偏離了《莫斯科聲明》。德國統一社會黨堅持認為，蘇共二十二大的精神完全同《莫斯科聲明》相一致，而中共卻罔顧自己所擁護的 1957 年的《莫斯科宣言》和 1960 年的《莫斯科聲明》，這證明中共在重大問題上犯了教條主義的錯誤。[2]

　　在 1961 年 11 月舉行的德國統一社會黨五屆十四中全會上，中央委員漢娜・沃爾夫（Hanna Wolf）在會上直接指責周恩來在莫斯科的講話是錯誤的，隨後《新德意志報》對此予以了報道。這引起了中方的不滿，向民主德國駐華使館提出了抗議，指出《新德意志報》發表沃爾夫公開攻擊周恩來的講話，違背了 1960 年的《莫斯科聲明》，損害了兩國關係。中共認為，兩黨的分歧應通過協商解決，不應該公開指責。德方對此則也毫不示弱，予以回擊稱：

---

1　李丹慧：《關於 1960 年代中國與東歐五國關係的若干問題 —— 來自中國檔案文獻的新證據》，《俄羅斯研究》2011 年第 4 期，第 110 頁。

2　Vorläufige Einschätzung der Haltung der Kommunistischen Partei Chinas zum XXII. Parteitag der KPdSU, 2. 11. 1961, PA AA, Bestand MfAA, A 17.819, Bl. 56-57.

周恩來在莫斯科公開闡述他對一些問題的觀點，沃爾夫同志同樣也是公開表達她的觀點。為什麼周恩來可以公開講，我們就不能公開講？《人民日報》一直發表反對蘇聯和社會主義兄弟黨團結的阿爾巴尼亞方面的反馬克思主義的文章。為什麼《人民日報》可以而《新德意志報》就不可以？

德方認為中共的指責是對德國統一社會黨內部事務的干涉。[1] 並且對於所謂「損害了兩國關係」的言論感到不滿，認為中國試圖把只涉及黨際關係的問題，搞成國家關係的事件。[2]

當時中德之間的另一番較量，圍繞着《人民日報》在民主德國的訂閱問題而展開。由於 1961 年 11 月 17 日的《人民日報》刊登了阿爾巴尼亞勞動黨主席恩維爾‧霍查（Enver Hoxha）的講話，民主德國郵政部門拒絕向中國在德留學生以及新華社工作人員分發這天的《人民日報》。中國駐德使館認為，民主德國沒有權力約束中國公民閱讀他們自己國家的報紙，這妨礙他們對日常政治問題的研究。[3] 民主德國外交部原本想用沒有預訂 11 月 17 日的《人民日報》為藉口以作搪塞，但是德國統一社會黨外交委員會的負責人文策爾對此建議表示反對，他致信烏布利希表示，因為他已經下命令，只允許將報紙發給中國使館，而再不給任何其他中國公民發送。民主德國對於阿爾巴尼亞問題的立場十分明確，不會讓中國學生傳播反蘇材料。雖然他們是中國公民，但是他們在民主德國

1　Aktennotiz über eine Besprechung am 7. 12. 1961 16.00 Uhr beim Genossen Rentmeister Teilgenommen haben Genosse Lie, 1. Sekretär der chinesischen Botschaft, 2 Dolmetscher der chinesischen Botschaft und Genosse Walter Schmidt, Abteilung Außenpolitik und Internationale Verbindungen, 13. 12. 1961, SAPMO-BArch, DY 30/IV 2/20/114, Bl. 32–33.

2　An den ersten Sekretär des ZK der SED Genossen Walter Ulbricht, 7. Dezember 1961, SAPMO-BArch, DY 30/IV 2/20/115, Bl. 246.

3　Aktenvermerk über eine Unterredung zwischen Genossen Stude und dem 1. Sekretär der chinesischen Botschaft, Genossen Li Lien-tsching am 5. 12. 1961 in der Zeit von 13.30–16 Uhr, 6. 12. 1961, SAPMO-BArch, DY 30/IV 2/20/115, Bl. 241.

境內，而德國統一社會黨必須為民主德國自身的秩序負責。[1]

　　除了在意識形態上的論戰外，中德關係也從表面上展現出緩和的一面。進入 1962 年後，德國統一社會黨指示《新德意志報》加強對中國的報道，以表達想要團結中國的願望，[2] 兩國關係在表面上有所緩和。根據中國駐德使館的觀察，1962 年 2 月以來，德方採取內緊外較鬆的做法，在與中方人員來往過程中態度謹慎，禮儀周到，多數場合力避開爭論。但即便如此，中方認為民主德國的對華態度並沒有發生根本性的改變，只是做法有所變換而已，其表現為：

　　　　德外交部對我更加戒備，嚴格控制，德有關部門同我接觸，介紹情況很一般。解決實際問題苛刻或拖延 …… 貿易談判中不諒解我方困難，算我過去退貨老賬；新聞報道上取其所需，有的是斷章取義，也有的甚至是歪曲報道，企圖造成我在對內對外政策方面已「承認錯誤」的假像，繼續欺騙羣眾；科技合作協定不僅不給我資料，甚至還數次迴避接見我科技專員。其他部門也有類似情況。

　　　　德方最近所以對我擺出和緩的面孔，估計主要是跟着蘇聯走，按「指揮棒」辦事；但同時也是我堅決執行中央政策指示開展鬥爭的結果。此外，德方出於本身處境，困難多，有求於我，政治上需要我支持，因此也不得不變換一些做法。[3]

　　除此之外，中德關係的癥結還集中反映在另外兩個老問題上：中國

---

1　An den ersten Sekretär des ZK der SED Genossen Walter Ulbricht, 7. Dezember 1961, SAPMO-BArch, DY 30/IV 2/20/115, Bl. 245; Aktenvermerk über ein Gespräch des Unterzeichneten mit dem Rat der chinesischen Botschaft, Genossen Tien Ping, anlässlich eines Cocktails in der Botschaft der MVR am 18. 12. 1961, 20. 12. 1961, SAPMO-BArch, DY 30/IV 2/20/115, Bl. 257-258.

2　Hinweise für Veröffentlichungen über die VR China in unserer Presse (ND), SAPMO-BArch, DY 30/IV A 2/20/222, Bl. 1-5.

3　駐德使館致外交部：關於第一季度同駐在國關係的情況報告（1962 年 4 月 21 日），中國外交部檔案館，109-02427-01，第 6-7 頁。

對德國問題的態度以及中德貿易上的問題。

　　在德國問題上，由於對德和約遲遲未能簽訂，德方認為中國人在有意識地利用這一問題來「離間」蘇德關係，在與駐德使館人員談論對德和約的重要性時，中方人員就表示：是否可以說，民主德國的政策是把簽訂對德和約當作一項戰略目標來處理，而蘇聯則是把它當作一種策略？在民主德國看來，中國的這種表達是想要暗示蘇聯和民主德國之間在德國問題上存在着矛盾，並試圖把中國關於和平共處的觀點運用到具體的德國問題上。[1] 進而他們發現，中國在德國問題上已經出現了一個新的立場，開始否定蘇聯和民主德國在對德和約以及西柏林問題上的立場，而且「不再說支持我們在德國問題和西柏林問題上的政策」。這樣的態度，在德國統一社會黨看來，明顯妨礙到了蘇聯和自己在德國問題和西柏林問題上的立場。[2]

　　在中德貿易方面，由於國內大饑荒所造成的困難，對中國的貿易出口影響巨大。1962 年是中德長期貿易協定的最後一年，但中國出於自身困難，向民主德國方面表示不會履行原先長期貿易協定中的計劃好了的貿易量。面對德方向它提出的供貨清單，在中國的供貨當中並沒有給予相對的考慮。民主德國只對中國供貨的三分之一有興趣，中國方面只是想通過 1962 年的貿易協定達成貿易平衡，沒有擴大與民主德國貿易的積極性，[3] 甚至決定放棄參加 1962 年萊比錫春季展覽會，而是否參加萊展被民主德國視為是否支持自己的一個重要標誌，顯然中國在這個問題上有

---

1　Aktenvermerk über ein Abendessen in der Botschaft der VR China am 16. 2. 1962, 19. 2. 1962, SAPMO-BArch, DY 30/IV 2/20/115, Bl. 274-276.

2　Zur Haltung der VR China zu den Fragen des deutschen Friedensvertrages und des Westberlin-Problems, 1. 3. 1962, SAPMO-BArch, DY 30/IV 2/20/115, Bl. 281-282.

3　Aktenvermerk über eine Aussprache in der Abt. China des MAI am 7. 2. 1962 in der Zeit von 8 bis 9 Uhr, 9. 2. 1962, SAPMO-BArch, DY 30/IV 2/20/115, Bl. 269-270.

可能會再度引發民主德國的不滿。[1]

　　中國的計劃是在 1962 年對蘇聯以及東歐國家的貿易總額都要減少，為了爭取貿易平衡，需要堅決壓縮和推遲成套設備訂貨。因此，在對民主德國的貿易談判中，中國的目標是爭取撤銷一些訂貨，其中主要是成套設備。[2] 但是，民主德國對於中國撤銷訂貨提出了補償費用的問題，這個要求又讓中方感到不滿，因為中國想要在 1962 年實現貿易平衡，若支付撤銷訂單的費用就將使得這一任務難以實現。王國權就曾向黑根指出，德方也有想要申請撤銷訂貨情況出現，中方表示可以接受，不做經濟上的要求。中國和民主德國是兄弟國家，因此必須特別關照相應國家的情況。但黑根認為，民主德國撤銷訂貨和中國的撤銷訂貨是有區別的。中方的損失幾乎沒有或很少，而民主德國的損失卻很大。王國權認為，中國盡了很大的努力設置貨單，想要實現外貿的平衡，但德方至今不予理解，只就很少的一部分達成一致。黑根表示，在他所獲悉的貨單中，許多是民主德國不需要的，而那些民主德國的必需品，卻提供得很少或根本沒有。[3]

　　雖然在此後的貿易談判上，民主德國對中國的困難表現出了諒解，在撤銷預訂貨物問題上，索賠費用也從 70% 減至 30%。但很容易發現，1961 年以後中德兩國在貿易問題上就已經開始「斤斤計較」起來，而雙方在 20 世紀 50 年代時的那種兄弟般的親切的貿易氛圍已經不復存在。在談判中不再會看到「幫助」「支持」「照顧」等字眼，取而代之的則是

---

1　對於中國不參加 1962 年萊比錫春季展覽會具體原因的分析，參見童欣：《中國未參加一九六二年萊比錫春季展覽會原因探析》，《中共黨史研究》2019 年第 6 期。

2　《中共中央批轉對外貿易部黨組關於一九六二年對外貿易計劃的報告》（1962 年 2 月 28 日），載中國社會科學院、中央檔案館編：《1958-1965 中華人民共和國經濟檔案資料選編·對外貿易卷》，第 134 頁。

3　Aktenvermerk über einen Besuch des Genossen Botschafter Hegen bei Genossen Wang Kuo-Tschuan, Botschafter der VR China in der DDR am 20. 3. 1962 von 10.30 bis 12.00 Uhr, 26. 3. 1962, SAPMO-BArch, DY 30/IV 2/20/124, Bl. 152-154.

出於切身經濟利益所考慮的「寸土必爭」。貿易談判變成了政治鬥爭的一種手段，「應要求政治和經濟相結合 …… 經濟上，貿易來往將平等互利，有些東西如大豆等不給，或給一些，但必須根據國際市場價格做買賣，不然德方在政治上反我，經濟上仍可佔我便宜。」[1] 可以預見的是，一旦當中共決定調整對待蘇共的態度後，中德之間的矛盾衝突就勢必會再度爆發。

## 二、中國對外政策的「左」轉

縱觀 1962 年上半年，中德關係繼續維持表面上緩和，中國駐德使館認為：半年多來，兩國關係中的緊張空氣有了某種程度的鬆動，德方反華鋒芒有所收斂，公開攻擊中國和公開挑釁的現象很少發生；對中國代表團和使館人員的態度有所好轉，在貿易談判中，表現出對中國當前困難的一定諒解，爭論時適可而止，不願鬧僵。但是在實質問題上，中方認為的民主德國的基本立場並沒有改變：

> 在國際共產主義運動內部的鬥爭中，仍然追隨蘇聯，堅持反阿反華、拉攏南斯拉夫的立場 …… 對我建設成就、外交鬥爭勝利、我黨和毛主席領導的三面紅旗堅持不提 …… 把我調整國民經濟的方針說成「糾正」方針，顯然是在我國內建設問題上做文章，在內部製造似乎中國已承認錯誤、改變方針的錯覺，以更加隱蔽的方式反對我總路線、大躍進和人民公社三面紅旗 …… 對我外交政策的總路線，只說我國如何支持普遍徹底裁軍與和平共處等，而故意不提我支持被壓迫民族和人民反對帝國主義和殖民主義的正義鬥爭 …… 政治上對我冷談，甚至反我，經濟上要我支援。對於發展兩國友好合作關係，則從實用主義出發，對無利之事吃消

---

1　駐德使館致外交部、中聯部：1962 年上半年中德關係情況（1962 年 8 月 15 日），中國外交部檔案館，109-02427-01，第 9、13 頁。

> 極態度 ⋯⋯ 對有利之事則異常積極，再三要求我支持，如希望我
> 工會代表團支持其「民族文件」、要求我國明年參加萊展、多供應
> 油脂和礦砂、多接受德自費旅行者訪華、派雜技團來德演出、最
> 近又提出要我供應棉短絨等等。[1]

　　在中方看來，由於民主德國對蘇聯的依附性很大，所以「民主德國
反華，主要是看蘇聯眼色行事，蘇聯緩和同我關係，它也要追隨。」再
加上「民主德國在政治上和經濟上還需要我國支持和援助。在經濟上，
目前我國雖然困難較大，但民主德國對我今後寄予支持抱有很大希望，
而且目前有些原料如硼砂仍然非靠我國不可。因此，不願把關係搞僵，
留個後路，一邊將來取得我國較大支援。」[2] 即便兩國關係沒有實質性的
緩和，但是在中蘇關係相對穩定的情況下，中德之間也沒有再爆發更激
烈的衝突。

　　然而，中蘇關係的緩和是短暫的，是中國出於當時國內困難局面的
隱忍，可以想像一旦國內經濟形勢有所好轉，那麼中國將會再度出擊。
早在 1961 年末，毛澤東對於國內形勢的判斷已經開始轉變，他認為經過
兩年的調整，國民經濟「退」得已經差不多了，到了「谷底」，1962 年
則應該是向上爬行的形勢。於是，他想通過七千人大會使全黨能夠「鼓
足幹勁、統一思想」，在各方面大抓一年，再來一次「小躍進」。[3] 但在此
之後的西樓會議（1962 年 2 月）、五月會議所確定的繼續調整的政策方
針都讓毛澤東不甚滿意，而田家英、鄧子恢等提出的「包產到戶」、搞
「責任田」則更是觸犯到了毛澤東的底線。

---

1　駐德使館致外交部、中聯部：1962 年上半年中德關係情況（1962 年 8 月 15 日），中國外交部
　檔案館，109-02427-01，第 9–11 頁。
2　駐德使館致外交部、中聯部：1962 年上半年中德關係情況（1962 年 8 月 15 日），中國外交部
　檔案館，109-02427-01，第 12 頁。
3　錢庠理：《歷史的變局 —— 從挽救危機到反修防修（1962 — 1965）》，香港：中文大學出版
　社，2008 年，第 56 頁；陳永發：《毛澤東與七千人大會：民主發揚還是文革預演？》，《中央
　研究院近代史研究所集刊》2010 年第 69 期，第 128 頁。

從 1962 年 7 月開始，毛澤東在北戴河會議及八屆十中全會上開始批判「三風」並重提階級鬥爭。國內政治形勢的變化必然導致外交政策指導思想的轉變，在對外關係問題上，毛澤東將 1962 年初王稼祥主張實行更加務實穩妥的對外政策批評為「三和一少」，而在八屆十中全會上加強了「反修防修」的思想。[1]

中共八屆十中全會結束不足一個月，古巴導彈危機以及中印邊界戰爭相繼爆發，中蘇兩黨圍繞這兩件大事開始重新較量，直至進行公開論戰並最終走向分裂。此時，中國對於蘇聯的認識已經發生了根本性的轉變，開始把中蘇兩年來戰略方針上的矛盾定性為「敵我性質」，是修正主義和馬列主義、資產階級和無產階級之間根本路線的不同，矛盾的性質「是對抗性的不可調和的」，只是還「作為人民內部矛盾處理」。但是「兩個國家關係的性質變了」，蘇聯成了「壞兄弟、修大哥」。中蘇關係已儼然變成一種統戰關係，並且開始突出鬥爭的一面，要求採取「攻勢」，強調中蘇鬥爭應是「積極的、主動的、進攻的」，而不是「防禦、消極、被動」的。[2]

德國統一社會黨對中共的八屆十中全會進行了分析與判斷。總體上認為，中共的這次會議是一次倒退，並且違背 1960 年的《莫斯科聲明》。特別是會議公報中強調三個敵人：美帝、一切反動國家、現修，德國統一社會黨認為中共把敵人羅列出來，卻沒有進行區分，這對於九中全會是一大倒退。民主德國領導人發現，中共在八屆九中全會上是說：美帝的罪惡行徑反對社會主義陣營，鎮壓民族解放運動、工人階級革命運動；而到了十中全會則變成：帝國主義、各個反動國家以及現代修正

---

[1]　有關在北戴河會議和八屆十中全會上政策轉向的具體內容，可參見逄先知、金沖及主編：《毛澤東傳（1949 — 1976）》，北京：中央文獻出版社，2003 年，第 1235-1260 頁；錢庠理：《歷史的變局》，第 267-288 頁。

[2]　沈志華主編：《中蘇關係史綱》，第 357-364 頁。

主義的罪惡行徑。[1]

　　既然毛澤東提出要「反修防修」，那麼勢必影響中國具體的外交策略方針，一個明顯的傾向就是開始有意識地注意西歐資本主義國家的對華立場。而由於中蘇之間的對立已經充分地在國際社會上公開，西歐各國出於牽制蘇聯的目的自然會嘗試對中國進行接觸。當時中國駐瑞士大使李清泉致信陳毅，表示西歐各國對華態度有所變化，「法國、奧地利、意大利甚至西德都在同我們拉關係。」毛澤東批示將此信印發八屆十中全會預備會議。[2] 其中的用意顯然是在為即將開始的反修鬥爭尋找可以爭取團結的對象。再加上中國三年困難時期對社會主義國家貿易的比重下降，對資本主義國家的比重上升。[3] 這些不得都不得不讓民主德國這樣的東歐社會主義國家感到擔憂，最終在東歐演變成一場反華浪潮。

## 三、反華浪潮中的德國統一社會黨六大

　　從 1962 年 11 月至 1963 年 1 月，歐洲五國（保、匈、意、捷、德）共產黨代表大會相繼舉行，這些會議的召開實際上是赫魯曉夫開始部署東歐各兄弟黨共同對付中共的新一輪攻擊的表現。在保、匈兩黨代表大會上，報告人都在攻擊阿爾巴尼亞勞動黨時，影射攻擊了中共。在捷共十二大上，代表蘇共參會的列昂尼德·勃列日涅夫（Leonid Brezhnev）指責阿勞動黨以及所謂「自稱為馬克思主義者」的人，與會 60 多個外國黨代表團，其中有 50 多家指名攻擊阿勞動黨，並有 20 家指名攻擊中共。[4]

---

1　Einschätzung des 10. Plenums des VIII. ZK der KP Chinas, 9. Nov. 1962, SAPMO-BArch, DY 30/J IV 2/2J/899, Bl. 12.

2　中共中央文獻研究室編：《毛澤東年譜：1949-1976》第 5 卷，第 143 頁。

3　《對外貿易部：近幾年來對外貿易幾個主要變化的資料》（1962 年 8 月 1 日），載中國社會科學院、中央檔案館編：《1958 — 1965 中華人民共和國經濟檔案資料選編·對外貿易卷》，第 71 頁。

4　李丹慧：《關於 1960 年代中國與東歐五國關係的若干問題》，《俄羅斯研究》2011 年第 4 期，第 112-113 頁。

中共代表團團長伍修權對此回應指出，這次「代表大會又一次重複了這種破壞無產階級國際團結的做法」後，會場上就出現了噓聲、拍桌、跺地板等極不正常的現象。[1]

　　在保、匈黨代會期間，德國統一社會黨並未直接參與攻擊阿爾巴尼亞黨，也較少報道兄弟黨的反阿言論，但是自 1962 年 12 月 5 日起，就開始大篇幅報道捷、意黨代會攻阿反華言論，並在捷共黨代會上參加攻擊阿勞動黨。中國駐德使館認為，這顯然是蘇聯使用指揮棒的結果，並且預計「明年初德黨六大必然會掀起新的反華反阿高潮，甚至可能出現新陰謀，新花招，我們應作最壞的準備。」[2]

　　12 月 7 日，劉少奇主持政治局常委會，會上對於中共代表團所面臨形勢進行了討論。一致認為，東歐幾個黨的代表大會反阿反華的情況越來越嚴重，捷共的大會極不正常，應當採取進一步的措施。指示中共代表團要堅持原則，堅持鬥爭，後發制人，但是要留有餘地，在任何情況下也不要退出大會，要堅持參加會議到底，不退場，不做抗議表示。[3] 同時又要針鋒相對地回應一些黨的攻擊和批判，由於蘇共代表不指名地攻擊中共，中共代表團也不點蘇聯的名。但要把這種國際會議作為宣傳中共主張、提高中共威信、爭取並團結左派力量的重要時機，充分利用來進一步擴大中共的影響。[4]

　　1963 年 1 月 15 日召開的德國統一社會黨六大是這五場黨代會的收官之作，赫魯曉夫親自率領蘇共代表團參加，掀起東歐各黨反華的最後高潮。當中共代表團參加了保加利亞和匈牙利的黨代會後，烏布利希就接

1　伍修權：《回憶與懷念》，北京：中共中央黨校出版社，1991 年，第 353-354 頁。
2　駐德使館致外交部並中聯部：對修正主義近來反華攻阿的一些看法（1962 年 12 月 24 日），中國外交部檔案館，109-02427-01，第 35 頁。
3　吳冷西：《十年論戰 —— 1955 — 1966 中蘇關係回憶錄》，北京：中央文獻出版社，1999 年，第 512 頁。
4　沈志華主編：《中蘇關係史綱》，第 368-369 頁。

到報告，指出伍修權在上述兩次會議的講話中宣揚中共的教條主義和宗派主義的政策。中共代表團的這些行為應被視為一種挑釁行為，想要利用兄弟黨的代表大會挑起對國際共運的爭論，加強自己的宗派，宣揚中共的領導權。可以預見，中共代表團在參加德國統一社會黨六大期間也會有同樣的表現。[1] 之後，德國統一社會黨還對中共代表團在之前的四次大會上的講話內容進行了總結，尋找出其中的共同之處及其觀點，以推斷中共可能在大會上講些什麼內容。[2]

1962 年 12 月 15 日，《人民日報》刊文《全世界無產者聯合起來，反對我們共同的敵人》。當天，中國外交部蘇歐司副司長徐明就向民主德國駐華大使黑根表示，這篇社論提出了非常重要的建議，即在一個黨的代表大會上不要去攻擊其他兄弟黨，應該加強團結。黑根當即表示，對待阿爾巴尼亞黨應該一分為二來看待，應該表明它與我們黨之間的分歧。徐明則表示，蘇共想要把自己的觀點強加給阿爾巴尼亞勞動黨，於是兩人圍繞着阿爾巴尼亞又是一番脣槍舌劍。[3] 德國統一社會黨認為，中共在此時發表這篇社論正式地標誌着其對阿爾巴尼亞黨公開支持的立場，並且進一步認定中共代表團會在德國統一社會黨六大上繼續拒絕批判阿勞動黨，並將妨礙德國統一社會黨和其他兄弟黨的批評。「中共罔顧阿爾巴尼亞勞動黨已經背離馬列主義原則的事實，不僅全面支持阿黨領導人的政策，而且自己也正式背離了馬列主義。」[4]

中共也已經預計到在柏林他們將遭受一場反華攻勢，毛澤東在 1963

---

1　Vorbereitung der Delegierten unseres Parteitages auf das Auftreten der Delegation der KP Chinas und anderer Bruderparteien, SAPMO-BArch, DY 30/IV 2/20/115, Bl. 254-255.

2　Reden der Vertreter der KP Chinas auf den Parteitagen der Bruderparteien in Sofia, Budapest, Prag und Rom, 17. Dez. 1962, SAPMO-BArch, DY 30/J IV 2/2J/916, Bl. 1-7.

3　Aktenvermerk über ein Gespräch auf dem Abschiedscocktail für Botschaftsrat Genossen Wenning am 15. Dezember 1962 in unserer Botschaft, 20. 12. 1962, SAPMO-BArch, DY 30/IV 2/20/124, Bl. 338-341.

4　Einschätzung unserer Botschaft in der Volksrepublik China über Leitartikel der Volkszeitung vom 15. 12. 1962, 19. Dez. 1962, SAPMO-BArch, DY 30/J IV 2/2J/918, Bl. 1-4.

年 1 月 8 日晚與周恩來談話時提出建議，讓「出席德國統一社會黨代表大會的中共代表團增加幾名秀才」以作好應對的準備。[1] 當伍修權率領的中共代表團抵達柏林後，在接待中共代表團的午宴上雙方的氣氛還比較友好，民主德國方面認為自己在努力避免意識形態上的緊張，「我們的談話策略讓中國方面感到十分愉快，在經濟和科學技術的問題上進行了比較活躍的對話。」[2]

而這一切似乎都是大戰爆發前的寧靜，伍修權抵達柏林的那一天，《新德意志報》就宣揚中國的觀點「一定會遭到堅決的反對」。[3] 烏布利希在 1 月 15 日大會開幕的報告中，率先就中印邊界衝突對中共發起攻擊，指責中共拒絕和平共處原則，必將導致戰爭。而赫魯曉夫在第二天的講話卻採取息事寧人的態度，只說：「現在停止各共產黨之間的論戰，停止在自己黨內對其他黨進行批評」。[4]

在赫魯曉夫講話之後，德國統一社會黨六大的國際問題委員會主席赫爾曼・阿克森（Hermann Axen）馬上約見中共代表團，表示德國統一社會黨支持蘇共的「正確建議」，要求中共在自己的發言中回答並響應赫魯曉夫的意見。同時蘇共代表團同東歐、西歐等支持蘇共的黨，在會場內外大肆宣傳赫魯曉夫的講話是「溫和的、和解的」。[5] 在 1 月 17 日的中共政治局會議上，決定根據中共代表團在民主德國遇到的新情況修改代表團的發言稿，採取高姿態，主張真團結，反對假團結，揭穿所謂停止公開論戰的詭計。同時指示代表團：要力爭在大會上講話，而且要準備

---

1　中共中央文獻研究室編：《毛澤東年譜：1949 — 1976》第 5 卷，第 183-184 頁。

2　Aktenvermerk über ein Mittagessen mit der chinesischen Parteidelegation zum VI. Parteitag der SED am 6. 1. 1963 von 12,00 bis 14,00 Uhr, 6. Jan. 1963, SAPMO-BArch, DY 30/IV 2/20/228, Bl. 108.

3　Lüthi, *The Sino-Soviet Split*, p. 234.

4　李丹慧：《關於 1960 年代中國與東歐五國關係的若干問題》，《俄羅斯研究》2011 年第 4 期，第 114-115 頁。

5　Aktenvermerk über ein Gespräch mit dem Leiter der Delegation der KP Chinas zum VI. Parteitag der SED am 16. 1. 1963, 17.00 Uhr, SAPMO-BArch, DY 30/3607, Bl. 1-3; 伍修權：《回憶與懷念》，第 361 頁。

可能在講話中遇到干擾，甚至打斷講話的情況。動員所有在柏林的中國同志，包括留學生，散發講話稿。[1] 於是伍修權在 1 月 18 日的發言又再次引發了會場內的反對聲浪，在會議閉幕之時，沒等全體演唱《國際歌》，中共代表團就離開會場，以示抗議。[2]

德國統一社會黨的六大被中共視為「現修」反華的新高峰，《人民日報》在 1 月 27 日發表了批判德國統一社會黨六大的社論《在莫斯科宣言和莫斯科聲明的基礎上團結起來》，使得烏布利希直接致信毛澤東表達他對這篇文章和中共代表團在柏林時的表現的不滿，中共中央又再回信予以針鋒相對的回擊，無非都是在一些老問題上進行相互的指責。[3] 但這些都為 1963 年中德關係的進一步惡化奠定了的基調。[4]

# 第三節　搖擺於「鬥爭」與「緩和」間的中德關係

自 1963 年初德國統一社會黨六大之後，中德兩黨的關係已近破裂，在此條件下，中德之間的論戰再度急劇升溫，衝突不斷。而與此同時，中德關係出現了兩個新現象：其一，中國開始調整自己的對外策略，提出「第二中間地帶」的概念，並有意識地把東歐也納入其中，變成其在反對「蘇修」鬥爭中予以區別對待的對象。其二，民主德國有意識地區分與中國的黨際關係和國家間關係，試圖能夠緩和並推進與中國的在國

---

1　吳冷西：《十年論戰》，第 521-522 頁。

2　伍修權：《回憶與懷念》，第 362-363 頁。

3　An den Vorsitzenden des Zentralkomitees der Kommunistischen Partei Chinas Genossen Mao Tse-tung, 12. Februar 1963, SAPMO-BArch, DY 30/3607, Bl. 4-8; An das Zentralkomitee der Sozialistischen Einheitspartei Deutschlands, 27. März 1963, SAPMO-BArch, DY 30/3607, Bl. 32-44.

4　關於中共在德國統一社會黨六大前後具體的鬥爭過程，參見陳弢：《兄弟鬩墻：中德在 1963 年統社黨六大前後的鬥爭及其影響》，《德國研究》2015 年第 4 期。

家關係層面上的發展。尤其是在赫魯曉夫下台之後，中蘇緩和似乎又出現了希望，民主德國也同樣表達出要與中國緩和關係的願望。然而，隨着 1964 年底中蘇兩黨會談的破裂，隨着 1965 年的莫斯科三月會議，標誌着國際共運的正式分裂，也為此時期中德關係的這首「鬥爭」與「緩和」的交響曲畫上了休止符。

## 一、意識形態論戰對國家關係的影響

　　儘管在歐洲五國兄弟黨會議上的「圍剿」和「反圍剿」的鬥爭，以及赫魯曉夫在最高蘇維埃會議上對中共「明顯的惡毒的攻擊」，實質上都沒有超過 1960 年布加勒斯特會議時的情勢，但中共中央卻把它看作「標誌着國際共產主義運動中兩條路線的鬥爭進入了一個新的階段」，明確提出「公開爭論對我們來說是有益無害的」，「有利於我們更充分地闡明我黨的觀點和主張，有利於促進國際共產主義運動左派力量的成長和發展，有利於提高那些處於中間狀態的人們的覺悟」，「揭露和孤立現代修正主義，推動世界人民的革命鬥爭。」[1]

　　中共對於德國統一社會黨六大之後的形勢判斷是比較嚴峻的，表示要為黨際關係的破裂作好國家關係也隨之破裂的準備。在中共黨內已經開始討論到一旦分裂後果會怎麼樣的問題，已經有人提出「無非是斷絕黨的關係，斷絕國家的關係。斷絕黨的關係也沒有什麼，但國家關係不可能完全斷絕，做生意恐怕還是要做的，即使完全斷絕了也沒有什麼，生意不做也沒有什麼。這對我們有一些損失，但也不大。」[2]

　　相較於中國態度的決絕，民主德國則表達出要鞏固與中國的外交關係的願望，但卻已經難以獲得中國的信任。在中方看來，民主德國這樣

---

1　沈志華主編：《中蘇關係史綱》，第 369 頁。
2　吳冷西：《十年論戰》，第 536 頁。

表態無非是想要從中討得一些物質好處，做些情報收集工作，並且在自己的對亞非國家的工作中得到中國的支持。因此中國外交部的方針是既要抓住緩和的大旗，又要保持態度上的冷淡。就想要讓民主德國明白，「我們已經積極支持你們的鬥爭，盡力完成你們的願望，並且從來不做任何對你們不公平的事。但你們卻是以怨報德：在中印邊界問題上，你們無視無產階級國際主義公開攻擊我們……現在你們想要鞏固關係。如果是真心實意，那我們歡迎；但我們必須繼續觀察你們的實際行動。」[1]

因此，中國並未放鬆對民主德國的意識形態鬥爭。德國統一社會黨發現，從 1963 年 3 月份開始，中國駐德使館經常違背國際規則和民主德國的法律，大範圍地散發小冊子和文件材料，這些材料還常常被聯邦德國所利用來攻擊民主德國。另外，中國駐德使館還與一些個別的民主德國公民搞串聯，對赫魯曉夫和烏布利希進行污衊；同時還想要去試圖影響一批在民主德國的外國人員，並且這些活動仍有不斷擴大之勢。[2]

1963 年 8 月，英、美、蘇在莫斯科簽訂《部分禁止核試驗條約》。毛澤東對於由此帶來的美蘇緩和的觀點不以為然，認為「美蘇兩國都很困難」，「什麼緩和國際形勢，不要信那一套。蘇、美達成協議，我看不那麼容易。」[3] 像這種對「和平共處」絲毫不屑的態度，德國統一社會黨又就此展開批判，認為中國由於自己想要擁有核武器，因而反對《部分禁止核試驗條約》，這等於是在事實上支持了西德軍國主義對原子武器的要求：

---

1　Cable from the Foreign Ministry, Questions regarding the German Diplomat wanting to Establish Friendly Relations with China, April 27, 1963, PRC FMA, 109-02574-02, pp. 1-2.

2　Protokoll Nr. 11/63 der Sitzung des Politbüros des Zentralkomitees am Dienstag, dem 16. April 1963 im Sitzungssaal des Politbüros, SAPMO-BArch, DY 30/J IV 2/2/875, Bl. 2; Bericht über die Tätigkeit der Botschaft der Volksrepublik China in der DDR, 27. 6. 1963, SAPMO-BArch, DY 30/3607, Bl. 79-88.

3　《中間地帶有兩個》（1963 年 9 月、1964 年 1 月、7 月），載中華人民共和國外交部、中共中央文獻研究室編：《毛澤東外交文選》，第 506-507 頁。

　　中國領導人對莫斯科條約和「德意志民主共和國的國際地位」
所提出的悲觀主義的預測，是根本錯誤的……

　　如果中國領導人真正關心「德意志民主共和國的國際地位」，
那他們就應當遵循和平共處的原則，奉行促進國際緩和的政策。
他們所做的卻恰恰相反。

　　……中國領導人對德意志民主共和國採取這種態度的動機是
什麼？他們究竟想做什麼？顯而易見，他們想要德意志民主共和
國放棄由德國統一社會黨第六次代表大會所制訂的和平、理智和
善意的建設性政策，而去執行中國領導人自己奉行的那種加劇緊
張局勢的冒險主義政策。

　　……北京絕不是關心「德意志民主共和國的國際地位」，而
是更多的是企圖在社會主義陣營內部，特別是在蘇聯和德意志民
主共和國之間播下不信任和不和的種子。[1]

　　因此，烏布利希也在公開場合「譴責中共領導人的分裂活動」，並竭
力稱讚蘇聯和赫魯曉夫，[2]中德關係自然變得更加惡化。例如，根據民主
德國駐華使館的報告，從 1963 年上半年開始，就已經感覺到與中國的文
化交流工作越來越受到限制。由於中國不同意其他社會主義國家的文化
政策，使得民主德國同中國文化關係的發展維持在最低的水準上，雖然
關係仍然保持着，但沒有任何具有建設性的意義。中國的文化工作墮落
為流於形式的東西。雖然民主德國盡力再次改善同中國的關係，但中國
方面沒有給予回應，德方代表團的許多建議也都遭拒絕。[3]

　　在兩國貿易關係方面，中德 1961 年的貿易額還有 7320 萬盧布，

1　《社會主義的和平政策反對冒險主義》，載《德國統一社會黨反華言論》，北京：世界知識出
　　版社，1965 年，第 53-54 頁。

2　王炳南致外交部：烏布利希在波領導舉行的宴會上攻擊我們（1963 年 9 月 25 日），中國外
　　交部檔案館，117-01129-09，第 66 頁；王炳南致外交部：請示對德為烏訪波舉行宴會的態度
　　（1963 年 9 月 26 日），中國外交部檔案館，117-01129-09，第 68 頁。

3　Dok. 159: Übersicht über die Bezeihungen zwischen der DDR und der VR China im 1. Halbjahr 1963, 16. 8.
　　1963, in Meißner, hrsg, Die DDR und China 1949 bis 1990, S. 333.

1962 年的貿易額就一下子就跌至 3780 萬盧布，其中中國對德農產品出口大幅度下降，取而代之的是一些紡織品、木材和文化產品這些民主德國不怎麼需要的貨物，[1] 總體形勢不容樂觀。到了 1963 年初，兩國貿易代表團在北京開始進行 1963 年貿易協定談判，過程極為艱苦，到了 3 月份時仍未達成一致。德方預計，中國將繼續減少兩國的貿易額，同時改變出口結構，減少民主德國急需產品的出口，提高那些沒有銷路產品的出口；要求民主德國出口重點產品，比如硫酸銨和膠卷，但拒絕供應自己的重點產品。[2]

必須承認，此時中國對蘇東國家貿易關係的調整，存在着客觀上的原因。由於此時中國仍需對國民經濟進行調整整頓，不得不「減少成套設備進口，而我們需要進口的糧食，蘇聯和東歐六國又不供應，因而對蘇聯和東歐六國的貿易額及其在我國對外貿易總額中所佔的比重，就不能不大大下降。為了進口糧食，進口市場和工農業生產急需的某些重要物資，我們逐步增加了對資本主義市場的貿易」。[3]

但隨着中蘇、中德之間在意識形態領域的論戰愈加激烈之後，這就難以避免地影響到了國家關係的層面。以至於德國統一社會黨開始直接、公開批判中國對民主德國的貿易政策：

> 在 1958 — 1962 年期間，中國政府愈來愈多地縮減德意志民主共和國和中華人民共和國間的貿易。中華人民共和國大批供應的停止以及許多工業訂貨的撤銷，給德意志民主共和國的經濟帶來了可觀的損失，其後果至今還沒有完全克服。

---

1　Bericht der Handelspolitischen Abteilung der Botschaft der DDR in der VR China für das 2. Halbjahr 1962, SAPMO–BArch, DY 30/IV A 2/6.10/252.

2　Einige Fakten über die Entwicklung der Außenhandelsbeziehungen der DDR mit der VR China in den letzten Jahren, SAPMO–BArch, DY 30/IV A 2/6.10/252.

3　《財貿工作會議簡報》（1963 年 7 月 28 日），載中國社會科學院、中央檔案館編：《1958 — 1965 中華人民共和國經濟檔案資料選編‧對外貿易卷》，第 75 頁。

　　無疑，中華人民共和國近幾年有很大的經濟困難。但是德意志民主共和國人民不能理解的是，中國政府擴大同資本主義國家（其中包括對帝國主義的西德）的經濟關係，而同時卻把同德意志民主共和國的經濟合作壓低到我們兩國間前所未有的低水平。[1]

對於中國此前的「大躍進」政策，烏布利希繼續予以尖銳地指責：

　　中國領導人被他們在 1959 年以前所取得的經濟上的進展沖昏了頭腦，因而認為他們可以不遵循社會主義的經濟規律，通過走向共產主義的「大躍進」而大大縮短過渡時期 …… 這種政策的根源在於小資產階級的強烈影響，這種影響在這個農民佔人口大多數的國家裏起着巨大的作用。[2]

　　不過，中國對於當時民主德國開始進行的「新經濟體制」改革[3]也是同樣不屑一顧，認為這反映出民主德國在國內政策上跟着蘇聯亦步亦趨，在企業經營上強調追求利潤，把經濟擺到了政治鬥爭之前，幻想與西德的妥協，放棄自給自足的經濟，放棄擺脫對西德經濟依賴的方針。[4]

　　總而言之，此前中德兩國領導人都有着把黨際關係和國家關係要予以區分的意識，但在實際的行動過程中，在意識形態層面上的爭論，不可避免地影響到了國家關係。在民主德國眼中，「雖然中國領導人宣稱，他們反對把意見分歧延伸到國家關係上，但事實證明卻恰恰相反。」如

1　《德意志民主共和國關於中華人民共和國態度的聲明》，載《德國統一社會黨反華言論》，第59-60 頁。
2　《烏布利希 1963 年 9 月 9 日在萊比錫選民代表會議上的講話（節譯）》，載《德國統一社會黨反華言論》，第 71 頁。
3　民主德國從 1963 年開始的一整套經濟管理的改革措施被稱為「國民經濟計劃和管理的新經濟體制」。其內心內容被定義為「三大因素的有機結合，即，對經濟領域的科學領導；建立在科學基礎上的中央長遠規劃；以及體現為相應的經濟槓桿體系的對物質利益的綜合利用」。參見 Mary Fulbrook, *A History of Germany 1918-2014: The Divided Nation*, West Sussex: John Wiley & Sons, 2015, pp. 168-172.
4　駐德使館致外交部並中聯部：對修正主義近來反華攻阿的一些看法（1962 年 12 月 24 日），中國外交部檔案館，109-02427-01，第 35-36 頁。

今中國與民主德國所保持的國家關係，僅僅如同當年與南斯拉夫的外交關係一樣，「為的是能夠更好地與修正主義鬥爭……目的在於讓我們的黨員和我們的人民反對黨和國家領導。這是公然干涉我們黨和國家的內政。」[1] 這種外交方針充分反映出中華人民共和國革命外交中的「統戰」特點。[2]

## 二、「第二中間地帶」與「區別對待」

從 20 世紀 60 年代開始，中蘇關係衝突不斷，中國開始有意識地進行調整自己的外交戰略。其中特別是在自身與西歐資本主義國家的關係的定位上，提出了「第二中間地帶」的概念。1962 年初毛澤東首先提出，在美國和社會主義陣營之間的「中間地帶國家」的性質各有不同。[3] 隨着中共八屆十中全會正式調整對外政策之後，反對現代修正主義也成了中國外交鬥爭的一項重要任務。而在毛澤東眼中，蘇聯與東歐之間的關係也並非鐵板一塊，隨着中蘇論戰的不斷展開，赫魯曉夫在其中擁有的「多數」已成問題，並且最令赫魯曉夫愕然的是，他竟然在民主德國也發現了毛澤東的擁護者。[4]

到了 1963 年 9 月的中共中央工作會議上，毛澤東則開始明確提出了「兩個中間地帶」的看法：

> 我看中間地帶有兩個，一個是亞、非、拉，一個是歐洲。

1　Die Haltung der Führung der KP Chinas zur Deutschlandfrage; die Auswirkungen der Politik der KP Chinas auf die Lösung der nationalen Frage in Deutschland und die Beziehungen zwischen der Deutschen Demokratischen Republik und der Volksrepublik China, 25. 12. 1963, PA AA, Bestand MfAA, LS-A 498, Bl. 18-19.

2　參見楊奎松：《革命、統戰和外交 —— 有關新中國革命外交思想與實踐的由來問題》，載楊奎松：《讀史求實：中國現代史讀史札記》，杭州：浙江大學出版社 2011 年，第 158-185 頁。

3　《中間地帶國家的性質各有不同》（1962 年 1 月 3 日），載中華人民共和國外交部、中共中央文獻研究室編：《毛澤東外交文選》，第 486-487 頁。

4　中共中央文獻研究室編：《毛澤東年譜：1949 — 1976）》第 5 卷，第 189 頁，註釋 1。

日本、加拿大對美國是不滿意的。以戴高樂為代表的，有六國共同市場，都是些強大的資本主義國家。東方的日本，是個強大的資本主義國家，對美國不滿意，對蘇聯也不滿意。東歐各國對蘇聯赫魯曉夫就那麼滿意？我不相信。情況還在發展，矛盾還在暴露。過去幾年法國人鬧獨立性，但沒有鬧到今天這樣的程度。蘇聯與東歐各國的矛盾也有明顯發展，關係緊張得很。什麼緩和國際形勢，不要信那一套。[1]

　　毛澤東在這段講話中除了明確提出「兩個中間地帶」的概念之外，更加值得注意的是，他把蘇聯與東歐各國之間的矛盾與資本主義國家之間的矛盾相提並論，不相信「東歐各國對蘇聯赫魯曉夫就那麼滿意？」「蘇聯與東歐各國的矛盾也有明顯發展，關係緊張得很。」由此出發，中國的對外戰略所直接面對的是來自兩方面的矛盾，一方面是美帝與西歐、日本等資本主義國家的矛盾；另一方面是蘇修與東歐各社會主義國家的矛盾。中國所要做的就是利用這兩方面的矛盾，結成統一戰線，實現既要「反帝」又要「反修」的目標。由此催生兩大外交方針，即對待西歐資本主義國家的「第二中間地帶」策略和對待東歐社會主義國家的「區別對待」方針，並且分別在中國對聯邦德國和民主德國的外交實踐上得到了充分體現。

　　聯邦德國從 1963 年以來，開始通過各種渠道加強與中國的聯繫，試探發展關係的可能性。雖然中國並未予以積極的回應，但已經決定採取行動。「為了更好地研究和利用激化中的帝國主義國家之間矛盾和配合反修鬥爭，有需要在未建交的西方大國設立工作據點開展工作。」因此外交部建議向聯邦德國重新派駐新華社記者，到 1963 年 10 月，新華社駐

---

1 《中間地帶有兩個》（1963 年 9 月、1964 年 1 月、7 月），載中華人民共和國外交部、中共中央文獻研究室編：《毛澤東外交文選》，第 506-507 頁。

柏林的記者李越便準備前往波恩（Bonn）促成此事。[1]

　　1964 年初的中法建交是中國貫徹其「第二中間地帶」策略的最佳案例。中法建交後，聯邦德國的經濟界人士產生了一種緊迫感，他們認為如果聯邦德國不能積極跟上，它的對華貿易就有下降的危險，聯邦德國將在中國市場上碰到法、英、日以及意大利的競爭。西德工商界在改善對華貿易並與中國簽訂一個貿易協定的問題上，看法趨於一致。[2] 因此從 1964 年 5 月至 12 月間，中國與聯邦德國曾就改善雙方貿易關係在瑞士伯爾尼（Bern）進行了四次官方接觸性會談。不過中國堅持不願在貿易協定中附加任何形式的「柏林條款」[3] 最終導致會談無果而終。這乃是中國出於「反帝反修」的外交總方針，堅持不同意把西柏林包括在中國與聯邦德國的貿易協定範圍內，既可以不受「現修」的指摘，又可以通過鬥爭壓迫聯邦德國讓步，從而實現孤立美國的目的。[4]

　　即便如此，當中國開始採取對西歐資本主義國家的「第二中間地帶」策略後，特別是因此而出現了與聯邦德國改善關係的可能性後，德國統一社會黨的領導人對此都不得不警覺起來。他們公開表達自己的不滿，認為中共只知道建議兄弟黨把鬥爭的矛頭僅僅瞄準美帝國主義，而「西德、法國、英國和日本帝國主義『只不過』是某種不重要的『中間地帶』，是美國帝國主義的『影子』。這個『理論』對西德帝國主義的臭名

1　外交部、新華社：建議派記者常駐西德、加拿大的請示（1963 年 3 月 16 日），中國外交部檔案館，110-01642-02，第 17-18 頁；駐德使館致外交部並總社：請示有關李越去波恩的幾個問題（1963 年 10 月 10 日），中國外交部檔案館，110-01642-02，第 32-33 頁。

2　駐德使館致外交部：西德對中法建交的反應（1964 年 1 月 23 日），中國外交部檔案館，110-01232-05，第 68 頁；駐瑞士大使館商參處致對外貿易部：關於對西德貿易的情況和幾個問題的意見（1964 年 2 月 13 日），中國外交部檔案館，110-01773-03，第 2-3 頁。

3　聯邦德國在同其他國家所簽訂的貿易協定中都包含一項「柏林條款」，即通過規定協定的適用範圍包括「西柏林」或「西德馬克區」，以造成西德和西柏林屬同一整體的事實。可以說能在與社會主義國家的貿易協定中實現「柏林條款」是當時聯邦德國最大的政治訴求。

4　關於「第二中間地帶」策略的本質以及中國與聯邦德國四次伯爾尼接觸的經過，參見拙文：《「第二中間地帶」策略與 1964 年伯爾尼接觸》，《中國社會科學內部文稿》2013 年第 4 期，第 166-176 頁。

遠揚的侵略性置之不顧並低估它的危險性。然而中共領導人竟敢把這當作革命的政策提供給屢次伸手德國帝國主義掠奪之害的德國人民和世界各國人民。」[1]

進入 1964 年後，毛澤東提出現在對於兄弟黨可以既往不咎，豺狼當道，焉問狐狸。這一方針的主旨在於將大論戰的矛頭直指赫魯曉夫，而不再圍繞其他諸如和平共處政策等其他問題做文章，對於中國與東歐五國的關係來說具有一定的指導意義。[2] 因此中國對東歐五國所採取「區別對待」方針的本質其實就是要將它們與蘇聯相區別開來，是中國對東歐五國的一種統戰手段，目標仍舊在於分化蘇東集團，是一種「以鬥爭求團結」的方式。其中外貿就成為服務於「區別對待」政策的一個工具。

在外貿政策的制定上，中國外貿部根據中共中央反帝反修的方針，在 1963 年中把同中國有貿易往來的國家排了隊，分別制定不同的貿易政策。對於那些「修正主義集團佔據領導地位的國家」，「針對它們對我們的不同態度，採取區別對待的辦法，分化它們，配合反修鬥爭。」對羅馬尼亞，在貿易協定之外還進行了較大的補充貿易，對波蘭，在貿易上也已開始採取適當爭取的辦法。而對蘇、蒙、匈、保、捷、德六國，則採取繼續減少貿易額的辦法，並且將原來對它們出口的商品的一部分轉向資本主義市場出口。對於 1963 年「表現最壞」的民主德國，中國有意識地採取「冷」和「拖」的辦法，將對它們的貿易協定的簽字放在最後。「這樣做，不論在政治上，經濟上我們都有所收穫。」並且計劃在 1964

---

1 《德國統一社會黨中央委員會反對中國領導人的分裂政策、主張加強共產黨和工人黨的一致和團結的聲明》，載《德國統一社會黨反華言論》，第 170 頁。關於德國統一社會黨對中國與聯邦德國的貿易談判情況的了解程度，參見 Aktenvermerk über ein Gespräch mit Genossen Kukucska, Botschaftsrat der ungarischen Botschaft, am 6. Juli 1964, SAPMO-BArch, DY 30/IV A 2/20/225, Bl. 151-156.
2 李丹慧：《關於 1960 年代中國與東歐五國關係的若干問題》，《俄羅斯研究》2011 年第 4 期，第 126 頁。

年的貿易談判中，對民主德國也還要採取這個辦法。[1]

　　除了在貿易上進行限制外，中國在對待民主德國時，也還存在着另外一種「區別對待」方式，即在政治上表達爭取團結的姿態。特別是民主德國新任駐華大使京特・柯爾特到任後，在與中國領導人的會談中，都感到了中國想要繼續發展兩國關係的意圖。[2] 比如在談及兩國分歧時，柯爾特表示「對我們的主要危險是西德」，陳毅對此雖然強調「避開美帝，單獨反對西德，我們是不同意的，我們的分歧就在這裏。」但接着就表示，「今天我們第一次見面，不辯論這個問題，還是保持友好的氣氛。」[3] 而在與劉少奇、周恩來的會談中，都提到了雖然兩國兩黨之間有一些問題、爭論和分歧，但兩國關係總的說來是好的，應當增進兩國的友誼。在整個社會主義陣營和國際共產主義運動中，還是應該相互支持。從對敵鬥爭看，更要團結起來，在國家關係方面應該有好合作。[4]

　　民主德國對於中國的這種「區別對待」態度是保持高度警惕的，尤其是當他們發現中國有改善與聯邦德國關係的跡象時，他們就已經預計到中國也會使用類似的策略來試圖影響民主德國。在德國統一社會黨看來，中國的領導人在大論戰中在對待蘇聯和東歐國家時採取了不同的態度，其目的在於分裂社會主義陣營，孤立蘇聯。[5] 但無論如何，這樣一種由中國的「區別對待」方針所引起的中國對德態度上的變化，似乎又讓

1　《對外貿易部關於一九六三年幾項主要工作的綜合報告》（1963 年 12 月 28 日），載中國社會科學院、中央檔案館編：《1958 — 1965 中華人民共和國經濟檔案資料選編・對外貿易卷》，第 149-150 頁。

2　Überblick über die Beziehungen zwischen der DDR und der VR China im II. Quartal 1964, SAPMO-BArch, DY 30/IV A 2/20/222, Bl. 151-152.

3　陳毅副總理接見德國新任駐華大使君特・柯爾特談話記錄（1964 年 4 月 7 日），中國外交部檔案館，109- 03919-04，第 93 頁。

4　劉主席接見德國駐華大使柯爾特及全體外交官談話記錄（1964 年 4 月 10 日），中國外交部檔案館，109- 03919-05，第 99 頁；周總理接見德國駐華大使柯爾特的談話記錄（1964 年 4 月 30 日），中國外交部檔案館，109-03919-06，第 104 頁。

5　Überblick über die Beziehungen zwischen der DDR und der VR China im II. Quartal 1964, SAPMO-BArch, DY 30/IV A 2/20/222, Bl. 151-152.

民主德國看到了與中國緩和關係的某種可能性。

## 三、失去緩和對華關係的機會？

從民主德國的立場出發，緩和對華關係的可能性在很大程度上仍舊取決於中蘇關係的走向。德國統一社會黨六大上掀起反華高潮以後，中德關係可以說已經處於最為惡劣的態勢之中了。1963 年 4 月 29 日，德國統一社會黨政治局起草了一份關於國際共運團結問題的報告，其中認為對中共的左傾宗派主義集團「必須作好長期和艱巨的論戰準備。」「對於左傾宗派主義集團針對我們黨的一切挑釁行動，應當以堅定而恰當的方式予以反對，以實現將它們陷於不義的目的，不斷證明它們觀點所具有的危害性。」然而值得注意的是，在這份報告的開頭，德國統一社會黨政治局做出了一個決定，即要求在蘇共與中共所將要舉行會談結束之後，應該重新再向政治局提交一份新的報告。[1]

這裏所謂「蘇共與中共所將要舉行的會談」指的是 1963 年 7 月 5 — 20 日，由鄧小平率領的中共代表團與由蘇共中央書記處書記米哈伊爾·蘇斯洛夫（Mikhail Suslov）率領的蘇共代表團在莫斯科所進行的一場聾子對話式的會談。雙方就國際共運等一系列重大問題各自闡釋自己的論點，指責對方的立場觀點，因而沒有取得任何積極的成果。[2] 烏布利希本人對於這次會談具體內容應當是非常清楚的。[3] 但可以設想的是，如果一旦中蘇會談這次會談取得某種積極成果，一旦中蘇關係因此得到某種緩和，那在德國統一社會黨的「新報告」中必然會有所體現。只是這次會談並未對中蘇關係的總體形勢產生絲毫的改善。於是從總體上看，在

---

1 Vorlage für das Politbüro, SAPMO-BArch, DY 30/4666, Bl. 308, 353-354.

2 沈志華主編：《中蘇關係史綱》，第 372 頁。

3 在烏布利希辦公室文件中保存有此次中蘇兩黨會談的詳細記錄。參見 Zusammenkunft der Delegationen der Kommunistischen Partei der Sowjetunion und der Kommunistischen Partei Chinas im Juli 1963, SAPMO- BArch, DY 30/3608, Bl. 1-269.

1963 年德國統一社會黨沒有找到適合緩和對華關係的時機，它自認為的一些緩和努力也化為泡影。[1]

從中國的立場出發，可以發現在對德關係的這部「鬥爭」與「緩和」的交響曲中，「緩和」基本上是處於伴奏的地位而服務於「鬥爭」的，但這樣的一種伴奏應該被視為是一種「必需性伴奏」，即「緩和」的動機與「鬥爭」這個主要聲部的動機相一致。[2] 中國試圖運用「區別對待」的方針來緩和與民主德國的關係，但其目的根本不在於「緩和」而在於「鬥爭」，在於分化敵人，有利於對蘇修的鬥爭。而民主德國對於中國這種企圖分化蘇德關係的緩和策略自然就會抱以十分警覺的態度。

在中國看來，緩和對德關係的可能性主要取決於蘇德關係當中的矛盾與裂痕。1964 年 6 月蘇聯與民主德國簽訂《友好互助合作條約》以及赫魯曉夫準備於年底訪問聯邦德國，這都被中國視為蘇聯將與聯邦德國進行政治交易，將是對民主德國的一大出賣。9 月 8 日的《人民日報》發表了以批判波恩為主旨的社論，但其中隱含着對赫魯曉夫的指責，認為聯邦德國之所以敢明目張膽地提出「收買」民主德國計劃，「莫非它們從那些最近向西德軍國主義者發出娓娓動聽的讚詞的人那裏得到了什麼默許和暗示？」[3]

而正是在民主德國對待中國這一態度的反應上，讓中國似乎發現了蘇德關係之間的裂痕。駐德使館認為，社論發表四天以來，民主德國至今「對我文章的保持沉默的態度就是抗拒赫修壓力的又一表現」。[4] 但事實

---

1　Übersicht über die Beziehungen zwischen der DDR und der VR China im 1. Halbjahr 1963, SAPMO-BArch, DY 30/3608, DY 30/IV A 2/20/221, Bl. 40-52.

2　這裏所使用的「必需性伴奏」的概念，被認為是西方古典主義風格音樂的標誌性現象 ——它是一種織體，其中伴奏聲部服從於主導聲部，其構成動機和主要主題相同。參見查爾斯‧羅森：《古典風格：海頓、莫扎特、貝多芬》，楊燕迪譯，上海：華東師範大學出版社，2014年，第 3-4 頁。

3　《反對罪惡的政治交易》，《人民日報》1964 年 9 月 8 日，第 4 版。

4　駐德使館致外交部：對陳總講話和人民日報文章的反應（1964 年 9 月 12 日），中國外交部檔案館，109- 03922-01，第 36 頁。

上，民主德國依然認為《人民日報》這篇社論是在試圖「用一種教條主義的方式，造成蘇聯反對簽訂對德和約的印象」，企圖利用德國問題來挑撥民主德國與蘇聯的關係。[1] 於是作為回應，在 9 月 18 日、20 日的《新德意志報》上發表了兩篇反華文章，指出中國領導人「栽賴蘇聯同志不尊重德意志民主共和國的利益和把它當成『交易對象』…… 有意地企圖使人產生一種印象，好像在蘇聯和德意志民主共和國之間的關係中存在着不一致。」[2] 但在中國駐德使館看來，民主德國這一反華表態是與它之前的沉默相矛盾的，而之所以出現了變化，可能是因為烏布利希「受到赫修的強大壓力，想拖而拖不過去。」[3] 中方的觀點其實都是自己的「一廂情願」，不過這恰恰反映出它從內心深處對於蘇德之間必然存在的矛盾分歧的一種判斷和期望。因此對中國而言，要實現中德關係的真正緩和，只有當德國統一社會黨開始不再追隨「蘇修」的時候才具有可能性。

　　不過此後中國仍繼續以「區別對待」的方針來對待民主德國，博爾茨率領民主德國政府代表團參加慶祝中華人民共和國成立 15 周年的活動期間，在與周恩來的會談中，繼續感受到中國這一策略。比如當周恩來表示核禁試協定是在反對中國後，由於博爾茨正是代表民主德國簽字之人，他馬上就說他個人沒有感到核禁試協定是在反對中國。周恩來立即回應道：「我並不是認為您、民主德國在反對中國。…… 沒有人說過莫斯科協定的簽字國都是在反對中國。但『三家條約』的目標就是如此。我們被出賣了。」隨即周恩來就表示應該停止有關這一問題的爭吵。然後就開始表達民主德國在柏林問題上同帝國主義進行鬥爭的理解和支持。[4]

---

1　Kurzinformation über die Haltung der Führer der KP Chinas gegenüber der DDR, SAPMO-BArch, DY 30/IV A 2/20/222, Bl. 196, 199.

2　關於這兩篇文章的反華內容，參見《見諸於行動的社會主義國際主義（節譯）》,《徒勞的努力》,載《德國統一社會黨反華言論》,第 261-270 頁。

3　駐德使館致外交部：德對我八日評論反應（1964 年 9 月 21 日），中國外交部檔案館，109-03922-01，第 42 頁。

4　Dok. 11: Gespräch Lothar Bolz–Tschou Enlai 1964, in Möller, *DDR und VR China*, S. 90-91.

這些表態仍舊被德國統一社會黨視作中國在繼續實行它的「分化政策」。[1]
因此中國對民主德國所採取的統戰策略並不奏效。

　　然而，1964 年 10 月 14 日赫魯曉夫突然下台的消息似乎預示着情況
可能會發生出人意料的變化。蘇共停止了反華宣傳，中共也停止發表論
戰文章，雙方似乎都在為緩和關係做準備。[2] 對於這種新形勢的出現，德
國統一社會黨也馬上做出反應，認可中共對於赫魯曉夫的下台的表態十
分克制，沒有「勝利的口吻」，沒有直接攻擊蘇共。因此，決定不再直接
或間接與中國展開論戰，「駐外機構的同志應該對中國的積極表態予以贊
同」。由於此時中國正在伯爾尼與聯邦德國進行接觸，民主德國也希望用
這樣的表態來阻止中國與聯邦德國進一步加深關係。[3]

　　中共為了打破中蘇關係的僵局，決定派遣一個黨政代表團去蘇聯祝
賀十月革命節，並順便同蘇共黨政負責人進行接觸，為實現兩黨新的交
流提供台階。但毛澤東要求對蘇共要採取「一推二看」的方針，其實就是
要「推」蘇共向中共的立場趨同，然後觀察蘇共有無轉變立場的可能性。
其目的就是藉赫魯曉夫下台之際，要求蘇共重新審視並否定二十大，這
無異於是要蘇共改弦更張，走中共所認為的正確的國際共運路線。實際
是一種建立在干涉他黨內部事務基礎上的團結訴求。事實上，勃列日涅
夫和新的蘇共領導層仍將繼續堅定執行蘇共二十大以來所確定的路線綱
領，在原則問題上絕不會做任何的讓步。這是蘇共的底線，而毛澤東其
實就是想要蘇共放棄這條原則底線。於是中蘇兩黨的談判自然是無果而
終，兩黨決裂已成為必然。[4]

---

1　Einschätzung des 15. Jahrestages der Gründung der VR China, SAPMO-BArch, DY 30/IV A 2/20/225,
　　Bl. 174.
2　沈志華主編：《中蘇關係史綱》，第 399-400 頁。
3　Dok. 44: Notizen über die weitere Entwicklung der Beziehungen zur VR China im Zusammenhang mit
　　den Veränderungen in der sowjetischen Führung, in Meißner, hrsg., *Die DDR und China 1949 bis 1990*, S.
　　149-150.
4　沈志華主編：《中蘇關係史綱》，第 400-407 頁。

　　而德國統一社會黨的態度與立場則充分體現在 11 月 10 日上午烏布利希與周恩來所進行會談當中。會談伊始，烏布利希便向周恩來表達了團結的願望，他首先建議停止雙方之間的公開論戰，而以編輯委員會的形式或者其他的形式進行共同協商。其次，烏布利希建議準備召開共產黨和工人黨會議，並且認為越早開越好：「我知道中國的領導對此有異議。你們說時間太短。我們對此認為，有必要就準備召開會議進行會談，確定哪些問題我們將會討論。這是任務。我們不認為，在第一次會議中就能解決所有問題。但我們必須先談，以 1960 年的共同聲明為基礎。」最後，烏布利希建議擴大中德兩國的貿易，到 1970 年雙方的貿易額回到 1958 年的水平。周恩來對此則首先表示，中共希望在赫魯曉夫下台後蘇共在政治上要有改變。但是在與蘇共領導人交流之後，感覺他們不僅在原則上，還是在個別的地方，赫魯曉夫的路線仍在存在，沒有發生任何改變。對於烏布利希的第一點和第二點建議，周恩來表示現在難以回答。但對於第三點加強兩國貿易的建議，他表示中國基本上也有同樣的願望。隨後烏布利希表示：

　　　　根據剛才的會談，我們在擴大貿易關係上取得了一致。關於準備召開共產黨和工人黨會議的問題上，你們仍然沒有說服我們。如果您贊同勃列日涅夫同志的講話，那麼就有可能就具體問題進行會談。如果您想要一個同帝國主義鬥爭的聲明，那麼在 1960 年的聲明中就已經有了，勃列日涅夫同志 11 月 6 日的講話中也有。在我看來，沒有什麼還需要再討論的問題。我們都是同帝國主義作鬥爭。但是在對帝國主義鬥爭中顯然有着一系列具體的非常複雜的策略問題。如果你們認為，在原則上存在着不同的觀點，而我們又必須在一次協商中解決。顯然，親愛的中國朋友，這樣是行不通的。你們提出的中國口號是：赫魯曉夫下台了，我們勝利了，其他黨應當接受中國黨的觀點。這樣是行不通的……如果我們想要繼續前進，那麼我們必須一道 —— 蘇共、中共和其

他共產黨一道 ── 在共同的協商中取得一致，正如我們現在所想要繼續做的那樣。你們不能只生活在對過去的回憶當中。[1]

毋庸置疑，烏布利希的表態與蘇共中央的立場是完全一致的，即停止公開論戰，堅持召開兄弟黨會議。而在中共看來，堅持開會的要求，無非是要在新的形勢下對中共採取集體措施，通過反華決議，對此中共絕不會同意。[2] 因此幾乎可以認定，赫魯曉夫的下台實際上並沒有給中蘇或者中德關係提供任何實質性的緩和機會，雖然雙方都有實現緩和的打算和願望，但卻都又各執己見，由於核心的分歧都是關乎雙方原則底線的問題，因而也就沒有任何可以讓步的空間。

而且更加嚴重的問題，在各自核心原則上無法取得相互諒解的情況下，任何在政治立場上的緩和取向和外交合作助力都將被視為一種實用主義策略。德國統一社會黨在 12 月 2 — 5 日召開六屆七中全會，繼續貫徹所謂的「三和」「兩全」的路線，支持蘇共新領導的「繼續執行和平共處、裁軍和諒解政策」，影射中國有民族主義和跳躍階段的錯誤，貫徹自己的「新經濟體制」。雖然在中國駐德使館看來，這次會議有些值得注意的積極因素，但這些變化「主要是為了鞏固當權派的統治所採取的一些改良措施」。即便在這次會議上，德國統一社會黨政治局報告繼續強調願意同中國發展友好關係，反覆的示好卻只是被中方視作烏布利希追隨赫魯曉夫引起國內外一系列困難後，「利用我牽制赫修」，改善自己政治處境的一種策略。[3]

同樣，由於當時聯邦德國與以色列建交在即，引起了阿拉伯世界強烈反對。作為回應，阿聯總統賈邁勒‧阿卜杜‧納賽爾（Gamal Abdel

---

1  Besprechung der Partei- und Regierungsdelegation der DDR mit der Partei- und Regierungsdelegation der VR China (10. 11. 64 in der Botschaft in Moskau), SAPMO-BArch, DY 30/11397, Bl. 43-68.

2  沈志華主編：《中蘇關係史綱》，第 405 頁。

3  駐德使館致外交部：德黨七中全會情況（1964 年 12 月 11 日），中國外交部檔案館，109-03922-02，第 46-51 頁。

Nasser）邀請烏布利希訪問阿聯，此事被民主德國視為打擊聯邦德國「哈爾斯坦主義」的一個重要機遇，因此，希望得到包括中國在內的各兄弟國家的外交協助，對此中國雖然決定提供支持，但根本上仍是出於反修鬥爭的考慮，是「為進一步爭取東德，擴大德蘇矛盾，對東德應多做工作。」[1]

可以說，中德關係到此時已經完全失去了 1950 年代社會主義陣營兄弟國家間的那樣一種信任。進入 1965 年後，莫斯科三月會議的召開標誌着國際共運的正式分裂。從此中國再次「另起爐灶」與蘇東社會主義國家集團分道揚鑣，從而使得中國與民主德國的外交關係進入了一個矛盾衝突更加複雜激烈的新階段。

# 第四節　小結

20 世紀 60 年代前期中德關係的主基調便是「論戰」與「鬥爭」，「緩和」雖然同時存在，但僅表現為「鬥爭」過程中的一個「必需性伴奏」。除了在意識形態層面公開分歧、相互批評以外，1961 年初馬特恩訪華更加使得在兩國貿易問題上發生了直接的衝突，直接影響到國家關係的發展。隨後，烏布利希便緊跟赫魯曉夫與中國展開一場意識形態的「大論戰」，而 1963 年初的德國統一社會黨六大，更是達到了蘇東集團的反華最高潮。

黨際關係的惡化勢必影響國家關係，這又是兩國領導想要試圖避免有難以避免的事。從國家關係的層面上觀察，民主德國也確實有着儘可能地緩和與中國的國家關係的願望，想使其不受兩黨意識形態爭論的影

---

1　外交部致駐阿聯使館：關於烏布利希訪阿聯事（1965 年 2 月 4 日），中國外交部檔案館，107-00611-01，第 3 頁。

響。一旦中蘇關係出現緩和的可能性，它也便積極表達出與中國發展關係的願望。這在很大程度上是民主德國出於對自身國家利益的考慮，比如在對坦桑尼亞的外交問題上，在烏布利希訪問阿聯的問題上，考慮到中國對亞非國家的獨特影響力，民主德國都會有意識地要爭取中國的支持與協助，[1] 以便擴大國際社會對自己的外交承認。而在本國經濟發展的問題上，又希望能夠擴大對華貿易數額，以服務於國內「新經濟體制」的改革。

　　對此，中國則一廂情願地認為民主德國的這些對華訴求是其「對蘇離心傾向正在增長，政治上經濟上有求於我」的表現。[2] 而中國之所以決定支持民主德國同民族主義國家發展關係，並願意在可能的範圍予以協助，其根本目的在於離間蘇聯與民主德國的關係。這便是所謂的「區別對待」政策，它本質上具有一種「統戰」的特點與意味，給予的支持和協助的根本目的並不是真正為了與民主德國實現國家關係上的緩和，而是為了分化蘇德關係。因此，外交上的支持協助、經濟上的擴大貿易都淪為中國開展「鬥爭」的一種手段和工具，可是，當這些手段用在對蘇聯依賴最深的民主德國身上時，其實難以產生中國方面所期許的效果。於是，中德關係將會隨着中蘇關係的分裂而分道揚鑣，兩國關係的發展也將隨着兩黨關係的交惡而陷於停滯。

---

1　駐德使館致外交部：德向我提出請求在坦桑給予支持（1964 年 12 月 18 日），中國外交部檔案館，108-00443-05，第 40-41 頁；劉曉副部長接見德國駐華大使柯爾特談話記錄（1965 年 2 月 6 日），中國外交部檔案館，107-00611-03，第 71-82 頁。

2　外交部致駐阿聯使館：關於烏布利希訪阿聯事（1965 年 2 月 4 日），中國外交部檔案館，107-00611-01，第 3 頁。

# 第五章　結論 —— 冷戰時期社會主義國家關係結構的再思考

　　本書敘述了 1949 — 1965 年中華人民共和國與德意志民主共和國雙邊關係的歷史。從總體上觀察，兩國關係在這一時期的經歷猶如一艘航船，從 1949 年開始拔錨起航，起初遇到險阻到 1955 年後便一帆風順，中德合作日漸緊密，到 1959 年可以說達到了兩國關係的頂峰。然而在這個過程中其實暗流湧動，隨着中蘇關係的惡化，中德關係從 1960 年開始便觸礁受阻，到 1965 年時就近乎處於擱淺的狀態。在兩國關係的發展歷程中存在着以下三個特徵：

　　首先，最為重要的是，中蘇關係對於中德關係的發展有着結構性的決定作用。如果將冷戰時期社會主義陣營內的國家關係比作一支船隊，那中蘇關係無疑是這支船隊中的旗艦，中德關係則只是其中一艘船，它的航行方向、令行禁止無不要注意旗艦的信號。民主德國，它是美蘇冷戰的直接產物，它要作為一個正常的主權國家而生存下去，需要得到蘇聯直接而又全面的支持。毋庸置疑，蘇聯永遠是民主德國處於第一位的盟友，是民主德國無可比擬的「老大哥」。所以當民主德國作為社會主義陣營中的一員，開始與中國開展外交活動的時候，中蘇關係親密與疏遠直接決定着中德關係的走向。準確把握中蘇關係的發展邏輯和趨勢，是準確理解中德關係的一把最為關鍵的鑰匙。

　　施圖貝爾在討論蘇共二十大後的中德關係時提出了這樣一個觀點，在她看來，此時民主德國領導人對於中蘇關係的不和不為所動，並沒有

因此調整自己的對華政策。中德關係沒有受到中蘇關係惡化的影響。[1] 這樣的一個結論，其實是建立在對蘇共二十大是中蘇關係不和的起點這樣一個判斷之上的。可是中蘇之間的分歧卻並非因蘇共二十大而起，蘇共二十大之後的中蘇關係不僅沒有被削弱，反而是得到了加強。[2] 因此，無法從中明確得出這樣的判斷，即民主德國此時的對華政策出現了某種不同於蘇聯對華政策的「特立獨行」。

施圖貝爾又試圖以民主德國對 1959 年中印邊界衝突的立場來證明這種「特立獨行」。她以格羅提渥 9 月 28 日的講話作為重要的證據，指出在中印邊界衝突這個問題上，民主德國與蘇聯的反應明顯不同，並認為蘇德兩國在這個問題上的差別是十分重要的。[3] 但是通過對相關文獻進行一番較為細緻的研讀後可以發現：施圖貝爾似乎沒有注意到在空喀山口事件後，民主德國直接受到來自印度的壓力，再加上蘇聯的中立表態，它的立場就已自覺地發生了轉變，最終公開表達自己保持中立的態度。這還給中國方面造成了一種印象，即認為民主德國之所以轉變態度可能是受到了來自蘇聯的壓力。

在考察中蘇關係對中德關係的影響時，似乎需要注意其中可能存着的「時間差」問題。1959 年的中印邊界衝突確實是中蘇關係開始惡化的一個起點，尤其是 10 月 2 日中蘇兩國領導人的會談成為中蘇關係走向破裂的關鍵性轉折點。[4] 但是對於社會主義陣營內的其他國家當時對於中

---

1　Stuber, *East German China Policy in the Face of the Sino-Soviet Conflict 1956-1966*, Ph.D. dissertation, Université de Genève, 2004, p. 83.

2　施圖貝爾其實也意識到了這一點，她注意到了文安立等人關於中蘇關係的研究，了解到中蘇同盟在 1956 — 1957 年時仍舊運行量良好。但她卻並沒有一開始就以此基點展開她的論述，而是在此之前一直到民主德國與蘇聯在對華關係上的區別，似乎沒有意識到這一對中蘇關係的判斷會影響到她之前有關中德關係的論述。參見 Stuber, *East German China Policy in the Face of the Sino-Soviet Conflict 1956-1966*, Ph.D. dissertation, Université de Genève, 2004, p. 105.

3　Stuber, *East German China Policy in the Face of the Sino-Soviet Conflict 1956-1966*, Ph.D. dissertation, Université de Genève, 2004, pp. 84-87.

4　沈志華：《無奈的選擇》，第 722 頁。

蘇之間爆發的爭吵到底有多少了解是值得探究的，至少對於民主德國而言，尚未找到直接證據證明其對於此時中蘇內部到底發生了什麼有所了解。因此就不能得出判斷，說當中蘇關係已經開始惡化的時候，民主德國仍與中國保持着良好的關係，並以此認定這是民主德國在對華政策上「特立獨行」的證據。

蘇聯的對華政策決定着民主德國對華政策的基調，所給予民主德國對華外交的空間是比較有限的，這並非由於蘇聯對民主德國施加某種直接的壓力，而是德國統一社會黨領導人有意識的自覺。當 1960 年中蘇之間的矛盾公開化之後，德國統一社會黨在這場意識形態論戰當中一直緊跟蘇聯，同中共發生了較大的衝突。於是留給民主德國對華關係上的餘地，就是希望中德之間能夠遵循列寧（Lenin）所倡導的「行動一致，討論和批評自由」的原則，[1] 希望中德兩黨在發生公開論戰的情況下，中德之間的國家關係還能繼續發展，保持良性的合作。因此，民主德國領導人在不同的階段都表達出仍要與中國發展國家關係的願望。然而，事情的發展並不能如其所願，黨與國家的內在關聯是如此之緊密，以至於兩國關係的發展必將因兩黨關係的破裂而停滯不前。

其次，中德兩國的經貿關係再次印證了社會主義國家的經濟合作本質仍然是政治合作這個具有普遍性的結論，經貿關係的親疏特別能夠準確反映出兩國政治關係的起伏。中德 1951 年貿易協定充分體現了中國對民主德國在德國問題上的大力支持，卻又給民主德國造成了之後長達五年的對華出口上的負擔。而當民主德國因「東柏林事件」急需擴大國內農產品供應時，中國與其簽訂 1953 年的貿易補充協定更是中德關係日益親密的反映。伴隨着兩國政治聯繫的進一步加強，到 1950 年代末，民主德國已經成為中國的第二大貿易夥伴國。

---

1 參見中共中央馬克思恩格斯列寧斯大林著作編譯局編：《列寧專題文集：論無產階級政黨》，北京：人民出版社，2009 年，第 341 頁。

　　很多共產黨人都希望社會主義陣營能夠建立起緊密的經濟聯繫，從而出現一個超國家的社會主義經濟聯合體。赫魯曉夫也曾展望着在未來構建一個社會主義的國際共同體：其中心是蘇聯，它能擁有類似資本主義世界經濟體系的許多功能。國際分工網絡將從柏林到上海提供統一標準的生產線，科研和培訓將會在社會主義國家內部得到分享。這種願望在現實中始終未能實現，即便在現實中成立了經互會，但僅從其所包含的成員國家的範圍來看，就可以認為經互會與社會主義國際合作理想的差距仍然十分明顯。[1]

　　可實際的情況是，一旦社會主義政治世界發生爭吵，那麼其他所有事情就陷入到了不確定之中。在社會主義國家關係的結構當中，政治並不是經濟的上層建築，而是恰好相反。正如匈牙利經濟學家科爾奈所指出的那樣，社會主義國家國內和外交和政策上的考慮會對社會主義同盟國之間的經濟關係產生重要影響，社會主義國家之間經常會在不同時期發生衝突，當關係緊張的時候（對某個社會主義國家的國內和外交政策目標不滿），每個國家的政府都會將經濟關係放在次要地位。如果有必要，它會減少經濟聯繫，甚至實行禁運、召回專家，或者採取其他報復行動。[2]

　　進入 1960 年後，中德兩國之間貿易衝突在兩黨公開分歧之後亦開始顯現，但其中更大程度上也與中國自身的經濟狀況直接相關。當中國由於「大躍進」和人民公社化運動引起國內國民經濟的極度困難之後，在對民主德國的農產品出口上自然出現了大量欠賬。由此直接促成 1961 年初的馬特恩訪華，其此行的目的就是與周恩來談判解決兩國的貿易問題，而並非如哈里森所設想的那樣，試圖造成民主德國向中國靠攏的傾

---

1　科爾奈：《社會主義體制》，第 337 頁；Odd Arne Westad, *The Global Cold War: Third World Interventions and the Making of Our Times*, Cambridge: Cambridge University Press, 2005, p. 69.

2　科爾奈：《社會主義體制》，第 322-323 頁。

向，從而迫使蘇聯同意在柏林問題上採取強硬措施以鞏固蘇德關係。在馬特恩與周恩來會談過程中，雙方就履行貿易協定的問題發生了激烈的爭執，一方面由當時兩黨已經開始惡化的關係所決定的，另一方面也是由中國當時所遭遇到極其嚴重的經濟困難所決定的。

隨着中德兩黨之間的意識形態論戰進一步擴大，雙方都有持有並贊同這樣的一種觀點，即黨際關係上的分歧不應影響到國家關係的鞏固與發展。而積極開展雙邊貿易則是發展國家關係的應有之義，於是在中德關係開始開始惡化的形勢下，發展對華貿易成為民主德國最為看重的一項工作。但是，雙方似乎都難以倖免地將意識形態上的論戰情緒帶入貿易協定的談判當中，而且中國更是將經濟貿易談判作為一種鬥爭的手段，決不願意讓民主德國擁有在政治上反華，卻在經濟上獲得好處的可能。在這種鬥爭觀念的指導下，雙方的貿易關係其實也難以獲得更好的發展，因此，國家關係自然也就止步不前了。

最後，德國問題始終貫穿在中德關係的歷史進程當中，這是冷戰時期中德關係發展中的一個獨特之處。此處所指的「德國問題」，概念較為寬泛，將凡是與冷戰時期兩個德國相關的外交、政治問題都囊括在內，如德國的重新統一問題、對聯邦德國的立場與政策、民主德國謀求外交承認的努力以及處理柏林問題等。中德建交伊始，當兩黨兩國間的政治聯繫仍受制於斯大林對國際共運的分工時，民主德國就希望在與中國簽訂的貿易協定中通過壟斷對華貿易以推動實現它在德國問題上的政治目標，但最終不僅沒有成功，反而連累了自身對華貿易的良性發展。

中德在德國問題上的態度存在着一定的分歧。民主德國的首要問題是維持自己的國家存在，因此在 1955 年之後基本都是在強調國際社會應承認「兩個德國」的現狀，應承認民主德國是一個主權國家。相比較於民主德國贏得外交承認的急切態度，中國對於外交承認問題則顯得「淡定」許多，正如周恩來曾經說過的那樣：「西方國家現在不承認民主德國，

但總有一天會承認的。如有些西方國家不承認我們，但中國人民照常生存下去，不承認反而可自由一些。」[1]

這兩種態度的差別很大程度上似乎是由中德兩國自身的物質條件，即領土、人口規模等客觀因素所決定的，毛澤東對於革命勝利後的中華人民共和國得不到國際社會普遍承認的心態，可與當年的拿破崙·波拿巴相比擬：「法蘭西共和國不需要承認，正如太陽不需要承認一樣」，這句話的含義其實是在說明，事物實存的力量本身就已經保證了承認。[2] 無疑中華人民共和國擁有這樣的力量，而民主德國則顯得力量不足。不過出於共同對敵鬥爭的原則，中國對於民主德國謀求承認的努力仍舊予以了同情的理解，並在外交上儘可能地予以了支持與協助。

從社會主義陣營的角度觀察，中德兩國分處對敵鬥爭的前線，是社會主義陣營東、西方的「堡壘」。由於兩國又同時面臨着國家分裂的現狀，因而民主德國的領導人習慣於將德國問題與台灣問題相提並論，但是他們似乎並沒有清楚地意識到，中國並不認同將台灣和聯邦德國等同起來，在毛澤東眼中，德國的分裂狀態是與朝鮮、越南一樣，是二戰結束後的大國關係發展的產物。而台灣問題自始至終是中國的內政，不應將其作為國際關係問題處理，因此也就不容他國置喙。在兩國的外交鬥爭中，民主德國直接面對的是聯邦德國，中國直接面對的是美國，因此，兩國在具體的外交鬥爭策略以及在對待聯邦德國的態度上存在差別。民主德國希望通過貫徹蘇聯的和平共處方針緩和對美國的關係，為自己與聯邦德國的鬥爭創造有利環境；但是中國則不斷強調對美鬥爭的重要性和必要性，聯邦德國在中國的眼中僅僅是美帝的附庸，甚至被視為是可以爭取利用「第二中間地帶」國家。

---

1　周恩來同德新任駐華大使紀普納談話紀要（1955 年 12 月 2 日），中國外交部檔案館，109-00606-02，第 39 頁。
2　黑格爾：《法哲學原理》，范揚、張企泰譯，北京：商務印書館，1961 年，第 347 頁。

　　事實上，中德兩國在德國問題以及對外戰略上的分歧在 1955 年左右就已經隱約存在，到了 1959 年初在如何給聯邦德國定性的問題上，雙方的分歧更為明顯；但是這些分歧在當時並沒有對兩國關係造成負面影響，1959 年是中德關係最好的一年。真正的變化是在中蘇關係這個更大的結構關係發生變動之後發生的，在中蘇關係矛盾公開化並相互論戰的條件下，此前在中德關係當中隱藏着的那些分歧有如暗礁一般地浮出海面，德國統一社會黨以此作為批判中共領導人反對「和平共處」原則的一大罪證；而中國則指責蘇聯在德國問題上表現軟弱、出賣民主德國，試圖以此來擴大蘇德之間的矛盾。

　　以上便是考察 1949 — 1965 年的中德關係後可以發現的三個主要特徵。總體而言，雖然中德兩國同為社會主義陣營的成員，並且認為彼此是兄弟國家關係，可是兩國對於對方利益訴求和關切，以及在外交戰略上的立場並不能做到相互了解，更遑論相互諒解。因此，中德之間即便是「兄弟」那也只是「陌生的兄弟」。

　　作為冷戰時期社會主義國家關係中的一個個案，值得且有必要從這個具體個案出發，進一步引申對整個社會主義國家結構的探討與反思。沈志華根據其對中蘇關係史的深入研究，從中指出了社會主義陣營內部國家關係的脆弱性和動盪性，認為其根本原因在於社會主義陣營同盟關係中固有的「結構失衡」，即社會主義國家關係的政治範式中存在着先天不足的結構性缺陷。[1] 在沈志華的著作中，引出對「結構失衡」進行深入討論的是這樣一個問題：

　　　　導致中蘇同盟破裂的直接原因是雙方對國際共運和社會主義同盟的主導權的爭奪。那麼，進一步的問題是，中蘇兩黨領導人為什麼非要爭這個主導權呢？為什麼他們要置雙方的共同利益和

---

[1]　沈志華：《無奈的選擇》，第 747 頁。

同盟的整體利益於不顧？……一句話，為什麼中蘇之間的關係就不能由利益來維繫，以利益為準則呢？[1]

在這個問題中，對於「利益」的理解仍然是基於一種現實主義國際政治理論的物質主義的利益觀，即強調利益的實體性。如果能夠提升一下對「利益」概念的思考層次，即提升到主體性的層次，能夠開始意識到「利益本身就是認知或觀念」，以及「利益是關於怎樣滿足需要的信念」[2]。那麼對於這一問題回答似乎就應該是：中蘇兩黨領導人之所要爭奪國際共運的主導權，正是由於這個主導權就是他們不可讓渡的「根本利益」或「根本關切」。他們之所以不願顧及同盟整體利益，乃是由於這個整體利益在中蘇兩國領導人的眼中都不如「取得國際共運和社會主義同盟的主導權」這個「利益關切」來得重要。

因此，可以說，中蘇兩國的利益其實都是由兩國領導人的觀念所建構起來的。之所以仍舊將社會主義國家領導人的觀念等同於這個國家的觀念，乃是出於對以下前提的假定：即仍將國家當作一個具有實質屬性的行為體，一個「團體自我」；[3]同時將國家視為一個具有個體性的存在，國家所具有的這種個體性，作為排他性的自為的存在，表現為它對別國的關係，其中每個國家對別國來說都是獨立自主的。[4]而所謂的社會主義國家的個體性，它其實直接現實地就是這個國家的執政黨，是由這些社會主義國家自身黨政合一的政治體制所決定的。於是，黨可以被看作是國家的複本，[5]而在共產黨中，核心領導人的意志，基本就反映這個黨本

1　沈志華：《無奈的選擇》，第 745 頁。

2　亞歷山大・溫特：《國際政治的社會理論》，秦亞青譯，上海：上海人民出版社，2008 年，第 120、127 頁。

3　亞歷山大・溫特：《國際政治的社會理論》，第 220-221 頁。

4　黑格爾：《法哲學原理》，第 339 頁。

5　喬萬尼・薩托利：《政黨與政黨體制》，王明進譯，北京：商務印書館，2006 年，第 60-72 頁。雖然從嚴格的意義上講，社會主義國家中的列寧主義政黨在它所執政的國家當中，並非完全可以算是作為整體的政黨。

身的意志。

在冷戰時期社會主義陣營這個國際政治的體系當中，每一個成員國家都自然有着這樣的自我意識，即自身應當是一個具備「社會主義性」的國家，因此，它們對於在各自國家內部中應該進行一種怎樣的制度建設分享着一套共有的觀念；同樣，在這個國際政治體系內，它們對於國家之間的交往規則也擁有着一套共有的觀念，這套共有觀念構成了一種獨特的文化，這種文化構成了社會主義國家關係結構中的一些基本準則。

沈志華曾經準確指出，在社會主義國家關係當中存在着兩種結構性的弊病：其一，主權觀念不明確，表現為國際主義理念與民族或國家訴求之間的矛盾；其二，平等意識不清晰，表現為同盟內部領導與被領導的組織原則與各國享有的平等權利的準則之間的矛盾。[1] 可以發現，「主權觀念不明確」和「平等意識不清晰」兩大弊病所指涉的其實都是觀念的問題，於是值得進一步探討的是，這種在社會主義國家關係結構所持有的共有觀念到底有着什麼樣的內容？

1961 年初馬特恩訪華時曾向周恩來抱怨，認為中德兩國關係當中的「社會主義性」不足。[2] 這其實是在表達這樣一種觀點，即社會主義國家間的關係應當具備一種不同於一般國家關係的特性。1956 年 10 月，王稼祥在與南斯拉夫駐華大使弗拉迪米爾·波波維奇（Vladimir Popović）會談時曾就社會主義陣營內的關係說過以下一段話：

> 馬克思列寧主義黨好像是一個大家庭。這個家庭中的各個成員應該是平等的，不應該是父子關係，只能是兄弟關係、姊妹關係，只能有執政黨與非執政黨之分，大黨與小黨之分，經驗多的黨和經驗少的黨之分。兄弟黨之間的關係，有一條很重要的原

---

1　沈志華：《無奈的選擇》，第 747-750 頁。
2　周總理與馬特恩會談記錄（1961 年 1 月 24 日），中國外交部檔案館，109-03760-03，第 61 頁。

則，就是要注意從共同的國際主義的利益出發，而不要只從一個
國家、一個黨的利益出發。如果都從自己的利益出發，就不會有
共同的觀點了。[1]

　　這段表述可以被視作社會主義陣營內的黨際關係和國家關係結構的
一種「理想類型」（Ideal　Type）。王稼祥將社會主義國家的關係應然地
描述為「一個大家庭內的平等關係」並且它的運行原則是應該「從共同
的國際主義的利益出發」，這其實就是馬特恩所說的「社會主義性」。
作為由各個共產黨執政的社會主義國家的領導人們，對於這一結構關係
及其交往原則的描述，想必都不會持反對意見。因此，無論是在黨際關
係中，還是在國家關係當中，如果真能堅持秉持這樣一條結構性原則的
話，那麼各個社會主義國家之間關係將會基本維持穩定狀態，分歧定然
不可避免，但決不必然導致整個社會主義陣營的解體。

　　然而現實情況恰恰相反，在這個共有觀念下所實現出來的卻是異
化了的、相反的東西。這個共有觀念 ——「從共同的國際主義的利益
出發」—— 這個對社會主義國家關係的應然原則，似乎成了被誤解的東
西，在主權和平等觀念上出現了不明確和不清晰的情況，成為社會主義
國家關係中的結構性弊病。

　　問題的關鍵仍出於這個共有觀念本身。所謂的「一個大家庭內的平
等」到底應該是一種什麼樣的「平等」？它其實要求的是一種超越國家的
有政府狀態下的平等關係。社會主義陣營的結構並不應該是一種各個社
會主義國家成員結成同盟關係的結構，而應該是一種具有整體性的共同
體結構。在這個共同體中，存在着所謂「共同的國際主義利益」這樣的
最高原則，共同體中的每一個成員都應該服從於這一最高原則。然而在
現實中，每一個成員都似乎對「國家主權」這個東西擁有着根深蒂固的

---

1　徐則浩主編：《王稼祥年譜（1906-1974）》，第 438 頁。

執念及與生俱來的追求，因而使得社會主義陣營的共同體結構並未能真正實現出來。

　　對於社會主義陣營內開始掌握政權的各個共產黨來說，在國際關係的層面上，他們一般仍在以現代國家的標準觀念來建構自己的國家，這一點充分反映在每個國家不容別國干涉其內政的要求上與其追求獨立自主的意識中。雖然他們也認識到社會主義陣營內的國際關係應該不同其他一般的國際關係，但是，在他們一方面從「共同的國際主義利益」出發要求實現團結的同時，另一方面卻仍從「國與國的關係是獨立主權間的關係」出發要求實現平等。但殊不知，「一個大家庭內的平等」與「獨立主權國家之間的平等」並不是一個東西。

　　國家乃是一種實踐，[1] 在經歷了漫長實踐過程之後，我們最終發現，「一個國家對於其他國家來說是擁有主權和獨立的。它有權首先和絕對地對其他國家成為一種主權國家，即獲得其他國家的承認。」[2] 於是「主權」是一個國家所有的絕對且永久的權力，它意味着「行為不從屬於其他人的法律控制，從而不致因其他人意志的行使而使之無效的權力。」[3] 接着「平等」也就隨之而來，「國家，本來不是平等的，但是，在原則上是平等的。這是由於它們在國際範圍內享有主權的結果。」[4] 因為「主權」是這樣一種永久的絕對性，它不承認存在任何其他超越於其自身之上的權力，因此，現代國際關係必然呈現為一種無政府狀態，只有在這一前提

---

1　「國家機器實際上早就已經存在：軍隊、稅收、司法，所有這些都早已存在，但我認為絕對重要的是，讓所有這些元素進入到一種主動的、深思熟慮的實踐場域中去，這種實踐場域恰好就是國家。」參見米歇爾·福柯：《安全、領土與人口》，錢翰、陳曉徑譯，上海：上海人民出版社，2010 年，第 243 頁。

2　黑格爾：《法哲學原理》，第 346 頁。

3　參見讓·博丹：《主權論》，李衞海、錢俊文譯，北京：北京大學出版社，2008 年，第 25-26 頁；胡果·格勞秀斯：《戰爭與和平法》，何勤華等譯，上海：上海人民出版社，2013 年，第 63 頁。

4　赫希·勞特派特修訂：《奧本海國際法》（上卷·平時法·第一分冊），王鐵崖、陳體強譯，北京：商務印書館，1971 年，第 16 頁。

之下，才使得「主權國家間的平等」成為可能。

　　但是，這樣的一種平等是由那個絕對化了的、排外的自由所導致的，因而是一種無政府狀態下的平等，這實際上與冷戰時期社會主義國家關係結構所要求的「一個大家庭內的平等」相去甚遠，後者要求，在社會主義陣營的大家庭內，每一個成員都需要承認一個代表着「共同的國際主義利益」的法權，它應當高於每一個社會主義國家的「主權」。這是由馬列主義的社會革命理論的本質所決定的，蘇維埃社會主義共和國聯盟，其本身就是一個超越國家主權的聯合共同體，「各加盟共和國的主權」處於蘇聯的限制之下，但「蘇聯保護各加盟共和國的主權。」[1] 於是，冷戰時期蘇聯對其他社會主義國家關係就其本質而言是一種無政府狀態下的等級制，一方面，每一個國家在法理上都應該是相互平等的，另一方面，權力的分配仍然是高度不平等的，是一個「非正式的帝國」（Informal Empire）。[2] 因而在社會主義陣營內部所發生的各種衝突似乎都表現為一些秉持着主權平等觀念的成員（如南斯拉夫、中國、捷克斯洛伐克等）想要從這個不平等的等級制中擺脫出來。

　　一方面，將馬列主義作為思想指導的共產黨人，在主觀上都從「共同的國際主義利益」原則出發，對社會主義國家關係提出了國際主義的要求；另一方面，對各個社會主義國家的領導人而言，有關國家主權的永久絕對性的觀念是如此的深入他們的內心，又使得他們又都強調自己作為主權國家的絕對獨立。「和平共處五項原則」最初是中國在處理與資產階級國家印度的關係時提出的，然而最終也被認為對社會主義國家關係仍然有效。

---

1　篠田英朗：《重新審視主權：從古典理論到全球時代》，戚淵譯，北京：商務印書館，2004 年，第 133-134 頁。

2　參見 Alexander Wendt and Daniel Friedheim, "Hierarchy under Anarchy: Informal Empire and the East German State," *International Organization*, Vol. 49, No. 4, 1995, pp. 689-721.

　　這樣一套內在原則相互矛盾着的觀念，構成了冷戰時期社會主義國際體系中的共有觀念和文化，於是，社會主義陣營最終沒有形成一個「超國家的聯合共同體」，反倒發現一齣齣的悲喜劇反覆地在社會主義國家之間上演着：當社會主義陣營內部成員對於什麼是「共同的國際主義的利益」的認識取得一致的時候，各國之間就會表現出親如兄弟般的友好關係，一個國家為了支持另一個國家，往往會不惜代價，甚至會毫不顧及那些關乎自身主權利益的代價。這便可以解釋 1950 年中國為什麼願意為了「社會主義陣營的共同利益」同意民主德國對中德貿易協定中的要求，將中國與聯邦德國的貿易全部通過民主德國進行，其結果就是造成了本國經濟利益的巨大損失。

　　然而，當獨立自主的國家主權觀念對於「共同利益」的認識發生分歧時，由於它對於維繫社會主義陣營是如此之重要，成員之間爆發激烈論戰就變得不可避免。於是所看到的現象便是：一些國家以「社會主義陣營的共同利益」的名義對另一些國家進行指責甚至干涉，而作為反應，另一些國家則從「主權獨立」的觀念出髮指責對方干涉自己的內政。「共同的國際主義的利益」事實上在這個時候已經異化成了「各自的本國利益」，當中國由於經濟困境而不願履行合同，因此損害了民主德國的利益時，民主德國便會認為中國沒能「顧全大局」，中德關係便缺少了「社會主義性」。

　　通過以上有關冷戰時期社會主義國家關係結構的再思考，最終所想要強調的無非是以下兩點：首先，對於國家利益的理解，需要超越單純物質性的層次，應該從一個國家「對於什麼才是符合其自身利益的認識」—— 這樣一種「觀念」的層次上予以理解。對於冷戰時期的社會主義國家來說，它的利益關切就是在這個國家執政黨的利益關切，就是這個黨的核心領袖們的利益關切。其次，社會主義國家間關係本來被各國共產黨領導人設想成一種既能以共同的國際主義的利益為原則，又相互

平等的大家庭。但在具體實踐過程中可以發現，這一觀念原則本身有着極深的內在矛盾，各個成員一方面以超越國家的共同利益原則相互提出要求，另一方面又堅持着獨立主權國家的那些平等要求。因此解決的方法無非有二：要麼把社會主義陣營建成一個「超國家的聯合共同體」，從而揚棄「國家主權」這個東西；要麼放棄一直以來對社會主義國家關係所秉持的「國際主義」原則要求，只將它變成一般主權國家間的關係。

事實上，歷史最終選擇了後一種方案。真正的悲劇可能就在於，當社會主義陣營內的各個國家開始放棄以「共同的國際主義的利益」作為交往原則的時候，它們便失去了社會主義國家間關係賴以區別於其他一般主權國家間關係的基本特性，於是這個陣營本身便將難以避免「自我取消」的命運。

# 參考文獻

## 一、原始檔案

### 中華人民共和國外交部檔案館

107-00611-01, 107-00611-03, 107-00967-07, 108-00443-05, 109-00028-01, 109-00030-01, 109-00030-03, 109-00286-01, 109-00286-03, 109-00303-01, 109-00315-02, 109-00397-01, 109-00561-03, 109-00606-02, 109-00788-01, 109-00841-03, 109-00841-07, 109-00841-10, 109-01102-04, 109-01103-02, 109-01223-08, 109-01361-01, 109-01362-01, 109-01375-01, 109-02427-01, 109-02574-02, 109-03760-01, 109-03760-02, 109-03760-03, 109-03760-04, 109-03919-04, 109-03919-05, 109-03919-06, 109-03922-01, 109-03922-02, 110-00315-02, 110-00846-06, 110-01232-05, 110-01642-02, 110-01773-03, 117-01129-09, 117-00551-04, 204-00069-02, 204-00069-04, 204-00078-07

### 北京市檔案館

全宗號 17，目錄號 1，案卷號 119
全宗號 102，目錄號 1，案卷號 53、118、158

### 德國聯邦檔案館（BArch）

DL 2/1448, 1451, 1471

### 德國聯邦檔案館民主德國政黨與羣眾組織基金會（SAPMO-BArch）

DY 30/3289, 3351, 3532, 3603, 3604, 3607, 3608, 4549, 4623, 4666, 11397
DY 30/IV 2/2/68, 84, 94, 101, 120, 182, 461
DY 30/IV 2/20/114, 115, 117, 119, 120, 121, 122, 123, 124, 228
DY 30/IV 2/6.10/179

DY 30/IV A 2/20/221, 222, 225

DY 30/IV A 2/6.10/252

DY 30/J IV 2/2/286, 288, 461, 472, 503, 504, 510, 511, 571, 617, 618, 647, 707, 875

DY 30/J IV 2/202/125

DY 30/J IV 2/2J/76, 82, 899, 916, 918, 3853

## 德國外交部政治檔案館前民主德國外交部檔案（PA AA, Bestand MfAA）

A 5.728, 6.561, 6.564, 6.592, 6.618, 6.625, 6.661, 6.696, 6.739, 6.753, 6.836, 9.958, 13.915, 14.667, 14.682, 14.764, 15.341, 15.639, 15.640, 17.286, 17.819

G-A 75, 474,

LS-A 301, 329, 498

## 前民主德國國家安全部檔案聯邦委員會（BStU）

MfS, AS 89/59


# 二、已刊檔案、文集

《德國統一社會黨反華言論》，北京：世界知識出版社，1965 年。

《毛澤東選集》第 1 卷，北京：人民出版社，1991 年。

《斯大林同志同德國統一社會黨領導人威‧皮克、奧‧格羅提渥和瓦‧烏布利希的談話記錄》（1948 年 12 月 18 日），王麗華譯，《馬克思恩格斯列寧斯大林研究》2003 年第 3 期。

《斯大林同志同德國統一社會黨領導人威‧皮克、奧‧格羅提渥和瓦‧烏布利希的談話記錄》（1950 年 5 月 4 日），高曉惠譯，《馬克思恩格斯列寧斯大林研究》2004 年第 2 期。

《斯大林同志同德國統一社會黨領導人威‧皮克、奧‧格羅提渥和瓦‧烏布利希的談話記錄》（1952 年 4 月 1 日），高曉惠譯，《馬克思恩格斯列寧斯大林研究》2004 年第 3 期。

《斯大林同志同德國統一社會黨領導人威‧皮克、奧‧格羅提渥和瓦‧烏布利希的談話記錄》（1952 年 4 月 7 日），高曉惠譯，《馬克思恩格斯列寧斯大

林研究》2004 年第 3 期。

劉作奎編譯：《東柏林「6·17」騷亂問題檔案》，《冷戰國際史研究》2011 年夏季號。

沈志華主編：《俄羅斯解密檔案選編：中蘇關係》第 8、9 卷，上海：東方出版中心，2014 年。

沈志華主編：《蘇聯歷史檔案選編》第 27、28 卷，北京：社會科學文獻出版社，2002 年。

石志夫、周文琪編：《李德與中國革命（有關資料）》，北京：中共黨史資料出版社，1987 年。

中共中央黨史和文獻研究院編：《建國以來毛澤東文稿》，北京：中央文獻出版社，2023 年。

中共中央黨史研究室張聞天選集傳記組編：《張聞天文集》第 4 卷，北京：中共黨史出版社，2012 年。

中共中央文獻研究室、中央檔案館編：《建黨以來重要文獻選編（1921 — 1949）》第 26 冊，北京：中央文獻出版社，2011 年。

中共中央文獻研究室、中央檔案館編：《建國以來劉少奇文稿》第 1、3、6 冊，北京：中央文獻出版社，2005、2008 年。

中共中央文獻研究室、中央檔案館編：《建國以來周恩來文稿》第 1、2、8、9、11 冊，北京：中央文獻出版社，2008、2018 年。

中國社會科學院、中央檔案館編：《1945 — 1952 中華人民共和國經濟檔案資料選編：綜合卷》，北京：中國城市經濟社會出版社，1990 年。

中國社會科學院、中央檔案館編：《1958 — 1965 中華人民共和國經濟檔案資料選編·對外貿易卷》，北京：中國財政經濟出版社，2011 年。

中華人民共和國外交部、中共中央文獻研究室編：《毛澤東外交文選》，北京：中央文獻出版社、世界知識出版社，1994 年。

中華人民共和國外交部編：《中華人民共和國條約集（第一集）（1949 — 1950）》，北京：法律出版社，1957 年。

竺可楨：《竺可楨全集》第 12 卷，上海：上海科技教育出版社，2007 年。

Die Kabinettsprotokolle der Bundesregierung online.（德國聯邦政府內閣記錄在線）

Engelmann, Roger, *Die DDR im Blick der Stasi 1953: Die geheimen Berichte an die SED-Führung*, Göttingen: Vandenhoeck & Ruprecht, 2013.

Harrison, Hope M., "The Berlin Crisis and the Khrushchev-Ulbricht Summits in Moscow, 9 and 18 June 1959," *CWIHP Bulletin 11: Cold War Flashpoints*,

Winter 1998.

Leutner, Mechthild, hrsg., *Bundesrepublik Deutschland und China 1949 bis 1995: Politik–Wirtschaft–Wissenschaft–Kultur; eine Quellensammlung*, Berlin: Akademie Verlag, 1995.

Meißner, Werner, hrsg., *Die DDR und China 1949 bis 1990: Politik–Wirtschaft–Kultur; eine Quellensammlung*, Berlin: Akademie Verlag, 1995.

Möller, Harald, *DDR und VR China–Unterstützung der VRCH auf politischem, ökonomischem und militärischem Gebiet (1949-1964): Eine Dokumentation*, Berlin: Verlag Dr. Köster, 2003.

Ostermann, Christian F., ed., *Uprising in East Germany 1953: The Cold War, the German Question, and the First Major Upheaval behind the Iron Curtain*, Budapest: Central European University Press, 2001.

Otto, Wilfried, hrsg., *Die SED im Juni 1953. Interne Dokumente*, Berlin: Dietz Verlag, 2003.

Wettig, Gerhard, hrsg., *Chruschtschows Westpolitik 1955 bis 1964*, Band 3: Kulmination der Berlin-Krise (Herbst 1960 bis Herbst 1962), München: Oldenbourg, 2011.

# 三、回憶錄、年譜

埃里希・昂納克：《我的經歷》，龔荷花譯，北京：世界知識出版社，1987年。

奧托・布勞恩：《中國紀事》，李逵六等譯，北京：東方出版社，2004年。

薄一波：《若干重大決策與事件的回顧》，北京：中共黨史出版社，2008年。

劉樹發主編：《陳毅年譜》，北京：人民出版社，1995年。

劉曉：《出使蘇聯八年》，北京：中共黨史資料出版社，1986年。

尼基塔・赫魯曉夫：《赫魯曉夫回憶錄》（全譯本），述弢等譯，北京：社會科學文獻出版社，2006年。

師哲回憶、李海文整理：《在歷史巨人身邊：師哲回憶錄》，北京：中央文獻出版社，1991年。

王焰主編：《彭德懷年譜》，北京：人民出版社，1998年。

吳冷西：《十年論戰——1955—1966中蘇關係回憶錄》，北京：中央文獻出版社，1999年。

伍修權：《回憶與懷念》，北京：中共中央黨校出版社，1991 年。

徐則浩主編：《王稼祥年譜（1906 — 1974）》，北京：中央文獻出版社，2001 年。

中共中央黨史研究室張聞天選集傳記組編：《張聞天年譜》（修訂本），北京：中共黨史出版社，2010 年。

中共中央文獻研究室編：《劉少奇年譜：1898 — 1969》，北京：中央文獻出版社，1996 年。

中共中央文獻研究室編：《毛澤東年譜：1949 — 1976》，北京：中央文獻出版社，2013 年。

中共中央文獻研究室編：《周恩來年譜：1949 — 1976》，北京：中央文獻出版社，1997 年。

## 四、著作、論文集

布雷德利·沙爾夫：《民主德國的政治與變革》，秦剛等譯，北京：春秋出版社，1988 年。

查爾斯·羅森：《古典風格：海頓、莫札特、貝多芬》，楊燕迪譯，上海：華東師範大學出版社，2014 年。

陳清泉、宋廣渭：《陸定一傳》，北京：中共黨史出版社，1999 年。

崔丕：《美國的冷戰戰略與巴黎統籌委員會、中國委員會：1945 — 1994》，北京：中華書局，2005 年。

戴超武：《敵對與危機的年代 —— 1954 — 1958 年的中美關係》，北京：社會科學文獻出版社，2003 年。

德國統一社會黨中央馬列主義研究所編寫組編：《德國統一社會黨簡史》，陸仁譯，北京：人民出版社，1990 年。

鄧紅英：《民主德國德國政策的演變（1949 — 1990）》，武漢：湖北人民出版社，2009 年。

迪特·海茵茨希：《中蘇走向同盟的艱難歷程》，張文武等譯，北京：新華出版社，2001 年。

丁建弘等主編：《戰後德國的分裂與統一（1945 — 1990）》，北京：人民出版社，1996 年。

弗·厄斯納：《德意志民主共和國從資本主義向社會主義的過渡時期》，張載揚、孫懷萱譯，北京：生活·讀書·新知三聯書店，1957 年。

高華：《紅太陽是怎樣升起的：延安整風運動的來龍去脈》，香港：中文大學出版社，2000年。

郭潔：《匈牙利事件：美國的政策與反應》，上海：上海人民出版社，2011年。

漢斯－烏爾里希‧韋勒：《21世紀初的衝突》，周惠譯，桂林：灕江出版社，2015年。

赫希‧勞特派特修訂：《奧本海國際法》（上卷‧平時法‧第一分冊），王鐵崖、陳體強譯，北京：商務印書館，1971年。

黑格爾：《法哲學原理》，范揚、張企泰譯，北京：商務印書館，1961年。

亨利‧基辛格：《大外交》，顧淑馨、林添貴譯，海口：海南出版社，1998年。

胡果‧格勞秀斯：《戰爭與和平法》，何勤華等譯，上海：上海人民出版社，2013年。

柯偉林：《德國與中華民國》，陳謙平等譯，南京：江蘇人民出版社，2006年。

李丹慧編：《北京與莫斯科：從聯盟走向對抗》，桂林：廣西師範大學出版社，2002年。

李向前：《歷史穿行：域外訪史與社會主義尋蹤》，北京：人民出版社，2010年。

林蘊暉：《向社會主義過渡 —— 中國經濟與社會的轉型（1953 —1955）》，香港：中文大學出版社，2008年。

林蘊暉：《烏托邦運動 —— 從大躍進到大饑荒（1958 — 1961）》，香港：中文大學出版社，2008年。

馬振犢主編：《戰時德國對華政策》，武漢：武漢大學出版社，2010年。

梅爾文‧萊弗勒：《人心之爭：美國、蘇聯與冷戰》，孫閔欣等譯，上海：華東師範大學出版社，2010年。

米歇爾‧福柯：《安全、領土與人口》，錢翰、陳曉徑譯，上海：上海人民出版社，2010年。

牛軍：《中華人民共和國對外關係史概論：1949 — 2000》，北京：北京大學出版社，2010年。

牛軍：《冷戰與中國外交決策》，北京：九州出版社，2012年。

牛軍：《冷戰與新中國外交的緣起：1949 — 1955》（修訂版），北京：社會科學文獻出版社，2013年。

潘琪昌主編：《百年中德關係》，北京：世界知識出版社，2006年。

逄先知、金沖及主編：《毛澤東傳（1949 — 1976）》，北京：中央文獻出版

社，2003 年。

裴堅章、王泰平主編：《中華人民共和國外交史》第 1、2、3 卷，北京：世界知識出版社，1994、1998、1999 年。

錢庠理：《歷史的變局 —— 從挽救危機到反修防修（1962 — 1965）》，香港：中文大學出版社，2008 年。

喬萬尼·薩托利：《政黨與政黨體制》，王明進譯，北京：商務印書館，2006 年。

讓·博丹：《主權論》，李衞海、錢俊文譯，北京：北京大學出版社，2008 年。

沈志華、李丹慧：《戰後中蘇關係若干問題研究 —— 來自中俄雙方的檔案文獻》，北京：人民出版社，2006 年。

沈志華：《毛澤東、斯大林與朝鮮戰爭》，廣州：廣東人民出版社，2007 年。

沈志華：《思考與選擇 —— 從知識分子會議到反右運動（1956 — 1957）》，香港：中文大學出版社，2009 年。

沈志華主編：《中蘇關係史綱：1917 — 1991 年中蘇關係若干問題再探討》（增訂版），北京：社會科學文獻出版社，2011 年。

沈志華：《冷戰的再轉型：中蘇同盟的內在分歧及其結局》，北京：九州出版社，2012 年。

沈志華：《冷戰中的盟友：社會主義陣營內部的國家關係》，北京：九州出版社，2012 年。

沈志華：《無奈的選擇：冷戰與中蘇同盟的命運（1945 — 1959）》，北京：社會科學文獻出版社，2013 年。

沈志華：《最後的「天朝」—— 毛澤東、金日成與中朝關係（1945 — 1976）》，香港：中文大學出版社，2017 年。

威廉·陶伯曼：《赫魯曉夫全傳》，王躍進譯，北京：中國社會科學出版社，2009 年。

沃捷特克·馬斯特尼：《斯大林時期的冷戰與蘇聯的安全觀》，郭懋安譯，桂林：廣西師範大學出版社，2002 年。

吳景平：《從膠澳被佔到科爾訪華 —— 中德關係（1861 — 1992）》，福州：福建人民出版社，1993 年。

篠田英朗：《重新審視主權：從古典理論到全球時代》，戚淵譯，北京：商務印書館，2004 年。

薛銜天：《中蘇關係史（1945 — 1949）》，成都：四川人民出版社，2003 年。

雅諾什·科爾奈：《社會主義體制 —— 共產主義政治經濟學》，張安譯，

北京：中央編譯出版社，2007 年。

　　亞歷山大・溫特：《國際政治的社會理論》，秦亞青譯，上海：上海人民出版社，2008 年。

　　楊奎松：《毛澤東與莫斯科的恩恩怨怨》，南昌：江西人民出版社，2006 年。

　　楊奎松：《讀史求實：中國現代史讀史札記》，杭州：浙江大學出版社，2011 年。

　　于振起：《冷戰縮影：戰後德國問題》，北京：世界知識出版社，2010 年。

　　余偉民主編：《俄羅斯道路：歷史與現實 —— 中國學者的研究視角》，上海：上海三聯書店，2013 年。

　　余偉民主編：《冷戰是這樣開始的：冷戰起源專題研究》，上海：學林出版社，2015 年。

　　中共中央馬克思恩格斯列寧斯大林著作編譯局編：《列寧專題文集：論無產階級政黨》，北京：人民出版社，2009 年。

　　Amos, Heike, *Die Westpolitik der SED 1948/49-1961: „Arbeit nach Westdeutsch-land" durch die Nationale Front, das Ministerium für Auswärtige Angelegenheiten und das Ministerium für Staatssicherheit*, Berlin: Akademie Verlag, 1999.

　　Baring, Arnulf, *Uprising in East Germany: June 17, 1953*, London: Cornell University Press, 1972.

　　Berthold, Rolf, *Chinas Weg: 60 Jahre Volksrepublik*, Berlin: Verlag Wiljo Heinen, 2009.

　　Chen, Jian, *Mao's China and Cold War*, Chapel Hill: The University of North Carolina Press, 2001.

　　Dahlke, Daniela, *Der Sozialistische Realismus: Ein Vergleich der Malerei in der VR China unter Mao Zedong und in der DDR 1949-1976*, Saarbrücken: Verlag Dr. Müller, 2010.

　　Doernberg, Stefan, hrsg., *Außenpolitik der DDR: Drei Jahrzehnte sozialistische deutsche Friedenspolitik*, Berlin: Staatsverlag der DDR, 1979.

　　Fink, Carole and Bernd Schaefer, ed., *Ostpolitik, 1969-1974: European and Global Responses*, New York: Cambridge University Press, 2009.

　　Friedman, Jeremy, *Shadow Cold War: The Sino-Soviet Competition for the Third World*, Chapel Hill: The University of North Carolina Press, 2015.

　　Fulbrook, Mary, *A History of Germany 1918-2014: The Divided Nation*, West Sussex: John Wiley & Sons, 2015.

Gardet, Claudie, *Les relations de la République de Chine et de la République Démocratique Allemande (1949- 1989)*, Bern: Peter Haupt, 2000.

Gray, William Glenn, *Germany's Cold War: The Global Campaign to Isolate East Germany, 1949-1969*, Chapel Hill: The University of North Carolina Press, 2003.

Griffith, William E., ed., *Communism in Europe. Continuity Change and the Sino-Soviet Dispute*, Bd. 2, Cambridge: MIT Press, 1966.

Harrison, Hope M., *Driving the Soviets up the Wall: Soviet-East German Relation, 1953-1961*, Princeton: Princeton University Press, 2003.

Herbst, Andereas, Gerd-Rüdiger Stephan und Jürgen Winkler, hrsg., *Die SED. Geschichte–Organisation–Politik. Ein Handbuch*, Berlin: Dietz Verlag, 1997.

Hoffmann, Dierk, *Otto Grotewohl (1894-1964): Eine politische Biographie*, München: Oldenbourg, 2009.

Kilian, Werner, *Die Hallstein-Doktrin: Der diplomatische Krieg zwischen der BRD und der DDR 1955-1973; aus den Akten der beiden deutschen Außenministerien*, Berlin: Duncker und Humblot, 2001.

Krewer, Peter, *Geschäfte mit dem Klassenfeind: Die DDR im innerdeutschen Handel 1949-1989*, Trier: Kliomedia, 2008.

Krüger, Joachim, hrsg., *Beiträge zur Geschichte der Beziehungen der DDR und der VR China: Erinnerungen und Untersuchungen*, Münster: Lit Verlag, 2002.

Kuo, Heng-yü und Mechtild Leutner, hrsg., *Deutschland und China: Beiträge des Zweiten Internationalen Symposiums zur Geschichte der Deutsch-Chinesisischen Beziehungen Berlin 1991*, München: Minerva Publikation, 1994.

Leutner, Mechthild, hrsg., *Politik, Wirtschaft, Kultur: Studien zu den deutsch-chinesischen Beziehungen*, Münster: Lit Verlag, 1996.

Leutner, Mechthild, hrsg., *Rethinking China in the 1950s*, Münster: Lit Verlag, 2007.

Loth, Wilfried, *Stalin's Unwanted Child: the Soviet Union, the German Question and the Founding of the GDR*, New York: St. Martin's Press, 1998.

Loth, Wilfried, *Die Sowjetunion und die deutsche Frage: Studien zur sowjetischen Deutschlandpolitik von Stalin bis Chruschtschow*, Göttingen: Vandenhoeck & Ruprecht, 2007.

Lüthi, Lorenz, *The Sino-Soviet Split: Cold War in the Communist World*, Princeton: Princeton University Press, 2008.

Mählert, Ulrich, hrsg., *Die DDR als Chance: Neue Perspektiven auf ein altes Thema*, Berlin: Metropol Verlag, 2016.

Malycha, Andreas und Peter Jochen Winters, *Die SED: Geschichte einer deutschen Partei*, München: Verlag C. H. Beck, 2009.

Murphy, David E., Sergei A. Kondrashev and George Bailey, *Battleground Berlin: CIA vs. KGB in the Cold War*, New Haven: Yale University Press, 1997.

Naimark, Norman N., *The Russians in Germany: A History of the Soviet Zone of Occupation, 1945-1949*, Cambridge: Harvard University Press, 1995.

Podewin, Norbert, *Walter Ulbricht: Eine neue Biographie*, Berlin: Dietz Verlag, 1995.

Radchenko, Sergey, *Two Suns in the Heavens: the Sino-Soviet Struggle for Supremacy, 1962-1967*, Washington, D.C. and Stanford: Woodrow Wilson Center Press with Stanford University Press, 2009.

Rowiński, Jan, ed., *The Polish October 1956 in World Politics*, Warsaw: The Polish Institute of International Affairs, 2007.

Staritz, Dietrich, *Geschichte der DDR 1949-1990*, Frankfurt am Main: Suhrkamp Verlag, 1996.

Steiner, André, *Von Plan zu Plan: Eine Wirtschaftsgeschichte DDR*, München: Deutsche Verlagsanstalt, 2004.

Taubman, William, Sergei Khrushchev and Abbott Gleason, eds., *Nikita Khrushchev*, New Haven: Yale University Press, 2000.

Voigt, Johannes H., *Die Indienpolitik der DDR: Von den Anfängen bis zur Anerkennung (1952–1972)*, Köln: Böhlau Verlag, 2008.

Weber, Hermann, *Die DDR 1945-1990*, München: Oldenbourg, 2012.

Wentker, Hermann, *Außenpolitik in engen Grenzen: Die DDR im internationalen System 1949-1989*, München: Oldenbourg, 2007.

Westad, Odd Arne, ed., *Brothers in Arms: The Rise and Fall of the Sino-Soviet Alliance 1945-1963*, Washington, D.C. and Stanford: Woodrow Wilson Center Press with Stanford University Press, 1998.

Westad, Odd Arne, *The Global Cold War: Third World Interventions and the Making of Our Times*, Cambridge: Cambridge University Press, 2005.

Wettig, Gerhard, *Chruschtschows Berlin-Krise 1958 bis 1963: Drohpolitik und Mauerbau*, München: Oldenbourg, 2006.

Wettig, Gerhard, *Sowjetische Deutschland-Politik 1953 bis 1958: Korrekturen* an Stalins Erbe, Chruschtschows Aufstieg und der Weg zum Berlin-Ultimatum, München: Oldenbourg, 2011.

Wilke, Manfred, *Der Weg zur Mauer: Stationen der Teilungsgeschichte*, Berlin: Ch. Links Verlag, 2011.

Wobst, Martina, *Die Kulturbeziehungen zwischen der DDR und der VR China 1949-1990*, Münster: Lit Verlag, 2004.

Zarusky, Jürgen, hrsg., *Die Stalin-Note vom 10. März 1952: Neue Quellen und Analysen*, München: Oldenbourg, 2002.

Zubok, Vladislav M., *A Failed Empire: The Soviet Union in the Cold War from Stalin to Gorbachev*, Chapel Hill: The University of North Carolina Press, 2007.

工藤章、田嶋信雄編『戰後日獨關係史』、東京：東京大學出版會、2014 年。

## 五、期刊、學位論文

貝恩德・舍費爾：《「對華國際時期」的德意志民主共和國和中國》（馮瑗瑗譯），《冷戰國際史研究》2011 年夏季號。

陳兼、余偉民：《「冷戰史新研究」：源起、學術特徵及其批判》，《歷史研究》2003 年第 3 期。

陳兼：《將「革命」與「非殖民化」相連接 —— 中國對外政策中「萬隆話語」的興起於全球冷戰的主題變奏》，《冷戰國際史研究》2010 年夏季號。

陳弢：《中蘇破裂背景下的中國和民主德國關係（1964 — 1966 年）》，《當代中國史研究》2012 年第 3 期。

陳弢：《中國同聯邦德國關係正常化過程中的民主德國因素》，《當代中國史研究》2013 年第 6 期。

陳弢：《兄弟鬩牆：中德在 1963 年統社黨六大前後的鬥爭及其影響》，《德國研究》2015 年第 4 期。

陳弢：《蘇共二十大後德國統社黨對中共經驗的引進 —— 羣眾路線在民主德國研究之一》，《冷戰國際史研究》2016 年夏季號。

陳弢：《中共經驗在民主德國的終結與中德關係的惡化 —— 羣眾路線在民主德國研究之二》，《冷戰國際史研究》2016 年冬季號。

陳弢：《一九六一年中德關係變化背景下的馬特恩訪華》，《中共黨史研究》2017 年第 4 期。

陳弢：《新中國對歐公共外交的開端 —— 以萊比錫博覽會為中心的考察》，《中共黨史研究》2018 年第 2 期。

陳永發：《毛澤東與七千人大會：民主發揚還是文革預演？》，《中央研究院近代史研究所集刊》2010 年第 69 期。

崔丕：《艾森豪威爾政府對聯邦德國政策新探（1953 — 1960）》，《歐洲研究》2005 年第 2 期。

葛君：《「第二中間地帶」策略與 1964 年伯爾尼接觸》，《中國社會科學內部文稿》2013 年第 4 期。

葛兆光：《對「天下」的想像：一個烏托邦想像背後的政治、思想與學術》，《思想》2015 年總第 29 期。

李丹慧：《關於 1960 年代中國與東歐五國關係的若干問題 —— 來自中國檔案文獻的新證據》，《俄羅斯研究》2011 年第 4 期。

童欣：《1961 年賀龍訪問民主德國 —— 兩國關係惡化中的關鍵一環》，《冷戰國際史研究》2014 年夏季號。

童欣：《中國未參加一九六二年萊比錫春季展覽會原因探析》，《中共黨史研究》2019 年第 6 期。

童欣：《蘇東「對華國際」瓦解始末 —— 以中國與東德關係為中心》，《二十一世紀》2023 年 2 月號。

徐元宮：《赫魯曉夫「祕密報告」若干問題考證》，《當代世界社會主義問題》2011 年第 1 期。

楊奎松：《中美和解過程中的中方變奏 ——「三個世界」理論提出背景探析》，《冷戰國際史研究》2007 年夏季號。

Bode, Marcel, *Die Beziehungen der Deutschen Demokratischen Republik gegenüber der Volksrepublik China in den Jahren 1978 bis 1990. Handlungsspielräume und ihre Grenzen in Politik und Ideologie*, Masterarbeit, Universität Potsdam, 2013.

Cary, Noel D., "Wagging the Dog in Cold War Germany," *Germany History*, Vol. 24, No. 2, 2006.

Chen, Jian, "The Tibetan Rebellion of 1959 and China's Changing Relations with India and the Soviet Union," *Journal of Cold War Studies*, Vol. 8, No. 3, 2006.

Chen, Zhong Zhong, *Defying Moscow, engaging Beijing: The German Democratic Republic's relations with the People's Republic of China, 1980-1989*, Ph.D. dissertation, The London School of Economics and Political Science, 2014.

Essling, M. J., "East Germany: Peking-Pankow Axis?" *China Quarterly*, No. 3, 1960.

Françoise, Kreissler, "Claudie Gardet, Les relations de la République populaire de Chine et de la République démocratique allemande (1949-1989)," *Perspectives chinoises*, No. 64, 2001.

Harrison, Hope M., "Driving the Soviets up the Wall: A Super-Ally, a Superpower, and the Building of the Berlin Wall, 1958-1961," *Cold War History*, Vol. 1, No. 1, 2000.

Kirby, William C., "China's Internationalization in the Early People's Republic: Dreams of a Socialist World Economy," *The China Quarterly*, No. 188, 2006.

Kramer, Mark, "The Early Post-Stalin Succession Struggle and Upheavals in East-Central Europe: Internal-External Linkages in Soviet Policy Making (Part I)," *Journal of Cold War Studies*, Vol. 1, No. 1, 1999.

Kramer, Mark, "The Soviet Union and the Founding of the German Democratic Republic: 50 Years Later–A Review Article," *Europe-Asia Studies*, Vol. 51, No. 6, 1999.

Krüger, Joachim, „Zu Gast in Peking. Die DDR und die VR China in den 80er Jahern," *WeltTrends: Zeitschrift für internationale Politik und vergleichende Studien*, Nr. 2, 1994.

Krüger, Joachim, „Das China-Bild in der DDR der 50er Jahre," *Bochumer Jahrbuch zur Ostasienforschung*, Band 25, 2001.

Roberts, Geoffrey, "A Chance for Peace? The Soviet Campaign to End the Cold War, 1953-1955," *CWIHP Working Paper*, No. 57, 2008.

Stuber, Nicole, *East German China Policy in the Face of the Sino-Soviet Conflict 1956-1966*, Ph.D. dissertation, Université de Genève, 2004.

Weber, Hermann, "Western GDR Research and Historiography in the GDR," *European Education*, Vol. 24. No. 4, 1992.

Wendt, Alexander and Daniel Friedheim, "Hierarchy under Anarchy: Informal Empire and the East German State," *International Organization*, Vol. 49, No. 4, 1995.

Wolkow, Wladimir K., „Die deutsche Frage aus Stalins Sicht (1947-1952)," *Zeitschrift für Geschichtewissenschaft*, Jahrgang 48, 2000.

Zubok, Vladislav M., "Khrushchev and the Berlin Crisis (1958-1962)," *CWIHP Working Paper*, No.6, 1993.

# 六、報刊及其他

《內部參考》

《人民日報》

採訪楊成緒記錄（2015 年 3 月 16 日）

# 後　記

　　本書是在我的博士學位論文《民主德國與中國關係史初探（1949—1965）》的基礎上修訂而成的。在最後即將付梓之際，我想要再說幾句感謝的話。

　　從我 2004 年進入華東師範大學歷史學系學習到如今留系任教，這近二十年來的學習與工作的業績最終便以這樣一部學術著作的形式將自己實現出來，而這一成果最終能夠得以實現，可以說離不開諸位師友的指導、幫助與關懷。

　　首先要感謝我的導師沈志華教授。沈老師的學術旨趣、研究方法乃至人生志向深刻地影響並改變了我。在本科一、二年級時，由於中學時所接觸到的那點有關馬克思以及黑格爾哲學的淺薄知識，自己似乎更加偏愛於理論思辨的東西，而在大學最初兩年的學習經歷似乎也證明可能自己確實擅長於此，因此對於歷史哲學和史學理論抱有很大的興趣。然而在聆聽沈老師的學術報告以及逐漸接觸他的研究成果之後，使我的看法開始發生了一些改變。對於自身而言這首先是一項挑戰，雖然偏愛理論思考，但是能否也能夠踏踏實實地去利用一手史料去撰寫比較實證的論文呢？

　　研究生階段開始跟隨沈老師學習後，受益頗豐，其中尤以方法上的收穫最為珍貴，通過學習並模仿運用沈老師有關整理史料、編輯目錄、製作卡片一整套的治學方法，讓我直觀地體會到，此乃「讓史料自己說話」的不二法門。黑格爾在他的《精神現象學》序言中曾說：對於具有堅實內容的東西，最容易的是作判斷，比較困難的是對它進行理解，而最困難的，則是結合兩者，作出對它的陳述（Darstellung）。在我看來，人類歷史不就是這麼一個具有堅實內容的東西麼？同時隨着對於國內世界史研究的現狀有了進一步的接觸和了解之後，更讓我清醒地意識到，對於當下中國從事世界史研究工作的

學者而言，缺少的可能並不是那些深刻的問題意識或獨到的理論思考，缺少的是基於一手史料進行扎實研究的學術成果。簡言之，蘭克「如實直書」的要求對於中國的世界史工作者而言，仍然是一項未竟的事業。沈老師在這個學術方向上的執着追求以及為研究所付出的汗水與努力，總使我感到望塵莫及，故常常以此來鞭策尚不夠用功的自己。

其次要感謝德國柏林自由大學東亞研究所的羅梅君（Mechthild Leutner）教授，她熱情地應允並向我發出了赴德訪學的邀請，才使我得以能用一年的時間在柏林進行收集檔案的工作，沒有這一年對德國檔案的收集，也就不會有這本書了。同時感謝德國聯邦檔案館、德國外交部政治檔案館、中國外交部檔案館、北京市檔案館的工作人員，他們都為我的查檔工作提供了熱情的服務和極大的幫助。

可是正如我在本書緒論中所提到的，本書的研究深度和廣度在很大程度上受到了檔案開放程度的制約。特別讓我感到遺憾的是，由於一些客觀原因，在利用中國外交部檔案館館藏方面並沒有做到盡善盡美。相信以後在條件允許的情況下，通過對中國外交部檔案的更廣泛深入地研讀一定能夠獲得更多史料扎實、見解獨到的成果。上述遺憾或多或少地得到了同行研究者的彌補，在此需要感謝陳弢副研究員和童欣博士在相關專題內所作的研究。每個人的精力和能力都是有限的，而每個人的研究視角和關注點也都各不相同，參考並引用他們的既有成果，進一步豐富了本書的內容與視角。另外，要特別感謝前任中國駐奧地利大使楊成緒大使接受我的採訪，他個人涉及有關民主德國的工作經歷和直觀感受讓我獲益匪淺。

本書的出版經歷了一段異常曲折的歷程，在這個過程中首先要感謝李丹慧教授、劉豫徽編輯的指導與幫助，此外還要感謝香港中華書局開明書店王春永社長的大力支持。最後感謝華東師範大學人文社會科學精品力作培育項目對本書提供的出版資助，研究生院的「研究生海外研修」項目對我赴德訪學的經費支持。

在本書從無到有的過程中，個人在學術上還得益於諸位師長與學友的指教與幫助，他們是余偉民教授、孟鍾捷教授、韓鋼教授、楊奎松教授、戴

超武教授、崔丕教授、姚百慧教授、梁志教授、陳波教授、韓長青博士、周娜老師、顧雲深教授、葉江研究員、鄧峰教授、貝恩德・舍費爾（Bernd Schaefer）研究員、法恩瑞（Enrico M. Fardella）副教授、瑪格麗特・郭什卡（Margaret Gnoinska）副教授、范鑫研究員、何妍博士、蔣華傑副教授、崔海智博士，在此一併表達我的感謝。此外還要特別感謝高嘉懿副教授在法語文獻上的幫助，以及日本京都大學邵天澤博士在日語文獻上的幫助。

已過而立之年，當自己也開始承擔家庭責任時，愈發感到父母養育子女的不易，因此要感謝父母近三十年來對我的養育之恩，以及對我在學習階段未能對家庭及早付出的寬容與支持。感謝妻子朱聯璧副教授對我工作上的支持以及生活上的照顧。

自從將學術立為志業以來，就已經清醒地認識到，以此為業絕對需要有耐得住清苦與寂寞的精神準備，必須鼓起那要敢於認識的勇氣。此書也不過是自己求學道路上的一個環節，甚至只是一個開端。

往之不可諫，來者猶可追。

2024 年 6 月於上海

「冷戰年代的世界與中國」叢書

# 陌生的兄弟：
## 中國與民主德國關係史初探（1949—1965）

沈志華　主編　　葛君　著

責任編輯　俞　笛
裝幀設計　鄭喆儀
排　　版　賴艷萍
印　　務　劉漢舉

出版　　開明書店
　　　　香港北角英皇道 499 號北角工業大廈一樓 B
　　　　電話：（852）2137 2338　　傳真：（852）2713 8202
　　　　電子郵件：info@chunghwabook.com.hk
　　　　網址：http://www.chunghwabook.com.hk

發行　　香港聯合書刊物流有限公司
　　　　香港新界荃灣德士古道 220-248 號
　　　　荃灣工業中心 16 樓
　　　　電話：（852）2150 2100　　傳真：（852）2407 3062
　　　　電子郵件：info@suplogistics.com.hk

印刷　　美雅印刷製本有限公司
　　　　香港觀塘榮業街 6 號 海濱工業大廈 4 樓 A 室

版次　　2024 年 7 月初版
　　　　2024 年 9 月第二次印刷
　　　　© 2024 開明書店

規格　　16 開（240mm×160mm）

ISBN　　978-962-459-357-0